Cuaderno marroquí

Ignacio Galaz Ballesteros

# Cuaderno marroquí

EDITORIAL ♫ SONORA

Madrid
2024

Primera edición: 2001.

Segunda edición (primera en Editorial Sonora): agosto de 2024.

Fotografías de cubierta de Ignacio Galaz Ballesteros: Casa de Xauen y Ancianos en el mercado de Ued Lau.

ISBN: 978-84-127045-9-4

Depósito Legal: M-17864-2024

Maquetación de cubierta e interiores: La Factoría de Ediciones, S. L.

Impreso en España - Producido por Quares

*Para Aixa y Carmen, mis mejores compañeras de viaje.*

# Proemio. Septiembre, 1995

El año pasado compré un cuaderno de hojas blancas y tapas de cartulina verde. Al llegar a mi casa lo abrí, tomé la pluma y escribí con sumo cuidado: «La frontera». Lo cerré y no volví a utilizarlo más. Quedó relegado al fondo oscuro de un armario, con solo un par de trazos azules garabateados en él.

Ahora, impulsado por no sé qué extraña remoción del alma, con nuevo ánimo me propongo retomar una tarea apenas comenzada un año ha: escribir un libro o relato de viaje. La geografía elegida es la de Marruecos, incluidas las ciudades españolas de Ceuta y Melilla, por haberme llevado mis pasos hasta estas tierras en un peregrinaje que —intuyo— no ha hecho sino comenzar.

He viajado algo, pero nunca he escrito nada sobre lo que he visto, oído o pensado en el camino. Creo que ya es hora de que comparta con otros mis experiencias e impresiones, por sencillas o ingenuas que estas sean. No es mi pretensión redactar un *codex calixtinus* de esta franja del Magreb —guías de peregrinos las hay a decenas y muy buenas en diversas editoriales del ramo—, sino ir a salto de mata, como las liebres, sin rumbo ni fecha fijos, tomando un poco de aquí y otro poco de allá, comiendo y bebiendo en un lugar, hablando y escuchando en otro; en suma, un juego de dados lanzados al aire en el que el tahúr contempla cómo, las más de las veces, el lado que presenta la marfileña silueta de una flor de azahar queda boca arriba sobre el tapete.

Recuerdo haber leído un texto donde cierto sabio afirmaba que, cuando un hombre pierde el interés por el mundo que le rodea, algo dentro de él muere para siempre. El viaje obedece en buena medida a ese anhelo por satisfacer nuestra curiosidad. Convirtámonos pues en émulos de Odiseo y enfrentémonos a lo desconocido. Tal vez esto contribuya a sosegar nuestro espíritu y nos incline a la solidaridad y a la tolerancia. Que así sea.

# La frontera. Marzo, 1996

Cruzo la frontera todos los días para ir al trabajo: vivo en un país —Marruecos— y me gano la vida en otro —España—. Algunos funcionarios, profesores sobre todo, hemos optado por esta solución debido a lo cara que es la vivienda en Ceuta, donde, además, la calidad de los materiales usados en la construcción y el acabado final dejan bastante que desear. La escasez de terreno —buena parte de él es zona militar—, la especulación y el abuso de los propietarios también contribuyen al encarecimiento de las casas.

A lo largo de varias decenas de kilómetros de la costa mediterránea marroquí se extienden urbanizaciones de casitas blancas y hermosísimos jardines. Durante el verano los marroquíes ricos pasan aquí sus vacaciones, pero a partir de septiembre los complejos residenciales se vacían y llega el momento de poder alquilar un chalecito o un apartamento a pie de playa por un precio más que razonable.

Es ilegal que los funcionarios, profes incluidos, residamos en otro país mientras trabajamos en el nuestro, aunque la especial situación de Ceuta propicia que la Administración haga un poco la vista gorda ante el problema; creo además que la presencia de profesores españoles en una zona tan delicada como la frontera hispano-marroquí contribuye, con su gotita de aceite, a lubricar el sutil engranaje de las relaciones entre ambos países.

Numerosos trabajadores (jardineros, vigilantes, albañiles, fontaneros, barrenderos...) hacen posible que esas urbanizaciones presenten buen aspecto en cualquier época del año; eso sí, cobran sueldos de miseria y carecen de horario fijo.

Kabila es la más lujosa y también la primera que se construyó en la zona; sus encalados bungalós, donde la curva arrincona a la arista, se levantan entre enormes ficus y una vegetación casi tropical. A Marina Smir, donde vivo, tampoco le falta encanto, y su magnífico puerto poco tiene que envidiar al Puerto Banús marbellí; me cuentan que el actor Robert de Niro cenó aquí y que la bella modelo Noemí Campbell ha paseado su palmito de ébano por el embarcadero. Una ostentosa limusina blanca de varios metros de longitud, aparcada cerca de un yate salido de un cuento de las mil y una noches, nos recuerda que el poder del oro negro extraído en las entrañas de los Emiratos Árabes es grande, que Marbella y Gibraltar están muy cerquita y que en la tierra más pobre de Marruecos —el norte rifeño— la escandalosa cara de la riqueza con mayúsculas alcanza un brillo aún más cegador e insultante si cabe.

El mundo de la frontera tampoco es ajeno al tráfico de drogas (básicamente hachís). Un gran Mercedes negro con matrícula de Pontevedra —los clanes gallegos dedicados al narcotráfico conocen bien este territorio— ha estado varios meses aparcado frente a uno de los chalés de la urbanización, y en la azotea de la casa aneja a la mía un fornido descendiente de Odín con los brazos cubiertos de tatuajes ha pasado semanas aferrado a un teléfono Motorola de última generación, moviéndose como un tigre enjaulado y chapurreando órdenes e insultos en inglés vía satélite. Un socio español y una mujer marroquí compartían con él la vivienda. El teutón me saludaba afable y cortés muy de mañana, cuando salía a desperezarse al jardín y me veía desayunar bajo la cubierta de caña del porche de mi casa. A los pocos días desaparecieron sin dejar rastro y no he vuelto a saber nada de ellos.

De un tiempo a esta parte las autoridades marroquíes han endurecido, con cierta dosis de hipocresía, todo hay que decirlo, su postura contra la corrupción y el tráfico de drogas: el máximo responsable de aduanas marroquí ha sido llevado ante los tribunales de su país, varias cabezas de traficantes importantes de la zona han rodado y unos cuantos españoles demasiado ambiciosos y poco avisados se pudren en cárceles de Rabat y de Tetuán. Entre ellos figura un tipo al cual conocí brevemente; hablaba sin medida y sabía demasiado bien el precio exacto de un gramo de coca en diversos mercados internacionales. Idolatraba a Julio Iglesias y creo que solo por eso ya se hace merecedor de una temporadita en la trena (discúlpenme los incondicionales del cantante).

El tráfico de hombres tampoco es desconocido en esta tierra dura. Desde el África subsahariana gotea un flujo de humana negritud sin nada que perder y todo por ganar. De la vecina Argelia, bañada en sangre, también huyen seres humanos que llegan hasta aquí. Algunos logran cruzar la frontera y entran en Ceuta; otros permanecen en tierra de nadie, en esa franja artificial que no es de España ni de Marruecos, por donde discurre un hilo de agua miserable y se amontonan los escombros. En las fechas que uno pergeña estas líneas, un puñado de espaldas mojadas —sírvanos el símil mejicano— soportan lluvias torrenciales protegidos bajo cuatro plásticos y rumian la tuberculosis dando patadas a un balón en el fondo de una rambla.

Hace unos meses hubo disturbios en Ceuta: aproximadamente un centenar de negros de los que habían convivido largo tiempo hacinados en los bastiones insalubres del Ángulo montaron en cólera, arrojando piedras a la vía pública y erigiendo improvisadas barricadas. La chispa que encendió la mecha de su ira había sido un rumor falso —el de que un grupo de kurdos llegados hace poco a la ciudad caballa iban a ser asilados en la Península, cuando la realidad era bien distinta, ya que se les repatriaba en un paquebote barnizado de óxido—, y como todo buen rumor que se precie corrió entre los negros igual que pólvora ardiente. La reacción ciudadana no se hizo esperar, caracterizándose por la desmesura: los subsaharianos recibieron sobre sus lomos tal vez la mayor somanta de su vida. Poco después, en algún mentidero, oí decir que en Ceuta se había producido un hecho único y proverbial: por primera vez en estos lares, musulmanes y cristianos habían unido sus fuerzas en un objetivo común: dar jarabe de palo a aquellos descarriados.

Comparto la preocupación de la plebe ante la sublevación y conato de avance hacia los puntos neurálgicos de la Ciudad Autónoma por parte de la negrada: con sus cantos de guerra, de no llegar a ser reducidos y aplastados con la celeridad que se hizo, sin duda nos hubieran alanceado a todos los ceutíes, tanto nativos como adoptados, en un santiamén.

Bromas aparte, la lectura de algunas redacciones que hicieron mis alumnos sobre el asunto, aún en caliente, me pusieron los pelos de punta: la apología de la pena de muerte realizada por un mocoso de tercer curso de la ESO es un hecho que haría reflexionar a más de un pedagogo. Menos mal que hubo otros que se pusieron de parte de los más débiles. Menos mal.

Además, el misterioso disparo de un arma en medio de la refriega, que hirió de gravedad en el pulmón a un policía local, encrespó aún más los ánimos del populacho. Días más tarde, extraído el proyectil, se comprobó que el calibre era de 9 mm *parabellum*, munición usada por las fuerzas de seguridad del Estado y que yo mismo he utilizado en el Ejército con pistolas Star y subfusiles. En fin, corramos un tupido velo sobre el asunto.

Ahora se ha colocado un cercado de malla a lo largo de la demarcación fronteriza, con cámaras espía situadas en lugares estratégicos y jóvenes guardias civiles patrullando día y noche. Se planea construir un muro de hormigón como remate final para evitar la entrada de emigrantes ilegales, cuyo número crece constantemente.

# De nuevo en la frontera. Mayo, 1996

No puedo negar que la frontera entre Ceuta y Marruecos da mucho juego a la hora de rellenar folios. Continuemos por tanto diciendo cosas de ella: desde el lado marroquí la llaman *Bab Sebta; bab* es una palabra árabe que significa «puerta». Del lado español la llaman frontera de El Tarajal. En el barranco de El Tarajal, cubierto de jaguarzos y espinos, próximo al mar, es donde las tropas de Franco dieron matarile a los *rojos* ceutíes, que, a la sazón, estaban en la boca del lobo cuando el Alzamiento Nacional. Allí los mataron, como a perros sin dueño. Entre los fusilados se encontraba un hombre bondadoso: el médico Antonio Sánchez Prados, posiblemente el único *santo* republicano que figura en estampas y llaveros junto al Cristo de Medinaceli y la Virgen de África, resultando digno del fervor popular ceutí. Este hombre, alcalde con el Frente Popular, dedicó toda su vida a cumplir el juramento hipocrático, volcando su saber y generosidad sobre los más humildes y necesitados, sin hacer distingos entre judíos, moros o cristianos. Tras su muerte vil, un halo de milagro y agua bendita comenzó a envolver al republicano bueno, y la superstición, el inconsciente colectivo y una religiosidad a flor de piel hicieron el resto: el «hermanito Antonio» —mejor dicho, su fantasma— comenzó a aparecer ante personas en algunos lugares de Ceuta. Hoy continúa haciéndolo con regularidad y en rincones concretos. Se le reza y rinde culto e incluso los musulmanes ceutíes le tienen querencia. La primera vez que vi su imagen fue en el aparador del bar sito en la Comandancia de la Guardia Civil. Una estampa coloreada como las fotografías de Ouka Lele mostraba a un hombre joven de buen porte, frente despejada y cabello castaño corto y bien peinado. Una corbata de lunares y un traje azul completaban el conjunto.

—Mi mujer le tiene mucha devoción porque es muy milagrero, ya ve usté —me indicó con su cachaza habitual el señor Manolo, regente del figón de la casa cuartel.

Un fantasma de la frontera. Y otro, y otro más. Fantasmas con la piel ajada y los huesos débiles que acarrean paquetes negros de un lado a otro de la demarcación; pedigüeños de piernas quebradas o pies zambos, anclados a muletas de palo y esparadrapo que se acercan quejumbrosos a los automovilistas; enfermos mentales cubiertos de harapos que caminan por el asfalto caliente o encharcado de las carreteras marroquíes, que gritan o amedrentan a chicos ansiosos por romperles la crisma a pedradas, como aquel loco —recuerdo— que llegó hasta la frontera, avanzó entre la larga fila de autos que aguardaban para cruzarla y se tumbó sobre el techo de un todoterreno, con los brazos y las piernas crispados y tremendamente abiertos, mientras una lluvia torrencial de primavera empapaba su cuerpo y porras de madera blanca en manos de policías se cebaban en él. Algún ciego escapado del medievo con su joven lazarillo; taxis y más taxis azules; un montón de hombres y mujeres hacinados junto a ventanillas numeradas, sujetando en sus manos pasaportes verdes y hojas amarillas; hombres y mujeres que van a trabajar o a comerciar a Ceuta y que todos los días han de soportar largas colas y un trato humillante por parte de funcionarios de paisano —gafas oscuras y gorra Nike— y policías de poblado bigote y abundoso correaje que, pistola al cinto, los empujan, zarandean y golpean como al ganado arisco en un ferial. Y ¡ay del que proteste!

No deja de asombrarme la infinita paciencia de esta gente que aguanta carros y carretas sin acritud ni rebeldía, aunque supongo que la procesión irá por dentro.

Un anciano me comenta que en tiempos del rey Mohamed V, padre del actual monarca alauita, el oficio de policía no se estimaba un ardite; sin embargo ahora, bajo un estado cuasi policial, cualquier matasiete vestido de uniforme azul y corbata negra, apostado en algún cruce de caminos con un vetusto máuser al hombro, manda más que un general (y es que el pueblo ha de saber que la mano omnipotente de Hassan II llega a todos los rincones del país, hecho que no ha de caer en saco roto).

Nadie puede obviar que la frontera es dura, como duras son las personas que transitan por ella o viven al retortero. Incluso yo mismo me he endurecido físicamente, aunque en el plano mental continúe absorbiendo hechos y experiencias igual que una esponja. Aquí hay de todo, como en botica; buena y mala gente, desde pícaros y canalla varia hasta individuos de alma cándida y dulce mirar; desde ricos de una riqueza insolente hasta cientos de pobres que carecen de lo más básico; pero, eso sí, por entre ese maremágnum bulle una increíble fuerza vital.

Otro aspecto curioso de la frontera son los medios de transporte que los marroquíes utilizan. Antiguamente, un ferrocarril construido por los españoles en la época del Protectorado unía Ceuta con Tetuán. Parece ser que tras la independencia de Marruecos en 1956 fue desmantelado y hoy solo quedan vestigios —la primitiva caja de tierra por donde discurrían las vías o las coquetas estaciones encaladas y rematadas con tejadillos verdes en cuyas torretas anidan ahora las cigüeñas— de aquella obra.

A falta de ferrocarril, son los autobuses y sobre todo los taxis los que suplen tal carencia. Hay más de setecientos taxis —Mercedes 240 y 300D pintados de azul— censados en Tetuán; este exceso se distribuye entre Tetuán, Rincón, Castillejos y la frontera misma. La mayoría de los taxistas no son propietarios de los destartalados vehículos que conducen: hombres adinerados de Tetuán compran varios coches (este, cuatro; ese, nueve; aquel, quince…) y contratan trabajadores para guiarlos a cambio de un magro estipendio e interminables horas al volante. Un taxi tiene seis plazas, dos delante y cuatro detrás, además de la del conductor, y no se pone en marcha hasta que no se hayan completado todas ellas; el viajero, si desea ir más cómodo, puede pagar dos plazas y ocupar el asiento delantero en exclusiva, por ejemplo. Si el viajero es un sibarita o le molesta el olor de la chusma que monta en el Mercedes, puede pagar todas las plazas y viajar él solito. Una plaza desde la frontera hasta Tetuán, que está a unos treinta kilómetros, viene a costar diez dírhams (ciento cincuenta pesetas). Los viajeros van subiendo y bajando con sus bártulos a cuestas durante todo el recorrido. Un rosario y unos versículos del Corán colocados en el salpicadero o en el espejo retrovisor protegerán a los ocupantes de cualquier percance. Los automóviles son muy viejos y a veces pienso que es un milagro que anden. Calculo que la mayoría tienen cerca de un millón de kilómetros y solo la proverbial eficacia y resistencia de los motores alemanes de la casa Mercedes-Benz, unida al buen hacer de los mecánicos locales, permiten que estas agotadas máquinas continúen funcionando. Aun así, no es raro que fallen: en una ocasión tuvimos que hacer autoestop los seis ocupantes de un taxi porque en una cuesta reventó la junta de la culata y el aceite se derramó del cárter en un reguero sobre la carretera. Gajes de vivir en precario, algo tan común aquí.

Por lo demás, el tránsito de mercancías de Ceuta hacia Marruecos ha caído en picado. Antes era habitual ver a numerosos conductores con el coche atestado de bultos depositar un billete de diez dírhams en la mano del policía de fronteras marroquí, que de este modo hacía la vista gorda y obtenía un sobresueldo con que completar su economía. Ya no hay billetes de diez dírhams ni manos solícitas dispuestas a aceptarlos. Medidas gubernamentales venidas de lo más alto han puesto coto al contrabando de género diverso en Marruecos, al tiempo que los comerciantes ceutíes se desesperan y aquellos que se atreven a pasar quesos, juguetes o galletas ven con estupor cómo su mercancía es requisada sin contemplaciones ¿Hasta cuándo durará esta situación?

# Ínterin. Junio, 1996

Toda la noche ha soplado un fuerte viento de poniente que arremolinaba las hojas caídas de la madreselva y las introducía en casa a través de la reja de la ventana. El perfume de sus flores inundaba el jardín y acompañaba el vuelo a trompicones de las hojas muertas. Numerosas mariposas nocturnas han penetrado en la habitación agrupándose en torno a la lámpara japonesa de papel de arroz que exhalaba una delicada luz macilenta.

Llevábamos casi dos semanas soportando un suave viento de levante —ese soplo cálido que favorece la locura y anima el parque eólico de Tarifa— cuando ha irrumpido de súbito el poniente y mi sistema nervioso se ha tambaleado como un boxeador noqueado, a pesar de que continúo tomando la medicación habitual. Si las andanadas del levante no hacen buenas migas con los procesos depresivos, los cambios bruscos en la rosa de los vientos por estas latitudes suponen auténticas cargas de profundidad para las neuronas.

La prematura e inesperada muerte de mi padre aún está fresca en mi memoria: a veces, en el crepúsculo, vuelven a mí las imágenes de su rostro apacible nimbado por la pálida mortaja y sus manos hermosas apoyadas sobre el vientre, con las uñas violáceas por el acúmulo de sangre.

Camino a menudo por la ribera de la playa, donde la espuma humedece y compacta la arena de grueso grano, sobre la que brillan las últimas conchas depositadas por el mar o espejean moribundos pececillos de plata. También buceo a pulmón en la bocana del puerto o me acerco hasta las dunas anejas a Ksar Rimal; allí, en lo que hoy es un muladar, fenicios y romanos industriosos extrajeron y transformaron antaño los frutos del mar. Hace meses encontré los restos de una gran vasija, cuya boca había sido puesta al descubierto por las intensas lluvias de primavera. Desenterré con las manos varios fragmentos que luego limpié, recompuse y pegué con paciencia. Cuando volví, en bañador y descalzo, al lugar de la primitiva factoría de salazones, alguien había sembrado de agudos cristales el lugar del hallazgo, por lo que desistí de seguir indagando con mis maneras de tosco arqueólogo aficionado. Nieves, compañera de instituto que ha encontrado numerosos vestigios de industria lítica por la zona, me comentó que la cerámica que uno podía recoger en las dunas de Ksar Rimal correspondía al tipo *terra sigilata*. Recurrí a otro compañero, el latinista Pepe Marín, para conocer el significado del adjetivo *sigilata;* me explicó que las piezas de barro clasificadas bajo tal denominación llevaban una impronta o marca diferenciadora, estaban, por lo tanto, «selladas». No encontré, sin embargo, ningún *sigilum* grabado en los trozos de la panzuda vasija.

Estamos a punto de finalizar el curso escolar y me encuentro fatigado. Este año he sido tutor de un grupo de adolescentes bastante problemático, por lo que las quejas y los sinsabores han arreciado de principio a fin ¡Menos mal que la paciencia, esa infinita paciencia que ha de poseer todo profesor para no montar en cólera o tirar la toalla en determinadas circunstancias, no me ha abandonado todavía!

# Tánger y Chukri. Junio, 1996

Oí hablar por primera vez de *El pan desnudo* por boca de Fuensanta, buena lectora y mejor pluma. Su autor, Mohamed Chukri, era lo que los ingleses denominan *self made man,* un autodidacto.

Criado a los pechos de los suburbios más sórdidos de Tetuán, aprendió a leer y a escribir tardíamente y se hizo maestro de escuela. Las penalidades de la niñez son los mimbres con los que teje la trama de esta novela a caballo entre la picaresca y el *bildungsroman* o relato de aprendizaje. Pero dejemos a un lado la crítica literaria.

Mis pasos me han llevado hasta Tánger en busca de este escritor con asomos de maldito y pornógrafo, un patito feo dentro de la biempensante y tradicional sociedad tangerina. El régimen oficial lo ignora y, cuando no, lo censura, impidiendo que sus textos sean publicados en árabe —su lengua materna— en el reino alauí —su país—. Parece que Juan Goytisolo ha sido uno de sus valedores en España (de hecho prologa la edición de Montesinos). También ha sido traducido a otras lenguas de cultura.

Israf, sobrina de mi amiga Aixa, lo conoce y me comunica que suele parar en el cafetín Haffa, arriscado en los acantilados atlánticos del sector norte de la ciudad.

Cruzo Tánger sin prisas. A esta urbe han estado ligados autores como Jean Genet, Joseph Kessel, Paul Bowles —aquí sigue—, Ángel Vázquez y Tenessee Williams; también pintores como Matisse, Delacroix y Kees van Dongen. Ah, añado a la nómina dos escritores nativos —Mohamed Mrabet y Larbi Layachi— más Truman Capote y la generación *beat* al completo, con Jack Kerouac y Alen Ginsberg, además del cabronazo de Burroughs, que comenzó a escribir en Tánger *El almuerzo desnudo* inyectándose Eucodal cada pocas horas, una morfina semisintética retirada por entonces del mercado europeo pero aún localizable en las farmacias tangerinas.

La ciudad dormita en la placidez de la sobremesa. Días atrás, sus arrabales se estremecieron con la ira, el grito y la revuelta de los desclasados. Los países occidentales temen el avance del integrismo. Yo les digo: el caldo de cultivo donde mejor brota y arraiga el integrismo es la miseria, la desigualdad social, el desempleo y la desesperanza de los ceros a la izquierda. En Marruecos, donde cualquier brote fanático está perfectamente controlado, el movimiento integrista Justicia y Caridad gana fuerza y adeptos entre los estudiantes universitarios. El movimiento fue creado por Abdesalam Yassin, exfuncionario del Ministerio de Educación que actualmente se encuentra confinado en su casa de Salé bajo arresto domiciliario. Los fundamentalistas son muy activos en las barriadas pobres y en las zonas suburbiales de las grandes ciudades, donde, amén de adoctrinamiento religioso, realizan labor social, aunque su influjo también es patente en los estudiantes descontentos con el régimen de Hassan II.

Tánger ya no es lo que fue: ciudad internacional donde las grandes potencias en guerra jugaban al ratón y al gato; reducto de bujarrones disfrazados de diplomáticos, espías o mercaderes en busca de carne fresca de muchachitos impúberes y hambrientos; casino donde fundir los cuartos; putas con las que follar en todos los idiomas… Acabóse. Los miasmas atlánticos ahogan la ciudad por la que Chukri se mueve como pez en el agua.

Dejo el automóvil no lejos de donde el multimillonario y excéntrico Malcom Forbes amontonó estúpidos dioramas formados por infinidad de soldaditos de plomo (puede que por aquí posara sus bellísimos ojos malvas Liz Taylor camino de una fiesta en el palacio del Mendub).

Desciendo por una estrecha calleja en busca del café en el que Chukri toma sus tés y contempla el mar. Me cruzo con dos hombres que suben cogidos de la mano; este gesto, malinterpretado casi siempre por los turistas, no es indicio necesario de homosexualidad, sino un gesto de afecto que indica una relación familiar próxima o una amistad verdadera. En Marruecos, el contacto corporal entre hombres en actos sociales —besos de salutación, sujeción prolongada de las manos al ser estrechadas, caminar de dos bigotudos cogidos del brazo o de la mano— es más intenso y prolongado que en Europa en general. Dicen los antropólogos que el contacto de las manos al saludarse dos personas es, quizá, rastro atávico de ese miedo al otro, que se contrarrestaba en las sociedades primitivas mediante el tacto, la caricia o el apretón: la mano que es estrechada no puede empuñar un arma en esos momentos.

«Café Haffa. Fundado en 1927», reza el dintel en perfecto castellano. Antigua casa de pescadores cuyo jardín se precipita en escalonados bancales hacia la rompiente. Algarrobos. Mesas azotadas por el viento marero. Algunos fumadores de hachís. Parsimonia y perfume de jazmines. Dentro, los hombres miran la televisión; juegan el Madrid y el Atlético. El fútbol, una de las grandes pasiones de este país. De Chukri ni rastro. «Sí, viene…». «Estuvo aquí hace dos días…». Respuestas vagas del anciano camarero. Tras tomar un té decido regresar a Ceuta.

Volví dos veces más al Haffa y todo intento fue vano: Chukri se había esfumado. Quizás el otoño sea época más propicia para las búsquedas y los encuentros.

# Camino del desierto. Septiembre, 1996

## Día 11

Partimos de Ceuta una mañana plomiza de lluvias intermitentes y mar hostil. Voy junto a Carmen, Argimiro y Aixa en busca de ese Marruecos primigenio apenas hollado, un Marruecos en forma de oasis nacido en los bordes de la *hamada* o desierto de rocas, a la espalda meridional del Atlas, intuyendo el Sáhara. Vamos al encuentro de un amigo, Ibrahim, y qué mejor excusa para emprender un viaje que la amistad.

Nos detenemos a comer en Larache, importante puerto pesquero de la costa atlántica. En la Casa de España, decorada con tópicos motivos marineros —redes de color ocre, una hélice herrumbrosa de algún viejo barco, dos grandes fanales de latón (uno rojo y otro verde), pósteres del Ministerio de Agricultura y Pesca con dibujos a color de diferentes especies marinas, boyas y un ancla antigua pintada de negro—, degustamos una excelente sopa de marisco y lenguados a la plancha, de carne prieta, fresquísima, todo ello acompañado con el delicioso y tierno pan marroquí —nunca me cansaré de alabar las excelencias de las tahonas y hornos de barro magrebíes— y regado con un Coquillages de tono ambarino y afrutados matices, un blanco elaborado en los viñedos de Casablanca, cosecha del 92, de no mala calidad y aceptable cata.

Larache, Ksar-el-Kebir, Suk-el-Arba, Sidi-Kacem, Meknes y Azru, parada y fonda. Carreteras que, con las primeras lluvias otoñales y el aceite que derraman vetustos camiones Volvo y asmáticos Mercedes, se convierten en peligrosas pistas de autos de choque para conductores temerarios y vehículos con frenos exangües. En las cunetas, de trecho en trecho, se desparraman puestecitos de melones orondos, tan amarillos y brillantes que parecen pintados al óleo.

En Azru, población del medio Atlas circundada por bosques de bíblicos cedros y arroyos de aguas puras, nos acoge el hotel Panorama, sobrio pero correcto, donde damos descanso a nuestros cuerpos por espacio de una noche.

## Día 12

Hay días en los que uno se levanta con el pie izquierdo y no hay manera de *enmendallo*. Este ha sido uno de esos. El coche de Argimiro, un Honda Civic con más de doscientos cincuenta mil kilómetros acumulados en sus tripas metálicas, ha sufrido varias averías durante el trayecto hasta Tinerhir. La primera cerca de Midelt, adonde hemos llegado con lentitud.

Un mecánico bajito y lleno de grasa hasta la barba nos comunica que las pastillas de freno —totalmente erosionadas— deben ser sustituidas. Como aquí no hay pastillas originales para el utilitario japonés, es preciso recomponer las viejas con una nueva mordaza que oprima el disco.

En Marruecos, los mecánicos locales no cuentan con demasiados medios a su alcance, aunque suplen esta falta con buenas dosis de ingenio y una habilidad innata para el trabajo manual. Su quehacer me recuerda al de los mecánicos, chapistas y torneros de La Habana, salvando las distancias, ya que los cubanos, que carecen de casi todo, han de hacer auténticos milagros para recomponer los motores de vetustos Cadillac, Chevrolet o Plymouth de los años 50.

Toda la tarde lleva la reparación de la avería. Aprovechamos para recorrer algunas tiendas de fósiles y minerales situadas a ambos lados de la calle principal, en cuyo piso algunos charcos rojizos recuerdan los chubascos de ayer. ¡Ah! Un aviso para trotamundos querenciosos de las piedras: en el Atlas marroquí hay extraordinarios fósiles naturales, pero también abundan en demasía *les fossiles artificieux*, esto es, magníficas imitaciones —incluso, a veces, novedosas creaciones— esculpidas, teñidas y ensambladas con pericia en minúsculos tallercitos donde se dan la mano el arte y la picaresca. Te lo advierte, estimado lector, un primo que creyó encontrar un fantástico arácnido o crustáceo de formas perfectas no catalogado hasta la fecha en ningún manual al uso, previo pago de un azulado billete de doscientos dírhams. Evidentemente, el avispado vendedor nunca hará distingos entre el fósil creado por la madre naturaleza y el manufacturado por el animal de dos patas que llamamos hombre. Quien tenga oídos para oír que oiga. En este caso, ojos para leer.

Muy avanzada la tarde reemprendemos la marcha. Unos setecientos dírhams quedan en el taller de Midelt (semanas más tarde le dirían a Argimiro en Ceuta que la reparación había sido una auténtica obra de artesanía). La carretera traza inmensas rectas en las penillanuras del Alto Atlas, a dos mil metros de altura sobre el nivel del mar. Es el territorio de la estepa, del azufaifo, la artemisa y el esparto. Unas perdices morunas corren por el arcén asustadas ante la cercanía de los coches, se desvían a la derecha y emprenden ruidoso vuelo hacia poniente. Aquí el aire es tan puro y nítido que la vista alcanza grandes distancias. La roca viva, casi desnuda de vegetación —huesos mondos, vértebras del gigante Atlas— rebosa los cuatro puntos cardinales.

En el ocaso atravesamos las bellas y austeras gargantas que el río Ziz, embarrado y tuerto allá en lo hondo, ha excavado a lo largo de millones de lunas. Algunos campesinos venden manzanas en las revueltas de la carretera.

Ya de noche alcanzamos las primeras viviendas de El Hart, el oasis de Ibrahim. Nunca he visto tantas estrellas en el cielo.

## Día 13

Despertamos avanzada la mañana; a través de las ventanas de la casa penetra la luz cegadora del predesierto, que quema las pupilas. Abajo trajinan las mujeres, bulliciosas, alegres, de sonrisa afable y blanca. Observo a la madre de Ibrahim inspeccionar los frutos de la higuera que crece en el patio y oigo el chillido de la polea del pozo familiar al ser izado el caldero con agua fresca.

Tras un copioso desayuno, en el que sobresalen el *raief*, primorosamente elaborado en el horno cóncavo de tierra cocida situado en un ángulo oscuro de la casa, y los primeros dátiles de la temporada, chiquitos, entre oliváceos y macilentos, pero muy sabrosos, salimos a dar un paseo por los alrededores. Hace calor, aunque la canícula del estío —pueden alcanzarse temperaturas de hasta cincuenta grados centígrados— sea solo un recuerdo a mediados de septiembre. La tierra, agrietada, es rojiza y dura, y se confunde con el color de las paredes de adobe de las viviendas y los muretes que protegen los huertos. Hay palmeras por doquier, majestuosas palmeras datileras —masculinas y femeninas— de belleza regia y silueta elegantísima, preñadas de frutos arracimados allá en las copas. Este año la cosecha de dátiles será copiosa.

Lo cierto es que un oasis, observado al natural, es exactamente lo que hemos imaginado en nuestros sueños o visto en el cine: un vergel, una isla de vida en medio de la más absoluta desolación. Un pequeño milagro de la naturaleza, en suma.

El Corán, cuya predicación inicial ha de situarse en el marco de la vida de los beduinos o de los cultivadores de los oasis, identifica el paraíso con el Jardín o *al channa*, la sede de la vegetación. «Tendrán en él toda clase de frutas» reza la aleya 15 de la sura 47. La sura 6 del Corán, que habla de la omnipotencia de Dios, no encuentra mejor ejemplo para mostrar ese poder omnímodo que el de un oasis: «Dios hace que germinen el grano y el hueso de dátil» (aleya 95). «Y es Él Quien ha hecho bajar agua del cielo. Mediante ella hemos sacado toda clase de plantas y follaje, del que sacamos granos arracimados. Y de las vainas de las palmeras racimos de dátiles al alcance. Y huertos plantados de vides y los olivos y los granados, parecidos y diferentes. Cuando fructifican, ¡mirad el fruto que dan y cómo madura! Ciertamente hay en ello signos para gente que cree» (aleya 99).

Caminamos a lo largo de pequeñas sendas que deslindan minifundios donde crece el maíz, el trigo —ya cosechado—, los nabos, la alfalfa para las bestias, los melones del color del oro y las calabazas, más hortalizas varias para aderezar el cuscús, membrillos, granados, palmeras de Arabia, olivos en los que verdean cientos de gruesas aceitunas, higueras, tarayes de los que se extrae madera para fabricar muebles, herramientas y aperos de labranza, esbeltas cañas —abundantísimas en todo Marruecos— que crecen junto a pequeñas acequias por las que susurra el agua... esa agua subterránea que fluye a poca profundidad procedente de los veneros de la montaña y que hace posible esta floración ubérrima.

Aquí, en El Hart, cada palmera tiene «nombre y apellido»; se la mima, se la poliniza (la mano del hombre sustituye al viento, del que no se fía por ser este voluble y caprichoso), se la poda y se la protege con esmero; el campesino sabe con certeza la calidad y cantidad de frutos que cada planta ofrece: el dátil es el oro del desierto. Y no hay que cavar para encontrarlo porque cae del cielo, como el maná bíblico del pueblo errante.

Regresamos a las viviendas. A medida que avanzamos por las calles del pueblecito, los niños, entre curiosos y asombrados por la presencia de extranjeros en este lugar perdido de la mano de Dios, asoman la carita tras las hojas de las puertas levemente entreabiertas de zaguanes y patios umbríos. Los más atrevidos corretean tras nuestros pasos y gritan: *¡Bonjour, madame!, ¡bonjour, monsieur!* Los más tímidos simplemente sonríen y hacen comentarios por lo bajo en su lengua materna: el bereber. Ante el intento del viajero, que pretende hacerles una foto, huyen como alma que lleva el diablo. Parece que el antiguo prejuicio de los musulmanes contra las imágenes aquí permanece intacto.

El pueblo se rige por un consejo de ancianos compuesto por treinta hombres —el padre de Ibrahim es uno de sus miembros— que dirimen asuntos varios y resuelven los pequeños pleitos de cada día. Un duro enfrentamiento con los habitantes de un pueblo vecino por un litigio sobre tierras, provocó no ha mucho una pequeña guerra que causó tres muertos por arma blanca. Uno de los excombatientes, con las orejas limpiamente rebanadas por mor de machetazo datilero, muestra, cual homúnculo o mujer barbuda de feria, su cabeza monda de apéndices auditivos a cambio de unos dírhams que echarse a la faltriquera. El asunto se le fue de las manos al consejo de ancianos y hubo de intervenir la autoridad estatal, así como la justicia ordinaria. Hoy reina una calma tensa entre ambas comunidades en espera de que el *shergui*, viento sahariano del suroeste, vuelva a encabritar las neuronas de algún palmero de mirada torva y cuchillada fácil por un quítame allá esas pajas. Ojalá no pase nada.

En general, las gentes del sur de Marruecos destacan por su elegante belleza —expresividad y profundidad de la mirada, delicadeza del gesto, tono tostado de la piel, aire noble— y por el trato que dispensan al viajero, acorde con la más rancia hospitalidad árabe.

La cultura del neolítico —dependencia casi exclusiva de plantas y animales domesticados, supervivencia del trueque como moneda de cambio, uso de pequeños molinos manuales de piedra para triturar el grano, etc.— convive con la abundancia de recipientes de plástico y de latón, corriente eléctrica durante algunas horas al día —hay un generador cercano— y la omnipresente televisión. (Me comenta Ibrahim en tono jocoso que la retransmisión estos meses atrás de un culebrón venezolano traducido al árabe provocó en las aldeas de la zona varios divorcios, ya que la mujer pasaba a casa de la vecina para ver la telenovela y olvidaba preparar la cena al marido. Yo mismo puedo dar fe del fenómeno social que constituyó tal emisión, pues llegué a ver en el zoco de Tetuán camisetas con el nombre del galán protagonista de la serie —Armando— como único motivo ornamental y en perfecto castellano. Vivir para ver).

A la puerta de algunas casas hay panzudos recipientes cubiertos de arpillera con un vaso de plástico sobre la tapa. Guardan agua fresca para que cualquier persona sedienta pueda beber. Al que golpee la aldaba no se le negará un sorbo de agua: es el bien precioso que sostiene la vida, algo que la mujer y el hombre del desierto saben a pie juntillas.

Pasamos fugazmente frente al cementerio. Es una parcela en la que las tumbas se adivinan por la presencia de un montoncito de tierra y un trozo de roca o de cerámica por todo adorno y estela; cementerio minimalista, que diría cualquier intelectualoide. Solo he visto semejante sencillez y tan excelsa comunión con la madre tierra en la cartuja de Miraflores, en Burgos, cuyo pequeño cementerio alberga los restos de los monjes fallecidos tras los muros del monasterio. Las rosas cercanas, con cuyos pétalos se fabrican olorosos rosarios, son los silentes guardianes de las tumbas, montoncitos de tierra también ¡Qué contraste con los horribles y costosos mausoleos que erigen los miembros más altaneros de nuestras opulentas sociedades del primer mundo! ¿Acaso no son iguales a aquellas del oasis o de la cartuja las inmundicias que albergan? ¿No son las mismas vértebras, las mismas costillas, los mismos cráneos? Quizás el hombre del desierto, como así el cenobita, comprenda mejor que nosotros que lo que nace de la tierra a ella ha de volver; que el polvo, aun enamorado, regresa al polvo; que un cuerpo sin vida —obviemos el espíritu o el alma— se reduce simplemente a unas onzas de carbono que han de integrarse de nuevo en la química infinita del cosmos. Y nada más. El recuerdo queda como huella impresa en la memoria y el corazón de los que aún respiran.

Mas el paseo continúa. Nos aproximamos a la casba o primitiva ciudadela fortificada —carne de barro y paja desmenuzada, osamenta de vigas de palmera y cañas entrelazadas— que agoniza en el fondo del olvido. Solo unos pocos habitan las viviendas exteriores, aquellas acostadas en la sólida y tranquilizadora anchura del grueso perímetro defensivo.

El viento, que a veces arrastra grandes cantidades de arena, y las lluvias, escasas pero torrenciales, han desmochado la vieja casba, arruinado sus techumbres planas, desmoronado sus tabiques, borrado su antigua faz.

Nos adentramos por las ruinas. Cerca de la casa donde Ibrahim nació, bajo uno de los arcos que franquean la entrada al recinto, hay un conciliábulo de hombres vestidos con impolutas alcandoras blancas. Es una mesa electoral. Hoy los marroquíes votan una nueva Constitución que establece el bicameralismo, permite la elección democrática de diputados, garantiza el derecho a la propiedad y libertad de empresa y resucita antiguos planes de desarrollo ¿Un paso adelante? Tal vez, aunque el Rey, que gobierna su reino con mano de hierro, siempre tiene aquí la última palabra; no en vano es la máxima autoridad política y religiosa del país.

Caminando por los sombríos vericuetos y pasadizos que serpentean entre las casas vencidas, llaman mi atención los restos de unas pinturas de vivos colores elaboradas al fresco en el estuco de una pared situada a unos diez metros de altura; quedan, entre inmensos e irreparables desconchones, los dibujos de una palmera cargada de frutos y varios círculos con delicados y armónicos esquemas geométricos policromos, que me permito identificar como discos solares. Saco un par de fotografías. Los discos solares eran representaciones artísticas propias de aquellos pueblos que adoraban al sol, estos es, practicaban la heliolatría. Los celtas son un buen ejemplo de ello, así como la mayor parte de las culturas mediterráneas.

Ya de vuelta, nos detenemos ante el brocal de un pozo sobre el que pende un odre de cuero. El brocal, de barro, tiene las paredes finas y está hermosamente decorado. Los brocales de pozo cumplían una función específica como complemento arquitectónico. Se situaban en el interior de las viviendas (habitaciones o generalmente patios) sirviendo a la vez como elemento decorativo y funcional, puesto que permitían el acceso a las aguas almacenadas en los aljibes. En el museo de Ceuta, en la sala dedicada a la Edad Media, hay dos brocales de pozo árabes encontrados en excavaciones arqueológicas. Uno tiene un magnífico trabajo de decoración realizado mediante la técnica de la cuerda seca; el otro está elaborado en cerámica vidriada de color verde y ambos son de sección circular. Las semejanzas entre el brocal en uso de la casba de El Hart y los del museo ceutí son patentes.

Por la tarde, después de comer, visitamos las Gargantas del Todra. La carretera trepa por las rocas y deja en el valle un río verde de palmeras y pueblos de casas trapezoidales de austeridad monacal, que se mimetizan perfectamente con el color de la tierra circundante. El hilo de la vida sigue o se superpone al del agua.

Por fin llegamos a un desfiladero socavado por la lenta pero constante labor de una corriente de agua. Las sombras del crepúsculo se agigantan entre estas angosturas por las que discurre el agua lechosa y cantarina del Todra. Palomas bravías anidan en los cantiles. Alguien me comenta que numerosos escaladores franceses desafían con frecuencia la verticalidad de estos muros de almagre. Hay bastantes turistas de esos de camisas chillonas y amplias bermudas, piernas blancuzcas surcadas por varices y cámara compacta en ristre; observo a un grupo de polacos bebiendo algo naranja en vasos de plástico y devorando una bazofia espesa en platos del mismo jaez: miserias de viaje organizado por cuatro perras y media.

Cruzamos el río por una endeble pasarela de tablas y tomamos café y té en la terraza de uno de los hotelitos construidos en la base del precipicio. Hay trasiego de gentes y deambular torpe de algunos automóviles por el cascajo del cauce (de súbito me viene a la mente un imagen fugaz: en el café Tarik de Castillejos, donde alguna vez desayuno, hay una fotografía de estas mismas gargantas por las que transita al galope un grupo de hombres vestidos a la vieja usanza y montados en briosos caballos árabes ricamente enjaezados; una imagen plena de fuerza y armonía).

En estos instantes quien transita por la glera del desfiladero es un individuo de mediana edad impecablemente vestido a lomos, no de brioso corcel, sino de moto tremenda —Honda Goldwind en tonos perla y plata por más señas— a la que sigue un carrito a juego con la montura rematado por cuatro bocinas cromadas y un rebaño de lucecitas iridiscentes. El individuo en cuestión pretende llegar con su flamante velocípedo hasta el mismo umbral del hotel, por lo que introduce la moto en el río con ánimo de llegar hasta la otra orilla. A los pocos metros, la pesada Honda patina, se atasca y arroja humo blanco por doquier. Nuestro amigo ha de echar pie a tierra —situada dos palmos bajo el agua— y se hunde en el lecho hasta la rodilla. Como no ceja en el empeño y la moto no se mueve un milímetro, varios muchachos se introducen en el río y empujan con todas sus fuerzas el artefacto hasta lograr desencallarlo. Conclusión del que esto escribe: los nuevos ricos son igual de horteras y fantasmones en todas partes, aunque puede que aquí, en Marruecos, se lleven la palma.

A la noche, ya en casa de Ibrahim, surgen espontáneamente conversaciones nocturnas al amor de las velas y la imaginación se desata: relatos de misterio, fantasmas, apariciones, extrañas experiencias también tienen cabida —cómo no— en la añeja cultura popular marroquí, y más entre las gentes del campo. En Marruecos hay conjuros para evitar el aojamiento o mal de ojo (recuerdo los pesqueros gallegos de las Rías Bajas, en cuyas cabinas los marineros colocaban ristras de ajos a fin de conjurar el mismo mal, como si entre ambos vocablos parónimos —*ajo-ojo*— existiera una invisible relación); talismanes protectores, como la mano de Fátima, hija del Profeta, o relacionados con la magia negra: pequeños envoltorios, depositados en lugares estratégicos, que contienen antimonio, vello púbico, sangre menstrual o trozos de uñas (por citar un ejemplo anecdótico de su uso, se sabe que fueron puestos bajo la almohada y el colchón de Jane, esposa de Paul Bowles, por Cherifa, su enigmática y perversa criada, con ánimo de causar daño); abundantes *yenun*, genios creados de fuego o de viento abrasador, ora buenos, ora cascarrabias y entrometidos; la aureola de la *baraka* o iluminación divina que da sabiduría y suerte, y de la que solo algunos elegidos disfrutan; sustancias naturales como la *henna* o alheña regalada a los recién desposados, que protege también del mal de ojo, o el añil, tinte precioso con el que embadurnan fachadas y portales en Xauen, que, además de repeler a los insectos —esto es creencia común entre los lugareños y así lo atestiguan al visitante—, aleja por lo callandito a los malos espíritus; hienas al borde de la extinción debido a la persecución a que las someten los crédulos que atribuyen poderes maléficos a quien coma el cerebro del animal; fantasmas familiares y no tan familiares; mujeres medio brujas o brujas enteras que vagan asustando a los caminantes nocherniegos —hecho comprobado por mí mismo, como detallaré más adelante—; leyendas truculentas del sur, la más conocida de las cuales dice que ciertas personas poseen las líneas de la mano configuradas de un modo especial: si un paisano de estas soledades descubre a un incauto con estas características, no tiene más que cortarle la cabeza y enterrarla en la montaña para descubrir a las primeras paladas el más fabuloso tesoro que imaginar pudiera (aconsejo al viajero precavido que use guantes por estas latitudes a pesar del calor).

Bromas aparte, el acervo mágico y legendario del campesino es exuberante y brota de tronco bereber más que de cepa árabe. En él aparecen incluso metamorfosis harto curiosas, si no tan poéticas como las recopiladas por el divino Ovidio, sí al menos divertidas, como la de la mujer que, durmiendo al raso en un terruño, se convirtió en caballo, circunstancia que fue aprovechada por un labrador vecino para acarrear con ayuda del bruto tantos haces de leña como pudo. Al rayar el alba, cuando despertó la buena señora de nuevo vuelta a su ser, tenía los riñones tal molidos que no pudo levantarse sino a duras penas, y se preguntaba qué había podido suceder para hallarse en tan lastimoso estado.

## Día 14

Viaje de regreso. Torbellinos de arena y polvo nos envuelven, aunque no llegan a borrar la débil línea de asfalto por la cual circulamos. Las horas se van acumulando al volante, si bien el cansancio no logra vencerme.

Al paso por Arbaua, localidad situada en una región pantanosa rica en caza, me vienen a la mente recuerdos de una experiencia extraña: hace un año más o menos, volviendo de la ciudad costera de Essauira —la antigua y atrayente Mogador de los portugueses—, vine a recalar, entrada la noche, en un hotelito campestre situado a las afueras de la mencionada localidad. La distribución de las habitaciones era peculiar, pues todas las puertas daban a un mismo patio. Entré en la que me había correspondido; agotado, cerré la puerta con una tosca llave, me desnudé y caí rendido en el lecho. Era muy tarde cuando, desasosegado, abrí los ojos y sentí la presencia de alguien en la habitación. Un débil rayo de luna entraba a través de una alta claraboya y me permitió vislumbrar la silueta de una mujer recostada sobre la cama contigua. «Ah, una mujer», pensé con el cerebro embotado por el sueño, y volví a dormirme. A los pocos minutos, cuando todas las tuercas y tornillos craneanos hubiéronse ajustado por fin —achaqué al efecto del medicamento psiquiátrico que tomo la falta de una reacción más inmediata—, me incorporé como un resorte y encendí la luz: una mujer de cabellos revueltos y mirada perdida acariciaba mis ropas en la cama de al lado y musitaba extrañas letanías. Le hablé en español; nada. Le hablé en francés; nada tampoco. Maldije no saber árabe. ¿Cómo demonios había entrado si estaba seguro de haber cerrado la puerta con llave? Salté del lecho en cueros vivos y le indiqué pausadamente y por señas que saliera de la habitación. Su aspecto era inquietante y carecía por completo de atractivo. Me dirigió una mirada de súplica, interrumpió su monólogo y obedeció sumisa. Despúes me acosté y dormí como un tronco hasta el amanecer. Cuando me levanté, hice un recuento de mis pertenencias: nada faltaba, ni pasaporte, ni dinero, ni tarjeta de crédito… Desayuné copiosamente, ni mu dije a los camareros sobre el asunto, pagué y me marché.

Por fin, a las tres de la mañana divisamos en la lejanía las luces de Tetuán, la Blanca Paloma, que semejaban una pléyade de luciérnagas temblorosas. Estábamos muy cerca de casa.

# Impresiones. Octubre, 1996

Ha comenzado el curso y los alumnos llevan varios días asistiendo a clase. Vuelvo a ser tutor de un cuarto de ESO en el turno vespertino. La tarde es el *cul de sac* al que van a parar los chicos repetidores, los conflictivos y los que tienen mayor número de suspensos. Ellos incluso tienen conciencia de que se les relega a ese turno por ser «los más tontos» (sic.). A mí no me importa: cristianos y musulmanes, judíos e hindúes forman un atractivo conjunto de alumnos que solo ciudades como Ceuta o Melilla, con sus peculiaridades étnicas y geográficas, pueden ofrecer. Me gusta la mezcla, la diversidad, la riqueza humana y cultural que eso supone, aunque a veces haya que hacer encaje de bolillos con asignaturas tales como Historia o Literatura para no herir sensibilidades (no en vano Santiago «matamoros» sigue siendo el belicoso patrón de las Españas y a Rodrigo Díaz de Vivar nos lo pinta el juglar en ciertos fragmentos del *Poema,* ora repartiendo mandobles contra la morisma, ora pactando con sus caudillos en provecho propio). Sé de profesores —no puedo llamarlos compañeros— que desprecian a los alumnos musulmanes solo por el hecho de serlo, pero racistas hay en todas partes y la posesión de un título universitario puede dar un barniz de respetabilidad, mas no garantiza la calidad humana de una persona.

Leo en los periódicos que zapadores del Regimiento de Ingenieros n.º 8 de Melilla han alambrado tres kilómetros de la frontera hispano-marroquí. Las autoridades quieren rodear con alambre de espino los diez kilómetros de perímetro fronterizo que tiene la Ciudad Autónoma; en Ceuta también se piensa reparar la vieja alambrada. Eufemísticamente, a eso lo denominan ahora los políticos «impermeabilización». Creo que es una medida inútil si con ello pretenden cortar la avalancha de inmigrantes ilegales que vienen con hambre de Europa desde el África subsahariana. No se le pueden poner puertas al campo o, lo que es lo mismo, a la desesperación.

En la frontera, esa durísima frontera que cruzo a diario, hay novedades singulares: numerosos botecitos de goma, de esos de colores chillones y remos de plexiglás que vemos en las playas usar a los críos, convertidos por unas horas en improvisados lobos de mar, acaparan el tráfico marítimo en la ribera que lame ambas fronteras y la tierra de nadie. En esa suerte de umbelas invertidas azules y amarillas, mozalbetes desarrapados —temprana carne de cañón y aprendices de Ginesillo— transportan las más variadas mercancías que antes las mujeres, cargadas como burras, pasaban a pie de un reino a otro. Uno de los alumnos de Monipodio, a popa y calzado con aletas de buzo, chapotea y actúa como motor humano de la embarcación mientras el otro, curtido como un tizón, todo piel y huesos, reza para que aquella no zozobre y el frigorífico que transportan se vaya a pique y con él la exigua comisión que cobran tras acabar el trasiego. Un avispado traficante tuvo la idea de comprar unas docenas de estas barquitas de goma para llevar por mar lo que por tierra le estaba vedado. Tripulantes no le habrían de faltar ¿Y los agentes del orden españoles y marroquíes? Disfrutan del espectáculo y hacen un poco de teatro. Esta frontera es un escenario donde todos son —somos— actores improvisados de una opereta bufa con ribetes dramáticos y, a veces, pespuntes de tragedia.

En la urbanización Al Amin —mi nuevo hogar— algunas mañanas Carmen, Ibrahim y yo recorremos una legua de playa y nadamos en el mar de aguas frías. Nos acompaña Boby, el perrito cojo de Ibrahim adornado con un collar de cuero verde, y seis perros más, famélicos y sin dueño conocido, que malviven en la urbanización bebiendo brisa marina y comiendo polvo de estrellas. He decidido alimentarlos, así que ayer compré en Ceuta un saco de veinte kilos de pienso para chuchos (el liberiano que estaba de aparcacoches o «varilla» —por el palito que llevan en la mano— a la puerta del supermercado se quedó mirándome con ojos como platos cuando salí con el saco al hombro).

Uno de los animales, una perra adulta a la que he bautizado «patas blancas», es un excelente nadador y no duda en chapotear entre las olas cuando divisa chorlitejos, vuelvepiedras, correlimos o gaviotas volando o posados sobre las rocas que emergen a flor de agua. A menudo Carmen recoge conchas y caracolas mientras Ibrahim y yo caminamos en silencio. El mar, además de irregulares valvas de moluscos del género *Anomia,* cuya superficie nacarada, violácea o amarilla reluce bajo el sol, ha comenzado a aportar a la playa los primeros tributos otoñales: una tortuga laúd de varios quintales reposa en estado de putrefacción sobre la arena; los perros la olisquean nerviosos y lamen sus extremidades pálidas y su cráneo macilento. Otros cadáveres —de tortuga boba (*Caretta caretta*) en su mayoría— llegarán con el invierno en forma de despojos quebrados por la hélice de algún barco, saturados por la ingesta de bolsas de plástico a las que confunden con medusas o ahogados en los acerados anzuelos de un palangre. Antes, en los últimos días de octubre, millones de hormigas aladas se suicidarán colectivamente en estas riberas del mar de Alborán y teñirán de negro la espuma.

En Ceuta los legionarios se dejan larguísima perilla, imitando a aquellos soldados antañones que, provistos de almete y pica, engrosaron las filas de los Tercios de Flandes, temible infantería a las órdenes del sanguinario duque de Alba. A uno, que montaba guardia con el Cetme reglamentario de baquelita y tenía la jeta adornada de tal guisa, lo tomé por émulo del sufrido Cervantes o del gallardo Garcilaso. Puede que la Historia, como pensaban los griegos, se mueva en círculos y solo los duros legionarios se aperciban de ello. No sé.

A las puertas de la Perla del Mediterráneo siguen agolpándose todas las mañanas mujeres que, verde pasaporte en ristre, vienen a trabajar como sirvientas o a vender sus productos a Ceuta, trasladándose desde Castillejos, Rincón, Tetuán y las aldehuelas diseminadas por la montaña cercana. A la mayoría no les está permitido pasar la noche en la ciudad. Aquí, en la frontera, es más fácil que la mujer trabaje y sea el sostén de la familia a que lo haga el marido; un obrero no cualificado viene a ganar unos mil dírhams mensuales (quince mil pesetas aproximadamente). No hay un mínimo tejido industrial en esta zona, solo la pesca artesanal, una reducida agricultura, el trapicheo, el tráfico de hachís, algún tallercito, algún comercio, los taxis y la construcción a pequeña escala, sostenida en buena medida por los pingües beneficios de las mafias del cannabis. Buena parte de los hombres ven pasar el día degustando té verde a la puerta de los cafetines mientras observan con parsimonia el deambular del resto de la humanidad ante sus ojos. No hay trabajo y eso acrecienta la actitud contemplativa. La vivienda es cara, la electricidad y la gasolina también lo son.

¿Derecho a cobrar el paro? ¿Seguridad social? ¿Una jubilación digna y asistencia sanitaria gratuita? Chico, esto es el norte, la Yebala, el culo del mundo. El Rey no nos quiere, no desea venir al Rif. «Nosotros somos los vascos de Marruecos», me dijo una vez en Tetuán un vendedor de especias levantisco que había oído campanas, sabía dónde estaba Portugalete y cómo se cocinaba el bacalao al pil-pil. La mujer marroquí, igual que toda la mujer africana en general, posee una fuerza, un tesón y una paciencia inigualables. Ellas, en silencio, sacan las castañas del fuego las más de las ocasiones y han de luchar por su dignidad personal e igualdad de oportunidades contra un muro, a veces infranqueable, de dificultades y prejuicios masculinos o religiosos. El hálito de África es femenino, sin duda.

Leo el Corán —un ejemplar verde con letras doradas, extraño recuerdo de mi padre, cristiano a pie juntillas— y he reducido a la mitad la medicación antidepresiva, cuyos efectos secundarios nada bueno producen. No soy persona religiosa, pero dicen que el conocimiento no ocupa lugar y a mí todavía me queda mucho por aprender. Estos días los talibanes —fanáticos ultraintegristas— han tomado Kabul, capital de Afganistán. Aseguran que la mujer que caiga enferma no podrá recibir asistencia médica, ya que es designio de Alá que su cuerpo impuro sufra el mal que padece hasta la agonía o la muerte. Si sana, la curación obedecerá también al capricho divino. Eso no lo dice el Corán. Eso no es el islam. ¿Por qué será tan fácil adulterar en todo credo la palabra de Dios para beneficio de los lobos y oprobio de los mansos?

# A Xauen por Ued Lau. Octubre, 1996

E s esta una de mis rutas preferidas, y no sin razón. La costa de Gomara, que mira al Mediterráneo desde abruptos cantiles y pequeñas calas de piedras grises, impresiona. La S 608, una carreterita de bordes comidos, se retuerce en curvas y más curvas, sube y baja sin descanso a lo largo de kilómetros que se multiplican por dos, cruza diminutas rías y aldeas de pescadores y llega por fin a Et-Tetla de Oued Laou —como reza la *Carte routière et touristique* n.º 959 de Michelin— o simplemente Ued Lau —como figura en la *Guía completa para viajeros* de Anaya—. Elija el caminante el nombre que guste.

El pueblo se extiende paralelo a una larga y estrecha playa, en la que resaltan las quillas y las proas de las barquitas de pescadores varadas en una cuna de diminutos cantos rodados. Potentes fanales de vidrio apuntando más allá de las amuras permiten adivinar la práctica de la pesca nocturna. Estas costas de aguas limpias, donde se lleva a cabo una pesca artesanal y rudimentaria, aún albergan mucha variedad y cantidad de peces.

Apenas hay actividad en las calles. Pasamos junto a la mezquita; su alminar octogonal, recortado sobre un cielo azul, relumbra —cal y mosaicos— bajo el sol del mediodía.

Tomamos la ruta que nos llevará hasta donde se organiza el gran mercado de los sábados; allí los campesinos de las aldeas próximas llevan a vender sus mercancías a lomos de asno, esos pequeños pero resistentes asnos del Rif, clavaditos, con sus ojos de azabache, al dulce Platero juanramoniano. ¡Y qué esfuerzos y cargas soportan! Hay acero bajo esa capa de peluche. Otros individuos recurren a coches desvencijados, camioncillos renqueantes, autobuses desportillados o bicicletas hermanas de las que se estilaban en la China de Mao: todo método de locomoción sirve con tal de que sea capaz de llegar a Ued Lau.

Los borriquillos, con sus albardas, alforjas y ronzales, se alinean y aparcan como las bicis y las motos. Aquello es una babel: trasiego constante, hormiguear humano, remolinos de polvo y teatro de gestos, toma y daca, rumor de cuerpos que se rozan o golpean al pasar, griterío y bullicio, mil olores, colores, sabores… vida palpitante por todos los rincones.

Siempre que me acerco a este mercado llaman mi atención los vendedores de aperos de labranza, en concreto los que trajinan piezas de repuesto para los arados romanos. Un anciano de barba venerable sentado en el suelo ofrece su singular mercancía: cinco estevas de madera, esa pieza corva y trasera del arado sobre la cual apoya la mano el labriego. El timón, palo derecho al que se fija el tiro, recibe el nombre de *temmun* en las hablas árabes y bereberes, lo que evidencia un origen latino: *temo-onis* (timón). Parte del vocabulario agrícola bereber procede del latín, como *asnu* (asno) y *hortu* (huerto), además de algunos meses del calendario juliano, que aquí todavía pautan las faenas del campo: *yennayer* (enero). Y dicen los que saben que nos hallamos a las puertas del siglo XXI ¿Están seguros? En las abruptas tierras de Yebala, Gomara y el Rif el campesino se sirve del arado romano para abrir el vientre de la tierra como en los albores de la civilización.

Continuamos viaje hacia Xauen, adentrándonos en las espectaculares gargantas excavadas por el Lau, cuyas aguas culebrean entre inmensas rocas caídas de la montaña. Un pequeño pueblo situado en lo hondo de una cárcava por la que se precipita un torrente —Ifansa— da la medida de las difíciles condiciones de vida en la región de Gomara: un puñado de casas con tejados de chapa ondulada, sin luz ni agua corriente; cuatro huertecillos en los que sembrar hortalizas; estrechas sendas que salvan en zigzag terribles pendientes y que tal vez conduzcan a plantaciones de cáñamo. Y nada más.

Observando tan abrupta orografía y conociendo la sobriedad y fortaleza de estas gentes, comprendo el suplicio —más la posterior debacle— que supuso para el ejército español la guerra colonial en el Rif, enfrentado a las cabilas agrupadas en torno al carismático e inteligente Abd-el-Krim. Leí de un tirón el libro *1921: El desastre de Annual* escrito por el periodista Manu Leguineche, apasionante «crónica» de lo que supuso nuestro particular calvario en Marruecos: miles de soldados —la mayoría jóvenes pueblerinos sin instrucción oriundos de las regiones más pobres de España y reclutados mediante las injustas levas de quintas— fueron enviados al matadero escasamente pertrechados y mal preparados para el combate. La corrupción impedía que provisiones, material bélico o ropa y calzado adecuados llegaran íntegros a su destino en el norte de África (si de Madrid salía cien, a Ceuta o a Melilla llegaba diez y malo). El ejército español minusvaloró al enemigo desde un primer momento y fue incapaz de adaptarse a la guerra de guerrillas que este le planteaba. Se cometieron abusos sobre la población indígena, lo que encendió aún más los ánimos de los levantiscos… en fin, un cúmulo de despropósitos y tropelías a ambos lados del Estrecho que significaron una muerte cruel e ignominiosa para muchos hombres en la flor de la edad. El desastre de Annual hizo que Unamuno se lanzara en ataque personal y sin tregua contra Alfonso XIII, insistiendo en la responsabilidad total del rey en el desastre. La culminación de este enfrentamiento vino con su destierro en 1924 a la isla de Fuerteventura. Al leer el libro de Leguineche he podido entender mejor algunas claves de nuestra dolorosa historia contemporánea. Solo en el marco de una guerra colonial tan feroz se comprende el ascenso meteórico de personajes fríos e implacables como Francisco Franco o de tarados como Millán Astray. Bravura o fanatismo, disciplina o esperpento, todo ello aliñado con un fuerte sentimiento de casta —militares africanistas hasta la muerte—, una pizca de mesianismo, una almuerza de patrioterismo y unas gotas de reservorio espiritual de Occidente. Dios santo, qué receta.

Pero cambiemos de tercio y toquemos de refilón, antes de alcanzar Xauen, otro tema que me apasiona: la cuestión bereber. Buena parte de las gentes que viven en el Rif y en otras zonas de Marruecos son de origen bereber y este no es asunto baladí. La voz *bereber* (natural de Berbería) procede del árabe *barbar*, que significa «bárbaro»; así denominaban los griegos a los extranjeros, pues balbuceaban al tratar de expresarse en una lengua que no dominaban. En este caso, el apelativo que pusieron los árabes a estas gentes cuando ocuparon sus tierras y los convirtieron al islam durante su avance hacia el norte no es muy exacto si atendemos al étimo griego: los extraños eran ellos y no los que pusieron bajo su férula, representantes de un pueblo que habitaba desde tiempos remotos el África septentrional (hay antropólogos e historiadores que mantienen que iberos y bereberes proceden de un tronco común). En Marruecos casi la mitad de la población es de origen bereber y habla una lengua diferente del árabe y cualquiera de sus variantes dialectales.

Los bereberes se llaman a sí mismos *imaziguen*, los hombres libres. Su lengua es el *tamazight*, que, como el árabe y pese a sus diferencias, pertenece a la familia camito-semítica. Es una lengua oral, sin constancia escrita desde hace siglos, aunque posee un alfabeto de origen fenicio conservado entre los *tuareg*. En vísperas de la ocupación islámica parte de esa población norteafricana estaba romanizada. La islamización de Marruecos probablemente privó al idioma bereber de la posibilidad de evolucionar o adquirir el rango de lengua escrita. En el presente continúa siendo oral y sus varios dialectos carecen de espacio en el currículo escolar, aunque hay asociaciones que luchan por preservarlos.

Xauen, población acostada entre los montes Tissuka y Meggu, siempre resulta atractiva a los ojos del viajero. Numerosos turistas españoles la visitan a lo largo del año y no van muy descaminados en su peregrinación, puesto que algunos de nuestros ancestros, andalusíes de pura cepa expulsados de sus heredades peninsulares, hallaron refugio en esta ciudad santa, lugar de reposo para sus pies cansados.

En Casa Hassan (sic) degustamos cuscús, plato que los marroquíes bien nacidos nunca piden en un restaurante, pues es un menú de marcado carácter familiar; tajín —pronúnciese *tayín*— de cordero con ciruelas, pasas y almendras; un poquito de *kefta*, ensalada marroquí y, de postre, naranja aromatizada con canela y agua de azahar, así como tarta de limón y café negro. No se sirve alcohol, por lo que acompañamos la comida con agua, Fanta o Coca-Cola. Unos españoles que comen en una mesa próxima han traído consigo cervezas y una botella de vino tinto; esto, amén de ser un gesto de pésimo gusto, denota una absoluta falta de respeto a las costumbres ajenas. Yo, como el pobre Lázaro de Tormes, «muero por el vino» y, sin embargo, asumo que en muchos sitios de Marruecos no voy a poder degustarlo. Puede que la prohibición coránica resulte absurda para mis adentros —de hecho así es—, pero ello no me otorga patente de corso para hacer lo que me venga en gana en casa del vecino pobretón. En la ciudad santa no se debe tomar alcohol. Y quien quiera un fino que se vaya a Jerez de la Frontera.

Al atardecer damos un paseo por la umbrosa plaza Uta-el-Hammam, donde un nutrido grupo de personas, niños en su mayoría, hacen corro en torno a un desastrado titiritero y al monito que lo acompaña. El mono ejecuta cabriolas y hace amagos de abalanzarse sobre la chiquillería, que ríe y tiembla alborozada. Por un instante, la mirada del titiritero y la mía se cruzan y hay un mutuo reconocimiento. Esa barba azulada, esos cabellos enredados y descoloridos como lana cruda desovillada bajo un telar, esas pupilas que son ascuas… yo los he visto antes. Viene a mi memoria una noche tangerina —negra noche—, cuando caminaba en dirección al vetusto hotel París. En un callejón oscuro tropecé con él y con su monito de Gibraltar. Me escupió unas palabras en árabe mientras la mascota enseñaba los dientes: pura autodefensa de un desvalido cómico de la legua en una ciudad descarnada como Tánger. Vacilante, seguí mi camino hacia la nada. Ahora el tibio sol de la tarde alumbra el fugaz reencuentro. El titiritero, con un mimbre, golpea suavemente los cuartos traseros del animal que va recolectando en una lata de sardinas los escasos céntimos ofrecidos por el público allí congregado.

# La marisma de Mulay Buselham. Octubre, 1996

> Marruecos ultima la liberación de cuarenta y siete soldados del Frente Polisario, quienes desde hace años se encuentran detenidos en un presidio militar [...]. La liberación de los militares del Polisario supondría un paso importante en el desbloqueo del plan de paz para el Sáhara occidental, elaborado por la ONU en 1991.

Leo esta noticia, a toro pasado, en la edición matutina de *El País,* sección internacional, del 19 de octubre de 1996, mientras desayuno en mi apartamento. El sol pugna por salir de entre los jirones de una espesa niebla. La eterna cuestión del Sáhara, ¿se solucionará algún día? A pesar de los gestos de buena voluntad como el que refleja la prensa no creo que esto suceda pronto. Las cosas de palacio van despacio y nadie conoce la próxima orden.

Me apresuro en acabar las rebanadas de pan con mantequilla y miel y bebo la leche con Cola-Cao de tres tragos. He quedado con mis vecinos Paco e Irene a las diez y son las diez y diez. Es la primera vez que deciden internarse en Marruecos más allá de Rincón, por lo que he pensado que llegarnos hasta el pueblecito de Mulay Buselham podría ser un buen comienzo.

La primera parada la efectuamos en Larache, en su puerto pesquero que siempre huele a pescado poco fresco, en cuyas cercanías los marineros almuerzan sabrosas sardinas a la plancha aderezadas con cebolla y sal gorda en platos de plástico naranja. Antes, en las salinas próximas a las ruinas de Lixus, antiguo asentamiento romano, hemos podido admirar una bandada de flamencos rosas que peinaban las aguas delgadas con sus picos curvos en busca de alimento.

De Larache parte una pequeña carretera a la que se superpone en algunos tramos la flamante autopista de peaje Rabat-Larache. Se introduce a través de campos de caña de azúcar donde laborean hombres, mujeres y niños; los más pequeños mordisquean cañaduz o corretean en pos de sus madres. En el horizonte se dibujan las siluetas altivas de los silos, mastodónticos cilindros de hormigón armado que pujan hacia el cielo. Comienza a apretar el calor.

La pequeña carretera desemboca al fin en Mulay Buselham. La palabra *mulay* tiene el significado de «señor» y es un tratamiento de respeto, en este caso hacia el hombre santo o morabito que está enterrado en el lugar bajo una blanca cúpula junto a la mezquita. Estos enterramientos reciben el nombre de *kubba*, cuyo sentido primitivo es el de «cúpula», pero que, por extensión, se aplica al pequeño edificio cúbico cubierto por aquella que es sepulcro de un personaje venerado y meta de peregrinaciones y romerías. La belleza de la cúpula, con su sencillez geométrica y pureza de línea, me fascina. La mejor definición que he encontrado de ella la ofrece Yolanda Guardione en su libro *Marruecos, gentes, tradiciones y creencias*. Dice así: «Las cúpulas representan la bóveda celeste, el orden cósmico y el equilibrio perfecto y matemático de la propia Creación».

El fervor hacia los santos locales, al igual que en España sucede con las Vírgenes, provoca la existencia de peregrinaciones o romerías populares denominadas *mussem*. El islam no pudo erradicar numerosos ritos ancestrales —este es uno de ellos— del mismo modo que en los primitivos enclaves de la península ibérica, donde el cristianismo erigió ermitas para rendir culto a María, antes se había venerado a Ceres o a nutricias diosas madre cuyo origen se pierde en la noche de los tiempos.

Las mujeres guardan especial relación con los santos y los santuarios, y su devoción por ellos es mayor que la de los hombres. Para la mujer marroquí el santuario es a la vez lugar de conversación íntima con otras mujeres (en torno a la sexualidad y a la fertilidad básicamente), recinto terapéutico, hospital primitivo, espacio acotado, en suma. Por lo que sé, el *mussem* de Mulay Buselham es importante y llamativo. Espero poder presenciarlo algún día.

La belleza del lugar reside en el estero o laguna marina que se extiende a los pies del pueblo, amplia y poco profunda, la cual alberga una gran riqueza piscícola y sirve de refugio a numerosas aves acuáticas. No en vano es uno de los más relevantes humedales de Marruecos. En la desembocadura el flujo y reflujo de las mareas ha formado caprichosas isletas y curvos bancos arenosos; allí las aguas poseen una gama riquísima de tonos verdes y azules, cuya escala o cuya mezcla dependen de la dirección y fuerza de los vientos, la altura del sol y la marea.

Caminamos cerca de la playa, próximos a una roca erosionada desde la que los pescadores de caña lanzan sus aparejos al mar. Un hombre con quien hablé brevemente el año pasado me reconoce —otra vez la prodigiosa memoria fotográfica de los marroquíes—; es el señor Galham, antiguo emigrante en tierras suizas, pescador de bajura y guía ocasional de turistas y ornitólogos que se acercan a la marisma. Alquilamos su bote por un precio razonable y, en compañía de otro pescador, iniciamos el grato paseo por la laguna. Galham es un hombre fuerte y curtido cuyo rostro, de fino bigote, parece esculpido en basalto. Me acerca unos viejos prismáticos y una guía ilustrada de pájaros amarillenta y desencuadernada, sobre cuyas láminas posa las yemas de sus dedos con exquisito cuidado. La obra es un clásico de la ornitología, publicación de Arthur Singer y Bertel Bruun. Me pregunto cómo habrá llegado a sus manos.

En las orillas de la laguna los hombres extraen almejas con ayuda de un pesado aro de hierro al que está cosido un copo de red; lanzan el trebejo a las aguas, tersas como una lámina de estaño, y cuando toca fondo comienzan a halar poco a poco, con gran esfuerzo. Las mujeres caminan en grupos sobre el limo gris, atraviesan brazos de agua sumergiéndose hasta el cuello y escarban con palitos en el fango. Sus vestidos de alegres colores están empapados pero esto no parece preocuparlas demasiado. Paco, gran aficionado a la fotografía, hace clic sin cesar.

De regreso, *monsieur* Galham detiene la embarcación junto a unos palos hincados en una zona poco profunda del estero y hurga con sus manos bajo el agua: extrae una nasa de bejucos en cuyo interior mueven sus pinzas varios centollos de picudo caparazón y patas arácnidas. Sopeso uno en mi mano izquierda y compruebo que está lleno, en sazón. Esta noche degustaremos sus prietas y sabrosas carnes acompañadas con vino blanco. La inspiración acompañó a aquel que denominó «frutos de mar» a percebes, langostas, mejillones, nécoras, bogavantes y demás familia. Sí señor.

# De Ceuta a Melilla. Noviembre, 1996

## Día 1

Hace dos años, recién llegado a mi destino en Ceuta, me interné por los vericuetos del Rif en busca de la otra plaza de soberanía española en África. Quedé a las puertas de la ciudad como quien dice, para ser más exactos en Nador, población situada a unos catorce kilómetros de Melilla: el Golf GTI en el que viajaba nada más admitía gasolina sin plomo, no muy abundante por entonces en los enclaves rifeños, así que llegué a Nador con el depósito en las últimas, rezando para que el catalizador del bendito coche no se estropeara, tras haber recalado en todos los surtidores del camino, en los que solo servían gasoil o gasolina con plomo.

Ahora, mientras me interno por los mismos vericuetos con un vehículo propulsado por un motor diésel, compruebo que la *essence sans plombe* también se abre paso poco a poco en las infernales carreteras del norte de Marruecos. Para complicarme la vida, obviando la pista costera que conduce a El Jebha, he seleccionado un itinerario que enlaza Tetuán, Xauen, Ketama y Alhucemas.

El otoño —época de recolección— está siendo muy seco en esta región agrícola y montaraz. Es la época de las granadas, de los higos chumbos y de los frutos del color del fuego del madroño; los campesinos los venden al borde de las cunetas a los automovilistas que pasan. En el Rif aún es posible notar el ciclo de las estaciones y de las cosechas de manera vívida y cercana, plasmado en detalles tan nimios como la presencia junto al camino de cestos que contienen frutas y hortalizas recién cogidas, diferentes según la época del año en que nos encontremos. La revolución almeriense del plástico, los cultivos hidropónicos, la ducha de herbicidas o la manipulación genética de la simiente son asuntos desconocidos por estos lares. Aquí, por suerte, el tomate sabe a auténtico tomate, la patata a patata, el pan a pan y hasta la Fanta de naranja sabe más a naranja.

Calculo que la suma de curvas de las carreteras que unen Ceuta con Melilla por el itinerario que sigo (la P-28 y la P-39) sobrepasará el millar. En hacer algo menos de quinientos kilómetros se invierten unas diez horas a un ritmo normal de marcha; de los senderos por los que transitaban las bestias nacieron los caminos a los que posteriormente se barnizó con un pastiche de macadam y alquitrán, lo que permitió que alcanzaran la categoría de carreteras pintadas de rojo en la guía Michelín. Dudo que se hayan rectificado curvas, corregido trayectorias o rellenado badenes desde que, a lomos de borrico, se abrieron las primeras trochas en esta tierra áspera y montuna.

Desde Xauen a Targuist numerosos jovenzuelos apostados en los márgenes de la carretera silban, gesticulan o gritan ofreciendo su singular mercancía: resina y polen de hachís prensado y envuelto con primor en celofán. No se debe olvidar que nos hallamos en el corazón de la región donde más cáñamo se cultiva; además, Ketama fue un símbolo para culturas alternativas como los *hippies* o la generación *beat*, gustosos de coquetear con las drogas.

En Targuist me detengo a reponer fuerzas. Hago una foto a un pequeño tiovivo cuyas figuras están hechas con toscas tablas mal cortadas. Eso sí, lo han pintado de mil colores. La evocación lírica que Pío Baroja hace de los caballos del tiovivo en *Paradox rey*, cargada de nostalgia, me viene a la memoria. Entro en un modesto cafetín-restaurante de los muchos que abundan en Marruecos, donde lo que uno puede degustar se expone tras una vitrina y se cocina allí mismo. Pido ensalada, hígado de cordero y patatas fritas. En una mesa próxima un joven andrajoso me observa. Es un caminante, pobre de solemnidad, con sus escasas pertenencias en un sucio hatillo, de los muchos que vagan sin rumbo por la tostada piel de Marruecos. Los he visto a docenas, jóvenes o viejos, locos o cuerdos, con la mirada perdida o la pupila feroz, todos almas en pena. Una vez recogí a uno que me hizo señas para que me detuviera; era un hombre mayor de barba cana y ojos apagados que, por suerte, chapurreaba español. Llevaba varios días caminando en dirección a Tánger. Por el día mendigaba pan y agua y durante la noche dormía encaramado a las ramas de algún árbol corpulento por temor a que lo atacaran alimañas. Algunas gentes le habían negado un mendrugo y otras lo habían golpeado hasta dejarlo sin aliento. Era letrado y conocía el Corán, por lo que no comprendía cómo sus semejantes hacían oídos sordos a la prédica de dar limosna al que nada tiene. Le di un poco de dinero para que pudiese coger un autobús en Tetuán. Lloraba de agradecimiento y de rabia, según me confesó, por que hubiera sido un extranjero y no un compatriota quien lo ayudara en semejante trance. «La religión no hace mejores a los hombres», pensé en aquel instante, mas nada dije.

Hago un gesto al muchacho para que se acerque a compartir la comida y acepta gustoso. Como no nos entendemos por medio del lenguaje, asentimos, callamos y comemos. He comprobado por vez primera que soy incapaz de comer solo si hay alguien hambriento y sin posibles a mi lado: se me atragantan los alimentos (supongo que el rico Epulón o tenía mucha práctica en el tema o bien sufría de un exceso de dioptrías). A este paso voy a adquirir pronto complejo de madre Teresa de Calcuta. Mierda. Necesito escamas, conchas, caparazones enteros de galápago con los que cubrirme. Así no se puede viajar.

No se me escapa una frase tremenda que Elías Canetti, dotado fabricante de aforismos, inserta al comienzo de su maravilloso libro *Las voces de Marrakech:* «Los buenos viajeros son despiadados».

Al atardecer alcanzo la bahía de Alhucemas a tiempo de fotografiar, bañado por una cálida luz crepuscular, el peñón del mismo nombre, también conocido por Haridat Nokur, donde las fortificaciones que llenan por completo el perímetro rocoso entroncan con los cantiles y forman un todo pétreo, una ciudadela blanca que parece emerger del mismo mar. Ya de noche, cruzo la frontera con Melilla y busco acomodo en el Parador Nacional.

## Día 2

Melilla amanece entre celajes grises y tímidas apariciones de sol. Después de un reconfortante desayuno en el Parador —un edificio de sencilla arquitectura, casi minimalista, pero agradable y acogedor— me encamino, cámara en ristre, al descubrimiento de la ciudad.

De inmediato surgen las inevitables comparaciones con Ceuta: oí decir en la ciudad caballa que entre ambas plazas de soberanía hay cierta rivalidad no escrita, un «pique» similar al que pueda existir entre Burgos y Valladolid, béticos y sevillistas o Villarriba y Villabajo, pongo por caso. De todos modos prefiero no dar mucho crédito a esas hablillas, pues ni la mayor parte de los ceutíes conoce Melilla ni la mayor parte de los melillenses ha estado en Ceuta. Pero entremos al trapo: que me perdonen los ceutíes más terruñeros, pero mi ánimo se inclina por la antigua y fenicia Rusadir antes que por la villa que me ha acogido durante tres cursos escolares: Melilla es una ciudad mejor trazada, con amplias avenidas y parques públicos; posee un casco histórico —la vieja ciudadela— primorosamente reconstruido y cuenta con excelentes muestras de arte modernista en la parte nueva, donde un émulo de Gaudí, el joven arquitecto Enrique Nieto, dio rienda suelta a su imaginación y a su talento.

Se respira en Melilla un aire más tranquilo que en Ceuta, se barrunta o presiente una tensión menor, al menos en apariencia (y ya sabemos que las apariencias engañan).

El tráfico es más fluido y no abundan los kamikazes de vespa o ciclomotor con el cráneo afeitado, carne de hospital y fatales homicidas de ancianas con los reflejos poco vivos, que campan por sus respetos en la Perla del Mediterráneo.

Los actos culturales, las muestras de artistas locales están presentes en Melilla en mayor grado que en Ceuta, y sospecho que hay aquí un mayor aprecio por lo estético; los nombres de algunas calles, el cuidado de ciertos edificios públicos… así lo delatan. En todo caso son meras impresiones, ya que necesitaría vivir aquí para corroborar o refutar mis intuiciones.

Como curiosidad para el lector, diré que en esta ciudad nació el dramaturgo Fernando Arrabal. Su padre, un oficial del ejército español destinado en esta plaza, se negó a secundar el golpe de Estado del general Franco. Por tal motivo fue condenado a muerte, pena conmutada posteriormente por treinta años de cárcel que comenzó a redimir en Ceuta, en la prisión militar del monte Hacho. Desapareció para siempre al escapar en pijama del Hospital de Burgos un helador día de enero de 1942 en medio de una impresionante nevada.

Se celebra este año el V centenario de la refundación de la ciudad a cargo de don Pedro Estopiñán, que la conquista en 1497 para la casa de Medina Sidonia. Esto hace que la parte monumental se haya poblado de azafatas muy peripuestas y que surjan montajes audiovisuales por doquier tratando de ensalzar el legado histórico melillense. Visito con placer y curiosidad las cuevas del Conventico, una serie de bodegas y pasadizos excavados en la blanda roca calcárea del acantilado en los que se refugiaban los melillenses cuando la ciudad sufría cañoneos, incursiones o largos asedios. También llaman mi atención los aljibes de las Peñuelas, magnífica obra de ingeniería civil que servía para recoger, filtrar y almacenar muchos quintales de agua. La fábrica es de gran calidad y en el paramento externo de algunos sillares pueden ser vistas o palpadas las marcas —cruces potenzadas, iniciales, símbolos cabalísticos, cruces de Malta— que dejaron en su superficie hábiles canteros, vástagos de aquellos que erigieron iglesias y catedrales en el oscuro medievo.

La visita al museo me desilusiona un tanto, pues la sección de arqueología es más bien pobre comparada con la que tiene el de Ceuta, que se lleva la palma por la cantidad y calidad de piezas en él reunidas.

A eso de las tres de la tarde me llego hasta el Casino Militar a tomar un tentempié. Adquiero un tique y entro al comedor.

Admito que las comparaciones son odiosas pero no puedo evitar enfrentar este comedor con el del Casino Militar de Ceuta. En este último estuve comiendo a lo largo de un curso escolar en compañía de Ángel Millán, veterano profesor de Historia. El comedor, oscuro y algo tristón, se llenaba de militares jubilados, algunos ya muy ancianos, y viudas castrenses. En algunos casos felices ambos cónyuges sobrevivían e iban a comer juntos. Había allí viejas glorias de la Legión, mutilados de guerra, excombatientes decrépitos de la División Azul, admiradores sin tapujos de «el gallego» —así denominaban algunos comensales a Francisco Franco—, cuyo retrato al óleo colgaba —y cuelga— en una sala contigua. Recuerdo que, a medida que pasaba el tiempo, el comandante a cargo de tan rancia institución ponía cada vez más trabas a los civiles que nos acercábamos a comer allí por un módico precio. Pensé hacer valer mi condición de antiguo alférez provisional del arma de Caballería, mas desistí de recurrir a mi corta y aburrida relación pasada con el Ejército.

Una de las normas imperantes en el Casino era la prohibición de entrar con pantalones cortos en el recinto, aunque estos fueran de vestir. Un buen día, uno de aquellos vejestorios, desafiante, llegó con unas amplias bermudas de color caqui. El comandante, que comía en una mesa cercana a la mía, indicó a uno de los camareros que requiriera al susodicho infractor. Como este hiciera oídos sordos, el comandante, visiblemente alterado, le llamó al orden. El anciano excombatiente montó en cólera y, de súbito, se incorporó, se bajó los pantalones y cogió de una bolsa que llevaba consigo otro pantalón largo guardado exprofeso para la ocasión, que se puso con gran parsimonia. El comandante, refugiado tras su plato de bullabesa, contuvo a duras penas un ataque de ira mientras su rostro iba adquiriendo un tono lívido con matices de grana y pálpito de una gran vena azul en la sien diestra. Pensé que aquello iba a terminar como el rosario de la aurora, mas aplacose la tormenta y no hubo nada. Poco antes de que finalizara el curso opté por llenar la andorga en derroteros más amables.

Leo en el periódico el extracto de un informe de Cáritas Diocesana en el que se indica que Melilla es la ciudad más pobre de España; su miseria es tres veces superior a cualquiera de las zonas más deprimidas de la Península. El 42,7 % de sus habitantes se encuentra en el umbral de la pobreza. Ceuta quizás no esté tan mal pero no le va a la zaga en cuanto a desempleo y desarraigo social. Barrios marginales y periféricos, arrabales y construcciones ilegales forman parte del paisaje común de ambos enclaves. Todo esto propicia la economía sumergida, los robos, la prostitución y el tráfico de drogas. Por todo ello y a pesar de su pequeñez y aparente marasmo, Ceuta es una ciudad dura, de profundos contrastes y desigualdades sociales, que presenta, a veces, concomitancias con situaciones del vecino y odiado país: Marruecos. Carezco de elementos suficientes de juicio y de tiempo para saber si Melilla bebe parecidos vientos.

Hacia la hora taurina enfilo la puerta de Beni Enzar y cruzo Nador buscando la desembocadura del Muluya y la costa frontera a las islas Chafarinas. Me he propuesto ver en este viaje los tres puntos de isleña españolidad que aún quedan junto al litoral marroquí: Peñón de Alhucemas, Peñón de Vélez de la Gomera (desde 1930, por mor de un terremoto, convertido en minúscula península) e islas Chafarinas, anacrónicos restos de otros tiempos y de otras políticas.

Cuando llego a los acantilados del Cabo del Agua, junto a Ras-el-Ma, anochece; en esos momentos un barco de guerra de color gris plomo —tal vez una corbeta— pasa por delante de los tres islotes que componen las Chafarinas. En lo alto del faro de hormigón junto al que me he detenido un hombre arropado con casaca azul de marinero otea el horizonte. Le pregunto si puedo hacer una fotografía y me responde:

—*Non monsieur, c'est une zone militaire; c'est interdit.*

Chitón y media vuelta.

## Día 3

Abandono Melilla y deshago el camino buscando mi querencia. Vuelvo a comer en el cafetín de Targuist y, al poco de dejar esa población, tomo la carreterita que a la izquierda desciende en infinitas revueltas hasta el pueblo costero de Torres de Alcalá. Pitas, chumberas, cambrones con flores que parecen salpicaduras de sol —todas ellas plantas coriáceas y espinosas— cubren las laderas y demarcan lindes aquí y allá.

Visito la sugestiva cala en la que emerge el Peñón de Vélez de la Gomera y observo a los pescadores preparar sus redes para la noche. La calma es absoluta. Un paisano se lleva una hermosísima langosta recién capturada y adquirida a buen precio, mientras un maestro del vecino Bni Boufrah, hombre joven de cabello acaracolado y poblado bigote, me habla de lo poco que hicieron los españoles en el Rif y de lo mucho que hicieron los franceses en el resto del país. Pienso que ni tanto ni tan calvo: ellos se llevaron la parte del león y a nosotros nos tocó en suertes «el hueso del Yebala y la espina del Rif» en el reparto colonial. Con creces lo íbamos a pagar en el monte Gurugú y otros Gólgotas.

# Impresiones. Noviembre, 1996

Dieciocho mil cuarenta y seis. Este es el número de la participación de la lotería de Navidad emitida en Ceuta por la Real Cofradía de Nazarenos del Santísimo Cristo de la Buena Muerte y Nuestra Señora del Mayor Dolor, que he adquirido en el estanco donde habitualmente compro los limpiapipas y las piedras de mechero para el Zippo. Una imagen de Cristo coronado de espinas con gotitas de sangre perlando su frente acompaña a la de una Dolorosa deshecha en lágrimas de cera. Dios mío. Si esto no es el Barroco en su estado más puro que me pellizquen ¿Por qué los españoles sentimos una especial predilección por el regodeo en el culto a la muerte y al dolor? ¿Por qué se sienten y se celebran con mayor denuedo la Pasión y Muerte del Hijo que su Resurrección, siendo esta última la clave de bóveda del cristianismo?

Han aparecido varadas cinco tortugas muertas en la playa de Al Amin. Son inmensas tortugas laúd, negras e hinchadas como odres embetunados a punto de reventar.

También han muerto —supongo— ocho de los nueve cachorros que una de las perras, la más famélica y enferma, parió hace dos semanas en un cubil de la urbanización. El animal, exhausto y sin leche en las mamas, rechazaba a las crías, que corrían y gemían desesperadas tras ella en busca de sus pezones secos. Fadili, mozo de la urbanización, abandonó los animales en un cañaveral alejado de las casas; solo uno, el más vivaracho, regresó. Ayer lo llevé a Ceuta para entregárselo a Mari Carmen, una de mis alumnas de cuarto de ESO, la cual, entusiasmada por las fotografías que días antes les había enseñado de los perrillos, y a pesar de las objeciones de su madre, aceptó quedarse con uno. No llegué a tiempo para poder regalar y salvar a los demás. Y esta camada, me temo, es solo el principio de otras que nacerán, a buen seguro, de otras hembras del grupo.

En clase de tercero de ESO leo con los chicos en voz alta los cuentos medievales de *El conde Lucanor*. Utilizo una versión en castellano moderno que la editorial Castalia tuvo a bien publicar hace años. Suad, una de mis alumnas musulmanas, llama mi atención al comentar que algunos de estos cuentos ya los conocía por boca de su abuela; en concreto hace referencia al de *El mancebo que casó con mujer brava*, de honda raigambre popular y múltiples vástagos. Que el infante don Juan Manuel bebe en fuentes árabes a la hora de compilar sus deliciosos cuentos es bien sabido; lo que este humilde escribidor ignoraba es la pervivencia de estas historias antiquísimas en la literatura oral marroquí.

Comienzo a tener dudas acerca del interés que puedan suscitar estos apuntes en un hipotético lector. Dudas sobre la propia labor de creación y sobre el estilo. Dudas relacionadas incluso con el derecho que pueda tener a escribir sobre un país del que desconozco una de sus lenguas básicas —el árabe—, puesto que mis nociones de árabe clásico mal aprendido en crestomatías al uso para estudiantes universitarios yacen en el pozo del olvido. Comparto con el lingüista y antropólogo americano Sapir la idea de que una lengua condiciona en buena medida nuestra manera de ver el mundo, de establecer contacto con la realidad circundante. Sapir defiende la «validez de la palabra» en cuanto que es referente de la intuición psicológica que el hombre tiene de lo que existe. ¿Puedo captar y expresar en castellano todos los colores, texturas, formas y matices de la arena del desierto que un beduino es capaz de captar y expresar en su lengua materna?

En fin, dejaremos que las dudas, cual malignas serpientes enroscadas, traguen sus propias colas y den lugar a un ciclo fecundo.

# Bebida, comida y un poco de hermenéutica. Noviembre, 1996

D esde un principio llamó mi atención la prohibición coránica respecto a ciertos alimentos y bebidas. Preceptos islámicos vetan el consumo de alcohol así como de la carne de algunos mamíferos (cerdo, caballo, mulo, asno) y reptiles. Tampoco pueden ser comidas la sangre y las entrañas de cualquier animal, y la carne debe estar totalmente desangrada.

Respecto a las bebidas alcohólicas, frente al fanatismo que impera en otros países árabes, en Marruecos hay una cierta permisividad y una estimable tolerancia: buena parte de los restaurantes y establecimientos hoteleros de calidad pagan un canon o impuesto al Estado por poder ofrecer vino o cerveza en sus menús. Además, en Marruecos se elaboran caldos de calidad siguiendo métodos heredados de Francia en regiones vitivinícolas de Casablanca o Marrakech; es fácil que haya una carta de vinos tintos, rosados o blancos del país en cualquier restaurante que se precie. Por otro lado, como pude comprobar en el ambiente nocturno de Fez, la cerveza se bebe cada vez más en círculos de gente joven y desinhibida.

Para tratar de comprender estas prohibiciones decidí acudir al Corán, el «texto sagrado que se recita». En la elaboradísima traducción del arabista Julio Cortés es visible una evolución en la enseñanza coránica acerca del vino. Los capítulos o suras del Corán siguen un orden cronológico acorde con las sucesivas recitaciones que el Profeta hizo en La Meca y en Medina. Saber si una sura ha sido predicada antes que otra es muy importante en el derecho islámico: un versículo o aleya posterior puede abrogar otros más antiguos, y el último de una serie será el que haga ley. Es lo que sucede con el vino. Un texto mecano, anterior a otros que vendrían después, dice lo que sigue:

### C 16 67 Producto de frutos

De los frutos de las palmeras y de las vides obtenéis una bebida embriagadora y un bello sustento. Ciertamente, hay en ello un signo para gente que razona.

Otro texto presenta la siguiente imagen del paraíso:

### C 47 15 En el paraíso

Imagen del jardín prometido a quienes temen a Dios: habrá en él arroyos de agua incorruptible, arroyos de leche de gusto inalterable, arroyos de vino, delicia de los bebedores, arroyos de depurada miel…

Y el último de la serie, que deja sin validez, en razón de su orden cronológico, a los anteriores, reza así:

### C 5 90 Prohibición

¡Creyentes! El vino, el maysir, las piedras erectas y las flechas no son sino abominación y obra del Demonio ¡Evitadlo, pues! Quizás así prosperéis.

El *maysir* era una lotería árabe preislámica basada en el empleo de flechillas para la asignación de las diversas partes del cuerpo de un camello previamente sacrificado. Las flechillas llevaban el nombre de los participantes en el juego y se sacaban al azar de una bolsa. La prohibición se extendió pronto a todos los juegos de azar. Entiendo ahora la oposición de los ulemas cuando el gobierno de Marruecos planteó hace poco la posibilidad de crear varios casinos para incentivar el turismo en zonas estratégicas del país. El proyecto fue cancelado, a todas luces, por causa de la ortodoxia religiosa.

El antropólogo Marvin Harris, en *Nuestra especie*, trata de dar una explicación racional al fenómeno de la prohibición religiosa, compartida por judíos y musulmanes, de comer carne de cerdo. Para nada plantea la hipótesis —para mí la más plausible— de que la prohibición tuviera un origen profiláctico en una zona donde la triquinosis causaba numerosas víctimas. Sin embargo, he considerado oportuno que el lector conozca su opinión al respecto y juzgue si es convincente:

> Durante muchos años he dedicado grandes esfuerzos a demostrar que la misma clase de principio se aplica a tabúes aparentemente inútiles como la prohibición de comer carne de cerdo dictada por el Antiguo Testamento y el Corán. Los cerdos, que necesitan sombra y deben humedecer la piel para prevenir la insolación, que no dan leche ni pueden arrastrar arados y carretas ni criarse con hierba, constituyen una mala inversión en las cálidas y secas tierras bíblicas, en comparación con especies domésticas alternativas, especialmente los rumiantes: bovinos, ovejas y cabras. Estas antiguas prohibiciones, seleccionadas culturalmente, contienen un núcleo de sabiduría colectiva ecológicamente acertada, económicamente eficaz y alimentariamente segura.

El texto coránico dice así:

## C 2 173 Alimentos lícitos e ilícitos

Os ha prohibido solo la carne mortecina, la sangre, la carne
de cerdo y la de todo animal sobre el que se haya invocado
un nombre diferente al de Dios. Pero si alguien se ve compe-
lido por la necesidad —no por deseo ni por afán de contrave-
nir— no peca. Dios es indulgente, misericordioso.

Veamos lo que dice la Biblia, en el Antiguo Testamento:

Solamente os abstendréis de comer carne con su alma, es
decir, con su sangre. **Génesis** 9 4

No comerá de animal mortecino ni desgarrado, manchándose
con ello. Yo Yavé. **Levítico** 22 8

Esta es una ley perpetua para vuestros descendientes donde
quiera que habitéis. Vosotros no comeréis ni sebo ni sangre.
**Levítico** 3 17

Todo animal de casco partido y pezuña hendida y que rumie
lo comeréis; pero no comeréis los que solo rumian o solo tienen partida la pezuña [...]; el cerdo, que divide la pezuña y
no rumia, es inmundo para vosotros... **Levítico** 11 3-7

Eloíno Nácar y Alberto Colunga, que han elaborado la versión directa de las lenguas originales de la Sagrada Escritura
para la BAC, en sus anotaciones al Levítico solo indican que
«la distinción entre animales puros e impuros es convencional

y obedece a costumbres atávicas ambientales de la época, sin que sea fácil dar razón de estas diversas catalogaciones». Sin embargo, el arqueólogo Lawrence Stager, profesor de la Universidad de Harvard, opina que el rechazo a la carne de cerdo por parte del pueblo judío significó una forma de diferenciarse de los filisteos, sus acérrimos enemigos, que consumían regularmente puerco, tal como han demostrado los restos óseos encontrados durante la excavación de la antigua ciudad de Ascalón.

Las semejanzas entre las prohibiciones del Antiguo Testamento y del Corán no son gratuitas. Los credos de cristianos, judíos y mahometanos fueron denominados en la Edad Media «las tres religiones del Libro», aludiendo a la raíz común del Antiguo Testamento. El Corán nombra muchos personajes del Antiguo y Nuevo Testamento: Noé, Moisés, Abraham, Zacarías, Juan el Bautista, María y Jesús. Para los musulmanes Mahoma es el profeta enviado a toda la Humanidad —misión universal— y Jesús fue el profeta enviado a un pueblo concreto: el de los Hijos de Israel —misión local—.

¿Y cómo explican los exégetas islámicos las diferencias entre el Evangelio, la Torah y el Corán si todos ellos emanan del mismo Dios? De manera sencilla: consideran que los textos cristiano y judío fueron mal conservados y debido a ello presentan impurezas e incorrecciones, mientras que el coránico ofrece toda garantía de perfecta conservación y transmisión.

# *Impresiones. Noviembre, 1996*

Entro por primera vez en la cárcel de Ceuta. Un alumno musulmán de tercero de ESO —llamémosle «M»— acaba de ingresar en prisión por un delito contra la salud pública y he sabido de su suerte a través de otra alumna.

Fue pillado in fraganti por la policía junto a otros individuos que se dedicaban al tráfico de hachís. Es un crío de diecisiete años, inteligente y bien parecido. Está en prisión preventiva en espera de juicio, que como mínimo puede dilatarse de ocho meses a un año, tal como me informaron hace días los funcionarios de la prisión.

Durante la visita a los presos coincido con los familiares del muchacho. Entran en un cubículo blanco donde se observa una gruesa mampara de vidrio y una margarita de agujeros en una placa metálica para hablar a través de ellos. Al poco rato me hacen señas para que entre también y hable con M. El chico está profundamente abatido, tiene los ojos húmedos y de su boca apenas sale un hilo de voz. No sé muy bien qué decirle, fuera de palabras de consuelo y de ánimo, e intuyo que se siente avergonzado de que el maestro le vea en semejantes circunstancias. Le pregunto si necesita alguna cosa y me responde que no. Me despido y salgo de la cárcel.

Este no es un caso aislado. El tráfico de hachís, que aquí es por kilos y no por gramos, produce pingües beneficios y permite que cualquier destripaterrones metido en el negocio conduzca caros coches deportivos y lleve un alto tren de vida. He visto un BMW 850 y un Mercedes S 500 en manos de jovenzuelos imberbes y desocupados, aquí llamados despectivamente *moritos*, que dan vueltas y más vueltas a la ciudad con la música del equipo estéreo a todo volumen, cómodamente arrellanados en sus asientos anatómicos de cuero. Un flamante Chevrolet Corvette ZR1 de color negro conducido por un niñato con el que me crucé en la plaza de la Constitución, apareció destrozado a los pocos días en un desguace de la parte alta de la ciudad al que me acerqué buscando un emblema para mi Mitsubishi. El potente motor de ocho cilindros en uve y trescientos caballos de potencia del Corvette, ahora mudo, no tardaría en convertirse en un confortable nido de ratones: lo que nada cuesta ganar poco cuesta perder.

Algunos de mis alumnos conviven día a día con esta realidad en sus humildes barrios o conocen a jóvenes inmersos en esa dinámica, por lo que el caso de «M» no me resulta extraño; tiene que ser difícil no subir a un tren tan rápido y lujoso.

Lo que más siento por ese chico es el tiempo que ha de pasar entre rejas hasta que sea juzgado. Un tiempo excesivo que le pertenece por entero. Puede que en estos ocho o doce meses de espera se malee por completo, trabe los más inadecuados contactos y obtenga un doctorado *cum laude* en la escuela del hampa. La suerte está echada.


Afuera la tarde surge nítida bajo el resol vespertino. Sopla un vientecillo frío que parece haber lamido la nieve que ha comenzado a caer mansamente en las cotas más altas de la Península.

Me llego hasta la cafetería La Campana, local que estimo, donde me aguarda un café con leche muy caliente. Adquiero en la barra una nueva participación para el sorteo de lotería de Navidad emitida por la Fervorosa y Agustiniana Hermandad y Cofradía de Nazarenos del Santísimo Cristo de la Humildad y Paciencia y Nuestra Señora de las Penas. El número es el dieciocho mil cuarenta y cuatro. He de reconocer que me fascina la superlativa extensión de los nombres de las diversas cofradías ceutíes. El más largo y tortuoso que he leído es el de la Primitiva Hermandad de Nazarenos del Sagrado Descendimiento, Santa Cruz en Jerusalén, Santísimo Cristo del Buen Fin en su Traslado al Sepulcro y María Santísima de la Concepción. Son instituciones muy arraigadas en la comunidad y cuentan con un buen número de píos adeptos, aunque yo no sabría deslindar con exactitud dónde acaba la devoción y comienza el fanatismo religioso, del que también es posible recoger muestras al otro lado de la frontera, esta vez en loor de Alá. He llegado a pensar que la frontera no es más que una membrana osmótica que permite el flujo de determinadas y miméticas corrientes en ambas direcciones. Al fin y a la postre, musulmanes y cristianos cagamos y meamos por idénticos ojos y conductos, que yo sepa, y no precisamente ámbar.

Buceo a pulmón entre las rocas cercanas a la playa de Al Amin. Bancos de pequeños sargos que se mueven al unísono se deslizan muy próximos a mis guantes de neopreno. La quietud y el silencio del fondo marino apaciguan el espíritu. Salmonetes encarnados, mújoles de plata, rascacios que se mimetizan sobre las piedras, un cardumen de salemas con hermosa librea de horizontales líneas amarillas, gobios agazapados en las oquedades de la rocalla, lábridos de hermosos colores…, todos desfilan ante mis ojos y componen un cuadro de vida que nunca deja de asombrarme. No es extraño que esta surgiera del mar.

Visito con Aixa, Carmen e Ibrahim el pueblecito de Bel Younes, unido a Ceuta por una senda y separado de ella por el puesto fronterizo más diminuto y solitario del mundo. No se puede cruzar en automóvil y para llegar a la aldea con este medio de transporte es necesario dar un accidentado rodeo por Marruecos: paradojas de los límites territoriales. Los habitantes de Bel Younes, cuyas casas se derraman por la falda de Yebel Musa hacia la media luna de la bahía oscura y profunda de Benzú, son marroquíes lindantes con un trocito de España; contemplan en los días claros un pedrusco donde hablan inglés pegado al trozo más gordo de España, al que los ceutíes llaman *la Península*, mientras ven pasar ante sus narices petroleros y barcos mercantes con banderas de conveniencia provenientes de otros tantos trozos del mundo mundial. En vez de volverse locos han optado por dedicarse a la pesca y al tráfico de hachís, negocio que ha permitido que lo que antes era una apacible aldea de blancas casitas desperdigadas, salpicadas de añil y alumbradas mediante quinqués de petróleo, se haya transformado en un maremágnum de construcciones carentes de proporción, luego inarmónicas, rematadas por las omnipresentes antenas parabólicas o «platos», como aquí las llaman. Es el precio del progreso.

En un extremo de la bahía en la que hasta hace poco los buceadores arrancaban coral rojo, se vislumbran las ruinas de una antigua factoría ballenera que tuvo su momento de esplendor en el siglo xix. Hoy solo queda un esqueleto de argamasa y hierros oxidados. Nos acercamos a los restos de una torre desmochada a cuyos pies se han hecho excavaciones arqueológicas. A nuestra espalda se oye el rumor del agua que brota y cae de varios manantiales nacidos de la montaña.

El helenista Victor Berard, que estudió a fondo la *Odisea* para tratar de localizar geográficamente los lugares por donde transcurrió el fantástico viaje de Ulises, como hizo Schliemann con la *Ilíada* hasta dar con el enclave de la mítica pero real ciudad de Troya, quedó prendado de la belleza de la bahía de Benzú y situó ahí la morada de la ninfa Calipso, que retuvo a Odiseo durante algún tiempo. Homero indica que la ninfa vivía en una gruta junto a la que crecían numerosos árboles y manaban varias fuentes de aguas cristalinas. Berard encontró gruta, árboles y fuentes aquí, a los pies de Yebel Musa, donde se asienta Bel Younes, y no tuvo dudas a la hora de fundir geografía y literatura. Este era el lugar.

Leo en la prensa nacional que unos cuatrocientos universitarios marroquíes que cursan estudios en Granada se han manifestado frente al Gobierno Civil de dicha ciudad, porque la policía, a golpe de BOE, les exige un certificado de aprovechamiento de estudios para renovarles la tarjeta que posibilita su estancia en España. Los estudiantes marroquíes argumentan que la Universidad de Granada no tiene establecido qué es aprovechamiento en los estudios y, por tanto, no puede expedir ningún certificado que lo acredite. ¿Estas son las relaciones de buena vecindad que pretenden nuestros políticos?

Por otro lado, leo en la prensa local que una empresa de la ciudad ha tenido la feliz idea de crear una tarjeta VIP —Intervip

se llama— para intentar recuperar clientes de alto poder adquisitivo procedentes de Marruecos. Evidentemente, aún hay clases.
La alta burguesía marroquí que procede de Rabat, Casablanca,
Fez o Tánger —el sector más corrupto, insolidario y déspota
de la compleja sociedad marroquí— bien merece hallar abiertas
las puertas de Ceuta: aunque moros, huelen menos que los
otros. Y el comercio es el comercio. Recuerdo una anécdota
que me contó Paco, maestro que estuvo un tiempo trabajando
en Tánger, y que define muy bien a esta clase social que ahora
unos ocurrentes pretenden atraer a Ceuta ante el marasmo en
que está cayendo el comercio local. Paco vivía en un gran
edificio de la zona moderna de Tánger; uno de sus vecinos era
un advenedizo que había amasado una pequeña fortuna en
poco tiempo; pues bien, cada vez que el nuevo rico necesitaba
una bombona de gas, el trabajador que la transportaba debía
subir a pie hasta la casa —un octavo piso—, ya que el necio
adinerado le prohibía usar el ascensor del edificio. Evidentemente, el ascensor no se había instalado en el bloque para que
un proletario lo manchara o dejara en él el olor de su presencia.
Paco alucinaba en colores, como dicen ahora.


Hago sesión fotográfica aprovechando los rincones más sugerentes de Ceuta: una playa de piedrecitas grises azotada por
un levante furioso en Benzú; los barcos recién pintados en el
puerto de pescadores que agoniza; el bullicio y la algarabía del
barrio de Hadú en un día de mercado; los azulejos cárdenos
del Cristo de la Buena Muerte al mediodía; la cala del castillo
del Desnarigado a través de los agaves; las cúpulas cobrizas de
la catedral arreboladas por la luz del crepúsculo; el faro en la

noche..., esa es la Ceuta que me gusta, una Ceuta de fragmentos, de aisladas visiones, de golpes fugaces de luz sureña y mediterránea.

# Por la costa atlántica. Diciembre, 1996

## Día 7

Ha comenzado la estación de las lluvias. Nubes procedentes del Atlántico, transportadas por vientos poderosos, abren sus vientres sobre la reseca tierra marroquí.

La nueva autopista de peaje por la que transitamos desde Larache a Rabat apenas tiene tráfico, y el brillo de la pintura blanca sobre el prieto asfalto es un detalle más del buen aspecto que acompaña a todo lo reciente.

Hacemos noche en El-Jadida, donde aprovecho para corregir los exámenes de COU que no he tenido más remedio que llevar conmigo.

## Día 8

Visitamos la ciudadela portuguesa, luego convertida en *mellah* o judería. El nombre *mellah* viene de *melh*, «sal», porque una de las primeras comunidades judías de Fez se estableció junto a un mercado de sal.

Entrar en la ciudadela portuguesa de El-Jadida es hacerlo en una recóndita arquitectura de callejuelas no disímiles de las venecianas o florentinas, con fachadas de estuco rojo y arcos de medio punto dintelando oscuras puertas sobre las que cuelga la luminaria de un farol de forja y garabato. Mezquita de raro alminar pentagonal, ruina de iglesia cristiana sobre cuya torre, a modo de esquelética cúpula, cuatro palos unidos por sus vértices sostienen una cruz, y sinagoga encalada que antes fue tribunal inquisitorial tienen cobijo tras los muros de la ciudadela, aunque casi todo se cae a pedazos sin remedio.

El señor Musá, amable y socarrón guía del monumento, nos enseña la Cisterna Portuguesa, un impresionante aljibe de techo abovedado sostenido por columnas y en cuyo centro se abre un tragaluz circular por el que penetran difuminados los rayos del sol. Una delgada película de agua cubre el suelo, en el que los intersticios habidos entre ladrillo y ladrillo están sellados con plomo. El grado de humedad es altísimo y el objetivo de mi cámara se empaña constantemente.

Continuamos viaje hasta Ualidia, pueblecito costero que tiene fama por el cultivo de ostras. Aquí son baratas y muy frescas. Saboreamos este preciado fruto marino —su carne gelatinosa de brillos nacarados es, para mi gusto, el más delicado manjar que puede ofrecer el océano—, además de erizos, centollos y pescados varios. También aprovecho para tomar fotografías de la costa y el violento mar desde la playa, mientras Aixa se protege en el coche del fuerte viento y Carmen compra caracolas a un joven pescador.

Por la noche llegamos a Essauira —la antigua Mogador—, una de las ciudades más bellas e interesantes de Marruecos, y nos alojamos en el confortable hotel Des Îles, donde han encendido la calefacción, dadas las inclemencias del tiempo.

## Día 9

Dedicamos las horas frescas de la mañana a recorrer la ciudad a pie. Essauira destaca por la destreza de sus artesanos en el trabajo de la tuya, una conífera de madera olorosa y veteada originaria de América del Norte; cuenta también con numerosas galerías donde se exponen cuadros y esculturas de artistas locales. En una de ellas, la galería Othello —no olvidemos que Orson Welles se sirvió de los exteriores de Essauira para rodar algunos planos de su *Otelo*, film basado en la tragedia homónima de Shakespeare—, admiro la obra de un pintor local: Mohamed Zouzaf. Usando como lienzo el pergamino (en concreto, piel de cabra) dibuja con *henna* o alheña motivos simbólicos, algunos de cuyos trazos hablan de una escritura anterior al alifato, signos esquemáticos o figurillas étnicas. No resisto la tentación y adquiero un «trozo de piel» firmado por el artista.

Essauira invita al paseo por su inmensa playa curva, a deambular tranquilo por calles y cafetines o a dejarse acariciar por la brisa atlántica mientras se degusta un café negro y una buena pipa después de comer en el mirador del Chalet de la Plage, por ejemplo. Numerosos turistas alemanes y franceses que llegan a Agadir en avión se acercan hasta la encantadora Essauira. Aixa me comenta que es un lugar muy frecuentado por parejas homosexuales de uno y otro signo, sin que sepa darme razón de esa singular complicidad entre la ciudad y los amantes que a ella recalan.

Las obligaciones laborales no nos permiten permanecer más tiempo en la localidad o acercarnos a la vecina Marraquech, por lo que emprendemos el camino de regreso a través de campos de olivos y de arganes con el fruto en sazón. Las lluvias, tan necesarias pero molestas, tampoco faltarán en el viaje de vuelta. Todo sea por el bien de los campesinos.

# El preceptor. Diciembre, 1996

Mehdi Ben Barka. Nada me decía ese nombre hasta que leí *La última frontera,* de los periodistas Javier Valenzuela y Alberto Masegosa, un libro que creí cargado de tópicos y que, sin embargo, se reveló como una visión clara, precisa y amena del Marruecos actual. La obra hace referencia al pasado, fundamental para entender ciertos hechos presentes —aquellos polvos trajeron estos lodos—, y Mehdi Ben Barka formó parte de él como hombre público en el reino alauita.

Ben Barka fue el profesor designado por el rey Mohamed V para impartir clases de matemáticas a su hijo. Barka era un hombre de izquierdas, un líder sindical que junto a Abderrahim Buabid y Abderrahman Yusufi había fundado en 1959 un nuevo partido político llamado UNFP (Unión Nacionalista de Fuerzas Populares) del que derivaría más adelante la USFP (Unión Socialista de Fuerzas Populares). Buscaba para Marruecos un régimen socialista que permitiera eliminar las desigualdades sociales y obtener un reparto más equitativo de la riqueza. No debemos olvidar que en esa época —años 60— las ideas marxistas, anticolonialistas, panarabistas y africanistas se desparramaban por el continente negro, un continente que luchaba por liberarse del yugo al que las potencias coloniales lo habían uncido desde el siglo XIX, delimitando nuevas y artificiales fronteras a golpe de escuadra y cartabón, lo que de facto supuso meter a veces en un mismo saco geográfico a etnias rivales, causa de futuros desencuentros

—guerras feroces— en alguno de los países recién constituidos.

Cuando Hassan II accedió al trono tras la muerte repentina de su padre, Ben Barka no tardó en criticar la política del joven monarca y hubo de marchar al exilio. En octubre de 1965 fue secuestrado, torturado y asesinado en París. Francia atribuyó la organización del crimen al general Ufkir, patibulario personaje oriundo del Rif, ministro de Interior y hombre de confianza de Hassan II. El retrato que de él hacen Masegosa y Valenzuela me recuerda, en cuanto al rostro, a otro siniestro personaje contemporáneo: el general Noriega «cara de piña», exdictador panameño confinado hoy en día en una cárcel estadounidense: «...Ufkir, un rifeño alto, feo y elegante, con la cara picada de viruelas y los ojos eternamente parapetados tras unas gafas negras...».

Si Francia condenó en rebeldía a Ufkir, el rey de Marruecos le concedió las estrellas de general de división. Mal pago daría tan leal súbdito a su señor: en 1971 auspició en secreto un levantamiento militar, que fracasó in extremis, y en 1972 envió cazas de combate F-5 a derribar el avión en que volvía Hassan II de Francia. En ambas ocasiones la astucia e inteligencia del monarca salvaron la situación cuando todo parecía perdido para su persona ¿O tal vez la *baraka* que, dicen, siempre acompaña al hipotético descendiente de Mahoma?

La venganza fue terrible: Ufkir se suicidó o fue ajusticiado y su familia —cual maldición bíblica— pagó con creces las consecuencias: fue confinada en cárceles secretas y solo en la actualidad —1996— una rocambolesca y consentida huida por Ceuta ha permitido el exilio a la viuda y los hijos del oscuro aprendiz de regicida.

Pero volvamos a la figura del real preceptor. Hace unos meses llegó a mis manos de manera fortuita un libro hecho a base de fotocopias y encuadernado en tela verde, sin título. En el interior aparecía reproducida la portada del original. *Mehdi Ben Barka: opción revolucionaria para Marruecos* rezaba el título. Lo publicó Ediciones de Cultura Popular en Barcelona. El ejemplar era una traducción de 1967 de la edición francesa de 1966 impresa en París: *Option révolutionnaire au Maroc.*

El volumen, prohibidísimo aún hoy en el reino alauita, recopila escritos históricos y políticos de Ben Barka donde no faltan las referencias a la UNFP, el partido que él contribuyó a formar. La lucha por la autodeterminación en Argelia y la creación del FLN constituyen un punto de referencia importante para él:

> El porvenir de la Revolución argelina no es solo un problema argelino, sino nuestro y de todo el Mogreb árabe.

A Ben Barka le «duele Marruecos» tanto como a Miguel de Unamuno le «dolía España». El arbitrista del siglo XVII, el romántico liberal del XIX, el revolucionario cubano del XX... tienen un poco de ese Ben Barka idealista, socialista y panafricanista. Hay hombres con una gran capacidad de análisis y una meridiana visión del presente y del futuro de los pueblos: este profesor de matemáticas, a buen seguro, fue uno de ellos, aunque no le permitieron verificar el resultado de sus predicciones y estudios: ni siquiera tuvo tiempo de abrirse las venas como el venerable Séneca. (En realidad, la muerte del filósofo estoico y preceptor de Nerón, quien le ordenó suicidarse, fue angustiosa: su médico le cortó primeramente las venas de los brazos;

al comprobar que apenas sangraban, le abrió las de los muslos con idéntico resultado. Luego le administró una dosis letal de opio, que no surtió efecto. Al fin sumergieron al brillante escritor en un baño de agua caliente, cuyos vapores lo asfixiaron, dada la debilidad connatural de su sistema respiratorio).

Hoy en día el discurso y el lenguaje del libro parecen —y a veces están— obsoletos. Palabras como «imperialismo», «clases revolucionarias», «lucha popular», «organizaciones de masas», «socialización de los medios de producción» o «feudalismo» se han desvirtuado o han entrado en un profundo letargo, así como el materialismo histórico y el socialismo utópico que impregnan muchos renglones. Pero hay que situar al autor y sus escritos en el contexto adecuado. Recordemos que por aquel entonces Sartre creía —o deseaba creer— que Mao era poco menos que un nuevo mesías y que las purgas de Stalin no fueron sino lenitivos para restablecer la salud corporal de miles de soviéticos. Dos genocidas elevados a la categoría de mitos por la culta izquierda francesa. Tomemos como ejemplo varias fechas: en 1956 Marruecos se independiza. De 1954 a 1961 acontece una sangrienta revolución en Argelia, cuya independencia será reconocida oficialmente por Francia. En 1952 se produce un golpe de Estado que origina la República Árabe de Egipto; doce años más tarde Nasser nacionaliza el estratégico canal de Suez, libera al país de la ocupación extranjera y aporta nuevas esperanzas y dignidad a su pueblo. En 1956 Francia concede la independencia a Túnez. Mauritania la obtendrá en 1960. Durante los veinte años que separan 1950 de 1970 otros países africanos obtendrán la independencia y adoptarán regímenes socialistas o abiertamente marxistas. Fuera de África la revolución cubana que triunfa en 1959 o la nueva China de

Mao son modelos de gobierno que sirven entonces de ejemplo y acicate a jóvenes países en vías de desarrollo.

Ben Barka la emprende a garrotazos con las potencias coloniales, a las que acusa ingenuamente de ser responsables de todos los males que padece Marruecos. Niega cualquier efecto positivo derivado de la ocupación extranjera y se queja amargamente de que el Rey haya paralizado cualquier proceso democratizador auténtico, aconsejado por antiguos servidores de la colonia y funcionarios extranjeros; por contra, tras la independencia, irreductibles nacionalistas y anticolonialistas caerán en desgracia mientras se mantienen, tanto en la Administración como en el campo o en el Ejército, estructuras heredadas del periodo de ocupación francesa y española. La visión de Ben Barka al respecto es incisiva a la par que sagaz:

> Resulta evidente que la proclamación de la independencia, hecho meramente político, si no jurídico, no puede transformar las estructuras fundamentales de un país hace ya tiempo colonizado. La independencia es la condición, la promesa de una liberación, no la liberación misma.

Ben Barka destaca —estamos en 1962— la fraternidad antiimperialista, la solidaridad efectiva con Argelia y la reforma agraria como vías para la democratización efectiva del país, y señala al Partido —el UNPF— como el instrumento capaz de convertir las resoluciones en realidades concretas. Arremete contra los funcionarios corruptos de la Administración, la alta burguesía marroquí, las estructuras feudales de la propiedad rural, el endeudamiento del país, la injerencia de empresas y capitales extranjeros… No deja títere con cabeza.

En fin, no sé si este hombre de amplias miras y corazón generoso, que soñó con un Magreb unido y democrático y con un continente africano solidario y progresista, hubiera podido digerir la realidad de 1996: una Argelia que se desangra en una no declarada guerra civil y un buen puñado de países africanos que se descomponen por acción de guerras tribales, enfermedades letales y espantosas hambrunas.

# *Vuelta a empezar. Febrero, 1997*

Regreso a Ceuta después de una estancia prolongada con mi familia en Burgos —solicité un permiso de veintiún días sin sueldo en el mes de enero— y una semana de buceo en la enigmática isla de Lanzarote.

Retomo también la pluma para continuar estos apuntes y comenzar dos cuentos que llevo cierto tiempo madurando en mi cabeza. A veces, ¡cómo cuesta escribir! Contemplo con envidia a esos escritores que, conscientes de su tarea creadora, dedican todos los días una, dos, tres o más horas a escribir sin pausa; esa dedicación y esa constancia han de dar fruto. La escritura no es solo intuición o inspiración o genio; es también trabajo, esfuerzo y lucha titánica. Así lo admitieron escritores tan diferentes como Lorca o Faulkner. Reconozco que estoy desanimado porque una colección de cuentos que he enviado a diversas editoriales está siendo sistemáticamente rechazada, y las que contestan pretenden que pague íntegramente la edición sin arriesgar ellos una peseta. Si para Semana Santa no he recibido una respuesta positiva, puede que opte por una edición de autor, hecha a mi gusto y de pequeña tirada. Todo antes que guardar los cuentos en el cajón del olvido.

Vuelvo a cruzar la frontera y a encontrarme con viejos conocidos. El Sr. Mohamed es, sin duda, el más pintoresco: sin oficio conocido y con muchas bocas que alimentar, se dedica a llevar los paquetes o bolsas de los viajeros desde el apeadero de taxis marroquíes hasta la barrera que le prohíbe el paso. Y viceversa. Dicharachero, adulador, hiperactivo y vital, este pequeño hombre de cincuenta y seis años que parece un anciano se desenvuelve como pez en el agua en el tráfago diario de un lugar de paso tan hostil. Tiene fama de loco entre la gente del lugar y más de una vez algún guardia, viéndolo conversar animadamente conmigo, se ha acercado el dedo índice a la sien y lo ha girado con expresivo ademán mientras me sonreía socarronamente. Cierto es que está como una cabra, pero es un perturbado hábil e inteligente, que combina con sabia medida momentos de cordura y arrechuchos de enajenación. Habla bien español y siempre que me lo encuentro la conversación que mantenemos es más o menos la misma, con ligerísimas variantes. Reproduzco a continuación uno de esos diálogos de sordos:

—¡Inasio! ¡Inasio!

La voz del señor Mohamed, que puede oírse a varios kilómetros de distancia, se alza por encima del ruido de los motores diésel de los automóviles, la algarabía de los transeúntes y los irritantes silbatos de los policías. Su ojo de lince ha localizado mi coche en la larga fila que aguarda con paciencia el paso de la frontera. Monta con presteza en el asiento del acompañante y un olor acre se expande por el habitáculo.

—¿Cómo ehtamoh, hijo?

—Bien, Mohamed, todo va bien.

—¿Y la mamá?

—También está bien.

—Eso es lo mah importante.

Los ojos le brillan. Saca de la faltriquera un mugriento pañuelo rojo y un botecito de inhalador nasal, del que vierte una gruesa línea de polvo verdoso sobre el arco de piel que separa el pulgar del índice en su mano oscura y curtida. Aproxima la nariz al rapé y aspira con fuerza por una de las fosas nasales. Después se limpia con el pañuelo —a veces arropa con él al botecito de inhalador— y reanuda, confortado, la conversación.

—¡Ave María Purísima sin pecado conserbida!

—Y usted, ¿qué tal está? —le pregunto.

—Aquí, hijo, a ver si sacamoh algo pa las criaturitas, pa comprar un poco de aseite, unah papah y unah habichelah.

Tiene una mujer joven y enferma, postrada en la cama, más de media docena de hijos y una vivienda no del todo mala, donde no falta la omnipresente televisión. La más pequeña de la casa es una criatura angelical con ojos grises como el humo y cabellos de rizada mies: al borde de las cunetas —pienso al contemplarla— crecen, en ocasiones, flores de extraña belleza. ¿Qué será de esta niña?

—¿Cómo estamoh, hijo?

—Bien, Mohamed, bien; fuerte como un roble.

—La salú eh lo máh importante; si no tieneh salú no tieneh ná; teniendo salú puedeh llegar a capitán generá.

—Así es.

—¿Y la mamá? ¿Cómo está?

—Bien.

—¿Y los hermanoh?

—Todos bien.

Los únicos cambios en su perorata son de carácter fonético: a ratos aspira la «s» en posición implosiva o final, y a ratos no. Cuando la fila de coches avanza nos despedimos. Otras veces me cuenta chascarrillos o sucesos imaginarios acaecidos en ciudades donde él cree haber estado, por ejemplo, Burgos. El señor Mohamed dice «Alcalá de Linares» por Alcalá de Henares y llama «Puerto del sol» a la madrileña Puerta del Sol. El señor Mohamed nunca se queja y siempre pone buena cara a los viajeros que cruzan. El señor Mohamed, al que sé procaz y deslenguado, todo lo más que se atreve a escupir cuando está conmigo es un «¡Que se mueran los feos!», y una risa repentina estalla entre sus encías, donde cuatro dientes marrones pujan por mantenerse en pie en una boca que más parece cuévano, viña seca o circo lunar que órgano a través del cual fluyan las palabras. El señor Mohamed, sin saberlo, en su locura amable, forma ya parte del paisaje desesperanzado, hosco y desabrido de la frontera.

# Roces. Febrero, 1997

Ha habido algunos disturbios en Ceuta —destrozo de un cine, quema de contenedores y apedreamiento a las fuerzas del orden— protagonizados por grupos de incontrolados. La tensión entre cristianos y musulmanes está ahí, presente, por mucho que las autoridades afirmen que la convivencia es modélica y los educadores nos empeñemos en inculcar a los muchachos ideas de solidaridad, respeto mutuo y aceptación de las diferencias. Ambas comunidades son muy conservadoras y eso dificulta aún más el entendimiento.

# Rabat. Marzo, 1997

Llego junto con Aixa una mañana cálida de primavera a la capital del reino. Antes de que nos demos cuenta estamos rodeados por un enjambre de coches y desvencijadas motocicletas que, ora se suman al tráfico de las arterias principales, ora desaparecen por vías secundarias. Sonar de bocinas. Tubos de escape arrojando humo sin cesar. *Perpetuum movile.*

Vamos a ver a unos conocidos que trabajan dando clase en Rabat: Edu, nacida en Francia, y Horma, oriundo de Senegal. Quedamos con Horma en la terraza umbrosa del hotel Balima y luego nos dirigimos los tres a las afueras de la ciudad, donde tienen la casa. Las calles por las que circulamos han sido engalanadas con banderas rojas y bombillas. Un elevado número de policías, de mirada adusta y mostacho prominente, se dejan ver en las avenidas. Intuyo la cercana presencia del rey, que el día tres de marzo celebra el aniversario de su acceso al trono.

A medida que nos alejamos del centro y salimos al extrarradio compruebo un fenómeno que se está produciendo en todas las grandes urbes marroquíes: la masiva afluencia de gentes del campo a la ciudad —al igual que sucedió en España en los años sesenta— está provocando un crecimiento frenético del paisaje urbano: nuevas barriadas de edificios impersonales y de calidad mediocre, atestados de antenas parabólicas, se levantan en solares con calles sin asfaltar. Zonas marginales donde chabolas, escombros y basura tratan de acallarse tras altos muros levantados por la autoridad no son ya tan infrecuentes. La *banlieue* marroquí permite vivir bajo techo, pero un hogar es otra cosa.

Llegados a la vivienda de la pareja, mientras en el equipo de música suenan las delicadas notas de la kora y el balafón, Edu nos pone al corriente de la vida en Rabat. Esta mujer políglota y viajera lleva viviendo veinte años en Marruecos y actualmente imparte clases de inglés en el elitista Instituto Francés, donde acude lo más granado de la alta sociedad marroquí y no faltan hijos de relevantes ministros. «La situación está cambiando», dice en perfecto español con un típico acento parisino. «En cuestiones morales y religiosas hay un retroceso hacia posturas más cerradas e intransigentes y me siento más extranjera que nunca».

Supongo que todo ello se debe a un efecto bumerán: en Europa se aprueban leyes cada vez más restrictivas respecto a la inmigración, y las actitudes xenófobas crecen, mientras políticos de extrema derecha, como el francés Le Pen, obtienen más votos entre las clases populares, que ven a los recién llegados como competidores a la hora de buscar trabajo. A esto hay que añadir el creciente rechazo occidental a todo lo que tenga que ver con el islam, agravado por el fantasma del integrismo y las atrocidades que se están cometiendo en Argelia, donde, como dije, se libra una guerra civil disfrazada de pulso entre el Estado y los terroristas. De la Europa de las libertades estamos pasando a la Europa de los miedos. Y Marruecos no es ajeno a estos hechos: por mal camino vamos tanto unos como otros.

Al atardecer caminamos bajo los soportales de los bulevares. El trasiego de gente es constante y bullicioso. La mayoría de los transeúntes son jóvenes.

Un setenta por ciento de la población marroquí tiene menos de treinta años: pocos países habrá con una energía humana de tal envergadura (bueno, sí, los del resto de África). Es responsabilidad de los gobernantes magrebíes crear los cauces adecuados —trabajo, igualdad de oportunidades, educación, bienestar social— para que discurra por ellos sin tropiezos ese poderoso flujo vital. El futuro de Marruecos está en su juventud, qué duda cabe.

Ya de noche, Horma nos acerca al entorno de la Torre Hassan y el Mausoleo del rey Mohamed V. Potentes chorros de luz brotan de la tierra e iluminan los hieráticos monumentos. El alminar truncado, de colosales dimensiones, me sobrecoge. ¿Cuánta habría sido su altura y su magnificencia si se hubiera completado su construcción? ¿Acaso pudo verlo en sueños el califa Yacub-al-Mansur? A las puertas del palacio montan guardia nocturna los soldados. En el radiocasete del coche suena la voz de Paco Ibáñez, que canta *A galopar*, y Horma tararea la letra sin comprenderla.

# Fátima. Marzo, 1997

Noche de cuchillos largos para los perros de la urbanización. El viento de levante soplaba con terrible fuerza y estremecía las hojas de color tierra pegadas al tronco de las palmeras, donde se cobijan cientos de pajarillos. Los vigilantes, rudos y con cachiporras en ristre, les tenían ganas. El veneno, mal administrado, hizo que los trece perros que lo tomaron confiados sufrieran una lenta agonía, entre vómitos de sangre y espasmos musculares. Ibrahim descubrió sus cadáveres al amanecer, consumidos, rígidos, con las mandíbulas desencajadas junto a charquitos de grana.

Pasé toda la noche leyendo un libro, ajeno por completo a la matanza que se estaba llevando a cabo durante la vigilia. *El poder olvidado* absorbió toda mi atención. La culpable, su autora: Fátima Mernissi, brillante socióloga, profesora de universidad y firme defensora de los derechos de la mujer en el Magreb. No he resistido la tentación de recoger en estos apuntes citas textuales del libro, aun a riesgo de convertir lo que se pretende un cuaderno de viajes en un centón. No obstante, la claridad y precisión de sus palabras para describir la situación actual —con un lapso de diez años más o menos— de la mujer marroquí en particular y musulmana en general, las hacen dignas de ser reproducidas a través de cualquier medio, incluidos estos humildes apuntes.

Mujeres que no saben leer ni escribir:

> El analfabetismo de las mujeres en muchos países islámicos es grave y más extendido que en cualquier otra parte del

mundo. Más del 80 % de las mujeres son analfabetas en Mauritania, Sudán y Somalia, el 75 % en Arabia Saudí, dos terceras partes en Marruecos y la mitad en Argelia, Libia, Túnez y Egipto, según un estudio de la UNESCO sobre el mundo árabe. Sin embargo, esto nunca ha preocupado mucho a los políticos que hacían del islam su causa, olvidando que los rasgos más importantes de esta religión son la solidaridad con la comunidad y la distribución igualitaria de los recursos y de las oportunidades.

Pero que trabajan, y mucho:

La mayoría de las mujeres marroquíes realizan gran cantidad de trabajos esenciales, pero a menudo no reconocidos, como tejer alfombras, montar collares, trenzar cuero y coser, además de trabajar en la agricultura, en la masiva administración burocrática, en la industria ligera y por supuesto en el sector de servicios, además de limpiar, cocinar y cuidar de los niños.

Y soportan el estigma del himen intacto (viénenme a la memoria, sin intención aviesa, los tejemanejes de la madre Celestina, habilidosa como pocas en la reparación de virgos perdidos):

No es ningún secreto que la virginidad de algunas novias en la noche de bodas es artificial. Para la alegría de los ginecólogos que conocen el procedimiento necesario, muchas mujeres jóvenes en vísperas de su boda se someten a una pequeña operación para borrar las huellas de sus relaciones prematrimoniales [...]. De hecho esta extraña simulación de la virginidad, tan característica de una modernización que pone las más avanzadas tecnologías médicas a disposición de los imperativos ancestrales de la familia patriarcal, es un indicio muy claro de la falta de comprensión que ha caracterizado las relaciones entre hombres y mujeres durante siglos. [...] Freud nos recuerda que el tabú de la virginidad pertenece al pasado más primitivo de la memoria humana y que es una expresión del miedo del hombre a la mujer.

Mujer, mala por naturaleza:

¿Por qué se encuentra normal en los países árabes que el analfabetismo femenino y la exclusión de las mujeres de los servicios elementales de salud sigan estando entre los más elevados del mundo? [...] La noción de *kaid* es una noción clave en la memoria colectiva. Cuando una mujer está negociando algo de una manera estricta por la posesión de un contrato o la discusión de un proyecto, si ella logra alinear sus argumentos de una manera convincente, tarde o temprano, el célebre versículo 28 de la sura de José (XII) del Corán cae como la hoja de una guillotina: «Inna kaydakunna la azim» (vuestra astucia es enorme). [...] De hecho, la componente de premeditación, planificación fría y calculadora de hacer el mal, es esencial en la noción de *kaid*. [...] Mientras no exista esa noción de una mujer igual y responsable, que no es un peligro que hay que contener, ni un ser subversivo que hay que ocultar o inutilizar, todo proyecto de desarrollo en la región árabe estará abocado al fracaso.

Mujer, religión, historia y política:

Sin lugar a dudas el islam define a la mujer ante todo como agente sexual, ella suministra los servicios sexuales y se ocupa de reproducir a la especie humana dentro de los límites de la legitimidad patriarcal. [...] Hay que recordar que la desigualdad sexual es uno de los fundamentos de las religiones monoteístas, no solo del islam. El islam comparte este rasgo con las otras dos grandes religiones de las cuales surgió y que reclama como fuente y referencia, el judaísmo y el cristianismo. [...] Si uno se atiene a los libros de historia, se nota el lugar importante de la mujer a todo lo largo de las primeras décadas del islam. Las estrellas, en cierto modo, son las esposas del Profeta y las mujeres discípulas que ocupan el primer lugar. [...] Configuran una escena política en que las mujeres son independientes y exigentes. [...] La mayor prueba de que Alá y su Profeta inauguraron el islam como un gran canto igualitario en el siglo VII, es que las mujeres tuvieron acceso al estatuto más elevado en aquel momento: el de *çahabiyates* o discípulas. [...] A diferencia de lo que se suele creer, los primeros historiadores musulmanes dedicaban bastante espacio a las mujeres en sus tratados. Y no solamente, como cabría esperar, por ser madres e hijas de hombres poderosos. En los libros de historia general, en genealogías y crónicas las mujeres figuran como participantes activas, involucradas plenamente en los sucesos históricos.

En el mundo musulmán, en países en los cuales la religión y el Estado están muy unidos, la única arma disponible para luchar por los derechos humanos en general y los derechos de la mujer en particular es buscar la justificación de sus reivindicaciones políticas en la historia del islam.

Mientras la mayoría de los gobiernos musulmanes se oponen políticamente a los fundamentalistas, suelen estar de acuerdo con ellos en cuanto a las mujeres y su lugar en la sociedad.

# En busca de las dunas. Marzo, 1997

Anhelaba realizar este viaje al borde del Sáhara marroquí desde hacía tiempo. Íbamos en busca de las dunas doradas de Merzouga, cerca de la frontera con Argelia, cuya altura supera a veces los ciento cincuenta metros.

Ceuta, Xauen, Ifrane, Midelt, Errachidia, Rissani, Merzouga, Tinerhir, Uarzazate, Marrakech, Casablanca, Rabat, Larache, Tetuán, Ceuta fueron los hitos básicos que salpicaron nuestra ruta; más de dos mil kilómetros en cinco días intensos y agotadores. Viajamos nueve personas: Fuensanta y Fernando, Bibi y Daudet, Wilma, Fernando, Fani, Sancho y un servidor. Demasiada gente para que reinara la armonía por mucho tiempo; hubo los consiguientes roces y malentendidos, y el viaje, al final, pudo acabar como el rosario de la aurora. ¡Qué complicadas somos las personas! ¡Qué sutiles y momentáneos odios pueden entrar en ebullición tras una sonrisa forzada, cuando el cuerpo está agotado por el calor y los kilómetros y nuestro vecino acaba de proferir una estupidez o no está conforme con la habitación de un hotel! La amistad —hagamos un poco de ensayo— puede compararse de manera grosera con dos máquinas: una de ellas es robusta y sus mecanismos internos prácticamente indestructibles; pase lo que pase, dada su magnífica aleación, seguirá funcionando. La otra tiene infinidad de piezas delicadas; si se rompe alguna, esta no puede volver a repararse y el conjunto ya no funcionará como antes, es más, continuará deteriorándose hasta la inmovilidad absoluta. Sospecho que esto último es lo que me ha sucedido con dos personas del grupo y lo siento de veras.

La crónica de este viaje, que podría haberse extendido a lo largo de bastantes páginas si hubiese tenido la precaución de tomar notas y apuntar impresiones al final de cada jornada, va a resultar breve e imprecisa, porque la realizo fiándome de la memoria —de esa memoria que en tantas ocasiones me traiciona— dos semanas después de que terminara el recorrido (me hallaba demasiado disgustado como para empezar a escribir nada más llegar a casa). Será, por tanto, un bosquejo impresionista.

Recuerdo el olor de los naranjos, el perfume del azahar que impregnaba el aliento cálido de la noche; sus efluvios penetraban por las ventanillas del automóvil y nos acariciaban el rostro a medida que devorábamos kilómetros entre inmensos naranjales en busca del Atlas.

El cometa Hale Boop, con su corazón helado y su cola de azogue, brillaba en lo alto del firmamento (días después, unos jóvenes americanos que no bebían, no fumaban, no hacían el amor, vestían de negro, rendían culto ciego a su líder y adoraban nuevas tecnologías como la red de redes Internet, se suicidarán en grupo, fiados en la creencia de que, al abandonar los cuerpos, sus espíritus puros serían acogidos de buen grado en la nave extraterrestre que, según ellos, viajaba oculta tras la estela del cometa).

Reponemos fuerzas en uno de los chiringuitos apostados a ambos lados de la carretera en un pueblo de mala muerte. Bombillas de macilenta luz; humo sabroso; olor a aceite de oliva y carne churruscada de oveja o de res; aventar de improvisados abanicos sobre los carbones encendidos en las parrillas de latón; trocitos de carne roja ensartada en pinchos metálicos; un golpe de sal y otro de comino; vasos recién lavados donde borbotea la Fanta o la Coca-Cola; un gato que escapa veloz con los despojos.

El camarero que nos sirve es un hombre dicharachero, graciosillo él, de los que saben mil lenguas y no hablan ninguna, baqueteado por los sinsabores de la vida y con más conchas que un galápago. Habla y sonríe sin parar. Es, un poco, el héroe local. Como tantos otros, logró atravesar el Estrecho en una patera y estuvo cuatro años en España trabajando para un vinatero aragonés. En un control lo descubrió la Guardia Civil, sin papeles. Lo empaquetaron, le pusieron un sello y, sin acuse de recibo, fue devuelto a su país. Dice tener treinta años y aparenta casi cincuenta. No obstante, esta característica es común a numerosos marroquíes a los que una existencia ingrata ha ajado antes de tiempo.

Medito acerca de la cantidad de dinero que tuvo que pagar este hombre para obtener una plaza en la patera. Actualmente la tarifa oscila entre las cien y las ciento sesenta mil pesetas, toda una fortuna que supone años de sacrificio y ahorro para cualquier marroquí pobre. Además, sin garantía de llegar a buen puerto: en lo que va de año han desaparecido bastantes hombres y mujeres en las frías y traicioneras aguas del Estrecho cuando pretendían alcanzar la costa española. Un viaje sin retorno en demasiadas ocasiones.

El trayecto hasta Errachidia transcurre sin dificultades; es una ruta que ya conozco de cuando fuimos al oasis de El Hart, la casa de Ibrahim. Hacemos noche en el hotel-balneario de Mulay Yacoub, muy cerquita de Fez, un remanso de paz al que intentaré dedicar un capítulo más adelante. Dejamos atrás los bosques de cedros en los que se refugian los monos de berbería y abandonamos la ruta de los lagos, itinerario que pienso hacer con detenimiento cuando venga a pescar truchas por esta zona.

En Erfud hay un hotel-restaurante harto curioso. Se llama La Gazelle. En la fachada estucada en rosa hay dibujada con trazo infantil una gacela amarilla de pezuñas y cuernitos negros. Comemos opíparamente y, a la hora del café, el dueño del local nos presenta un destartalado libro de firmas donde han dejado su grafía e impresiones viajeros de todo el mundo. Llaman la atención los largos mensajes de los japoneses —una página y media— o los dibujos de pájaros dejados en las mugrientas hojas por ornitólogos y naturalistas alemanes. Todos escribimos algo y dejamos nuestra rúbrica, aunque Fernando y Sancho —padre e hijo— van un poco más allá: trazan sendos mensajes en un alfabeto silábico de bellísima factura que han inventado y sobre el que han dejado su huella caligrafías tan pictóricas como la árabe, la china, la japonesa y la escritura jeroglífica egipcia. Espero que ningún émulo de Champollion recale por esta venta, pues se derretirán sus neuronas antes de que logre descifrar semejante código secreto.

No lejos de Erfud se levanta Rissani, ciudad que es una sombra de lo que fue en tiempos pretéritos. Erfoud, la advenediza, se lleva la palma mientras la vieja capital del Tafilat y ciudad santa languidece entre el polvo del desierto y el rumiar de recuerdos.

De Rissani parten varias pistas hacia las dunas de Merzouga y el oasis de Tauz, una de las puertas del desierto puro y duro. Las pistas abiertas en la *hamada* permiten que un turismo pueda circular por ellas con precaución, aunque lo ideal es un todoterreno, un *quatre-quatre*, como los llaman por aquí. Nos cruzamos con magníficos Mitsubishi Montero, Range Rover, Toyota Land Cruisser o Nissan Terrano, que discurren a gran velocidad por la planicie con las luces encendidas y levantando grandes cantidades de polvo. A veces miran con asombro nuestros utilitarios y saludan con la mano.

El viento arrecia por momentos, las crestas de las dunas se deshacen en millones de granos que salen disparados en línea recta siguiendo la dirección del viento, la carretera se cubre de arena rojiza y se desdibuja a trechos, los tenderetes de fósiles apostados en la cuneta no se distinguen ya. ¿Continuamos? Por supuesto. La aventura es la aventura y Merzouga nos aguarda.

Al llegar a una bifurcación, un par de hombres vestidos a la usanza tuareg aguardan a que el turista despistado se detenga. Hablamos con ellos en francés y, una vez fijado el precio, contratamos a uno para que nos sirva de guía.

Los postes de teléfono marcan el camino a seguir, pero damos un rodeo para que —según el guía— los automóviles sufran menos los rigores de la pista. Infinitas roderas marcan la trayectoria de infinitos vehículos cuatro por cuatro. Recuerdo unas viñetas de *Tintín en el país del oro negro* en las que los torpes policías Hernández y Fernández, perdidos en el desierto, daban vueltas y más vueltas en círculo siguiendo la huella dejada por sus propios neumáticos.

Interrogo al guía por los animales que viven aquí y me habla de un pequeño zorro de desmesuradas orejas que campea por estas latitudes. Es de hábitos nocturnos, por lo que se hace difícil verlo a la luz del día. A veces detengo el coche y hago fotos con el macro a espinos y otras plantas del desierto brotadas como de milagro, cumpliendo el encargo de Carmen, una enamorada del reino vegetal.

Por fin llegamos a las dunas. Entre ellas y nosotros una ligerísima depresión tachonada de arbustos es cuanto queda ahora de un lago que en invierno da cobijo a una nutrida colonia de flamencos. Las dunas se yerguen sobre la *hamada* en ondulaciones suaves y puras, y la arena de sus lomos irradia un sutil resplandor bajo la luz del atardecer. Aquí todo parece más simple y a la vez se torna más trascendente. Misterios del desierto.

De regreso a Erfoud, el guía nos lleva a la jaima de su familia. Turistas japoneses, silenciosos y disciplinados, observan los fósiles, susurran, graban con sus videocámaras Sony de última generación y no compran nada. Un valenciano rubicundo y mofletudo pregunta el precio de una rosa del desierto al tiempo que su airada mujer mascula que en el rastro de Madrid puedes comprar esos pedruscos por veinte duros. Me fijo por casualidad en el fósil de un escorpión negro arqueado en bello escorzo sobre una piedra blanca. Es artificial, posiblemente de resina, pero la primorosa factura bien merece unos dírhams.

Pasamos al interior de la jaima, donde un anciano prepara té con hierbabuena. Arranca trozos de azúcar de una pirámide troncocónica de unos dos kilos de peso envuelta en papel añil con un sello rojo; aún se sigue vendiendo así el azúcar en algunas zonas de Marruecos, vestigio del pasado colonial. Degustamos el delicioso té recostados sobre las alfombras mientras el chiquillo que ayuda al anciano en sus menesteres no nos quita ojo.

Cuando salimos al exterior de la tienda los turistas se han esfumado. El guía nos acompaña hasta la bifurcación donde lo cogimos y se despide de nosotros hasta otra ocasión. La noche ha caído ya y regresamos a Erfoud. Tras cruzar el río que precede a la villa —creo que es el Ziz— nos detenemos frente a unas tiendas de fósiles y minerales con muy buena pinta. Unos gigantescos amonites de casi un metro de diámetro son la señal de bienvenida. En el interior hay buenas muestras apiladas por doquier. Sobre una pared, unos recortes amarillentos de periódico en los que un célebre profesor de Harvard avala la calidad de las piedras allí amontonadas tranquiliza al probable comprador. Tiro de Visa y adquiero varios fósiles entre los que destaca una bella muestra de crinoideos, primitivos seres vivos de los que no había hallado ningún ejemplar en otros lugares de Marruecos. Al marchar, el propietario me ofrece su tarjeta.

Tinerhir es nuestro siguiente destino (para mí uno de los lugares más sugerentes de Marruecos). Antes, de vuelta a Er-Rachidia, recalamos en el Manantial Azul de Meski. Varias surgencias de agua cristalina son encauzadas a través de canales de argamasa y piedra sillar; uno de los manantiales brota de una pequeña gruta y desemboca en un estanque de cemento, donde varios pilluelos chapotean y se zambullen rodeados de majestuosas palmeras datileras. La prédica de que el agua es la vida alcanza en el oasis su máxima verdad. Cardúmenes de barbos nadan con parsimonia entre los juncos; acá una serpiente acuática se desliza sobre el agua verdosa; allá una tortuga asoma su cabecita entre las yerbas de la orilla, justo donde los tarayes hunden sus raíces. Imagino cómo pudo ser este vergel antes de que la mano del hombre modificara el curso de las fuentes. Un anciano trenza hojas de palmera y realiza con suma habilidad las siluetas de un camello y una gacela; hasta con lo más elemental aquí se hace artesanía.

Continuamos viaje hacia Tinerhir. Llaman mi atención unos trabajadores que sacan barro de unos conos de tierra que emergen del suelo cada poco trecho paralelos a la carretera. Son *fegaguir*, chimeneas o respiraderos de canales subterráneos construidos mucho tiempo ha para llevar agua a zonas remotas; así, mediante esta obra de hormigas humanas, evitaban que el agua se evaporara por el fuerte calor o que las arenas desplazadas por el viento cegaran los canales. Los campesinos los limpian de cieno periódicamente, por lo que después de tantos años continúan cumpliendo el cometido para el que fueron diseñados. ¡Vaya con la sabiduría de los antepasados!

Poco antes de entrar en Tinerhir nos desviamos a la derecha por una carreterita que conduce a las Gargantas del Todra, de las que ya he hablado páginas atrás. Los demás miembros de la expedición no las conocían, así que la visita era obligada. Almorzamos en un restaurante que hay al comienzo del desfiladero y tengo el displacer de comer el peor cuscús que haya probado nunca. Comida para turistas en uno de los rincones más turísticos de Marruecos. Para hacer la digestión caminamos un poco aguas arriba y contemplamos cómo un bobo atraviesa el río a toda velocidad con un potente todoterreno y cala a cuantos encuentra a su paso. Motivo del espectáculo: un colega del bobo, estratégicamente situado, ha inmortalizado el momento con su cámara de fotos, como si el conductor estuviese participando en el París-Dakar o en el Camel Trophy. Un trampantojo para engañar acaso a los compañeros de oficina o a la novia.

Llegados a la villa, Daudet y Bibi se encargan de buscar alojamiento mientras los demás desentumecemos los músculos y tomamos un café. Yo venía con idea de dormir en el hotel

Tombuctú, construido al abrigo de una vieja kasba rehabilitada y propiedad de un español, pero los jóvenes han localizado un hotelito muy de su gusto y pernoctaremos en él.

Mientras degustamos el café en una terraza próxima, enciendo la pipa y el agradable olor que desprende el tabaco al ser quemado sirve de disculpa a un hombre que se sienta a nuestro lado para entablar conversación. Se llama Hamo. De aspecto atlético y trato afable, pronto gana nuestra confianza y se ofrece a enseñarnos la judería y el oasis que rodea la ciudad.

Está anocheciendo y el paseo por los huertos donde crecen habas y árboles frutales es un deleite para los sentidos. Algunos murciélagos comienzan a revolotear en busca de insectos.

Hamo nos invita a su casa y, además del consabido té, va a ofrecernos una proyección de diapositivas sobre el Alto Atlas. Tanto él como su hermano Aisa, que vino poco después, son comerciantes y guías de montaña. Practican el trueque con las gentes de las aldeas bereberes; ellos llevan aceite, azúcar o té y lo cambian por lana, que a su vez venderán a los tejedores de Fez o Marrakech para confeccionar alfombras o chilabas de invierno. En esas zonas tan inhóspitas de la montaña el dinero carece de valor. Unas botas, un colirio para los ojos, una sierra... son objetos únicos y escasos, dada la dificultad de transportarlos hasta allá. Hamo y Aisa acompañan a excursionistas que practican el senderismo o *trekking*, como lo llaman ahora. Tienen diapositivas de paisajes grandiosos y prácticamente vírgenes, en los que la majestuosidad del Atlas se manifiesta de forma patente. Empiezo a pensar en itinerarios apenas hollados, ríos, cárcavas y pueblos desconocidos. Mi entusiasmo crece por momentos. Al acabar la proyección nos enseñan algunas alfombras muy bellas elaboradas en la montaña; tras consultar el precio nos retiramos a dormir.

El próximo lugar de destino es Uarzazate, aunque haremos un alto en el camino para desviarnos hacia las Gargantas del Dadés. Las tierras por las que se abre tortuoso paso el río Dadés muestran un peculiar tono rojizo que se confunde con el color del adobe de las construcciones típicas —*igrem, agadir, ksur*— que salpican el recorrido. Todas estas edificaciones, algunas artísticamente decoradas con motivos geométricos bereberes, son casas fuertes, reductos de gruesas paredes erigidos para resistir las invasiones de las tribus nómadas del desierto. Las inclemencias del tiempo no han podido arrumbar sus muros y torres esquinadas, que aguantan impertérritas. Otras, sin embargo, están arruinándose y volviéndose a confundir con la tierra compacta sobre la que surgieron.

Roger Mimó, el español que regenta el hotel Tombuctú en Tinerhir, acaba de publicar un libro de bellísima factura titulado *Fortalezas de barro en el sur de Marruecos*, donde el texto se complementa con excelentes fotografías de grano grueso en blanco y negro. Mimó nació en Sabadell; viajero infatigable, sospecho que sus publicaciones sobre Marruecos no han hecho sino empezar y que nos deleitará con nuevos proyectos más adelante.

La carretera serpea siguiendo los meandros del río, de aguas vivas y transparentes, y la vegetación de las orillas es exuberante. Colores bermellón y verde, complementarios en el espectro cromático, envuelven al viajero y lo aprisionan poco a poco, sin que apenas se dé cuenta.

Llegamos a un punto en que dos gigantescas paredes verticales engullen el río y nos cierran el paso, a no ser que uno sea un aventurero nato y decida enfundarse en un traje de neopreno, adentrándose en las estrechísimas hoces de piedra por cuyo fondo discurre, lenta y oscura, líquida esmeralda. Acaba el asfalto y comienza un curvilíneo y enharinado ascenso hasta la cima del cañón.

Varios peones camineros cavan una trinchera en la roca viva a golpe de piqueta y martillo pilón. Decidimos volver —parte del grupo nos aguarda en Bulmane—, porque no andamos sobrados de tiempo y la ruta se hace impracticable para un turismo. Si continuáramos adelante, podríamos llegar hasta la aldea de Imilchil, famosa por los singulares esponsales que en ella se celebran. En invierno la nieve cubre todos los caminos de esta áspera región. Ahora delicadas plantas florecen en la cuneta, aunque el airecillo que corre es tan filoso como un cuchillo.

Llegamos por fin a Uarzazate, donde las aguas del Dadés y del Drâa se unen y remansan en un gran pantano de color turquesa. Después de comer damos un buen paseo hasta la kasba de Taurirt, antigua residencia del pachá de Marrakech. La construcción ha sido restaurada en parte y hay que pagar una módica cantidad para poder visitarla. El interior es un dédalo de cámaras comunicadas por estrechas escaleras; los techos son bajos, con vigas de madera de palmera y entramado de cañas o tallos de adelfa pintados con almagre y negro de hollín. En las paredes enjalbegadas de algunas estancias —vientre materno, celda íntima, universo de puertas adentro— hay dibujos geométricos realizados con óxido de hierro; me fijo en una rosa o disco solar cuyos rayos-pétalos son esquemáticos peces con las colas triangulares dirigidas al exterior del círculo. Huecos; rincones insospechados; arquitectura del secreto y del privado placer; recogimiento laberíntico. Es hermosa la sala principal, adornada con madera de cedro tallada en alambicados y policromos arabescos. El *horror vacui* oriental está aquí muy presente.

A la salida nos acercamos a una joyería encastrada en la muralla. En sus vitrinas se exponen finas piezas de orfebrería y bisutería varia. Adquiero dos ajorcas y un puñalito de plata, de no más de una cuarta de longitud, primorosamente trabajado, en el que se combinan el precioso metal y la piel de gacela teñida de verde. «Es un cuchillo tuareg, pieza única», susurra a mi oído el astuto vendedor. «Lo llevan colocado en el antebrazo, como adorno y posible medio de defensa».

Lo cierto es que por estas zonas cercanas al desierto muchos dicen ser «hombres azules». Se visten con túnicas y turbantes de ese color guías y comerciantes folclóricos que desconocen, a buen seguro, que ese apelativo con el que se nombra a los tuaregs se debe a que el índigo que utilizan para teñir sus telas impregna también la piel de su rostro.

Termina nuestro itinerario en Marrakech, a la que accedemos tras un zigzagueante viaje nocturno a través del abrupto País Glaua.

Por la mañana, después de un refrigerio en el hotel, cogemos un *petit taxi* y nos dirigimos a la plaza de Xemaa-el-Fna, cercana a la Kutubia, hermana gemela de la Giralda sevillana. El alminar, atrapado en una red de andamios metálicos, está siendo limpiado y remozado. La mezquita de la Kutubia fue también llamada «de los libreros» porque, según León el Africano, había en su pórtico más de cien librerías. Quiere la tradición que un mismo arquitecto —posiblemente un musulmán de Sevilla— fuera el artífice de tres bellísimos alminares: la Kutubia marrakechí, la Giralda sevillana y la Torre Hassan rabatí.

Marrakech es una ciudad realmente hermosa, con muchos jardines y paseos jalonados de palmeras. Hay landós tirados por caballos, similares a los de Málaga o Sevilla, que realizan un recorrido por los lugares más célebres. Montamos pues en un vetusto carruaje arrastrado por un trotón bayo y disfrutamos del paseo, aunque apretados como sardinas en lata.

Finalizado el recorrido turístico, nos apeamos y tomamos zumo de naranjas recién exprimidas en uno de los numerosos puestecillos que se agolpan en Xemaa-el-Fna. Aún es temprano y la plaza dormita. Solo los encantadores de serpientes, ojo avizor al paso del turista desprevenido, se muestran activos. Si te acercas, colocan con premura una serpiente en tu cuello para que te fotografíes con el reptil y les pagues a cambio. A mí me pusieron una gran culebra de Esculapio, vieja y aburrida, de cuya irisada piel verde se habían desprendido algunas escamas, de tanto manoseo y batuqueo. Hice además de ir a tocar una cobra de color café erguida y desafiante, mas la mano del «encantador» acudió presta al quite y arrojó un trozo de arpillera sobre el reptil: había que mantener la atmósfera de temor reverencial y grave peligro, al margen de que la cobra careciera ya de colmillos y glándulas venenosas o, al menos, eso supuse yo…

No me extraña que Juan Goytisolo sea un enamorado de este lugar. La plaza en sí no es nada del otro mundo: una amplia explanada rectangular rodeada de soportales en los que se ubican cafetines (Glacier, Café de France…) y algún que otro restaurante. Lo llamativo son las gentes que transitan por ella o la pueblan hora tras hora. Uno no se aburre aquí nunca. Comerciantes, escribidores, echadoras de cartas, sacamuelas, cuentacuentos, pícaros, chamarileros, titiriteros, etc. hacen de este cuadrilátero alquitranado un lugar único. Recuerdo un artículo de Juan publicado en prensa en el que hablaba, con un deje de nostalgia, de esta plaza junto a la cual «a intervalos, desde hace veinte años, gozosamente escribo, medineo y vivo». Y es que el gesto, los andares, el parloteo, la chanza, la escenificación, la mirada, cobran aquí plena dimensión.

Nos internamos por la medina. En los puestos de alimentos —verduras, frutas, especias, legumbres, pan— el género está colocado con primor, buscando la conjunción de colores y formas sobre el mostrador. Los bazares, algunos con puertas de doradas hojas metálicas clavadas a la madera con tachones de gruesa y pulida cabeza, muestran su vientre repleto de antigüedades y elegantes objetos de artesanía de rara calidad. Los comerciantes, la mayoría sentados en pequeños taburetes junto al quicio de las puertas, invitan amablemente al viajero a entrar y contemplar la mercancía, pero no insisten demasiado, son correctos y respetuosos. Para nuestro asombro, hay ausencia total de guías-estudiantes, buscavidas zumbones, trujimanes embaucadores y demás ralea ávida de dírhams.

Desembocamos en una placita soleada y bulliciosa, donde mujeres sentadas en el suelo ofrecen su mercancía. Alfombras policromas cuelgan de las azoteas y abundan los tenduchos en los que se ofertan camaleones, lagartos de cola espinosa y tortugas. En alguna cueva hay pellejos y huesos de criaturas mil, prestos a ser utilizados como ingredientes en pócimas y ungüentos curalotodo.

Fuensanta decide aplicarse henna en las manos. La henna es nuestra alheña, una planta medicinal con propiedades cosméticas y mágicas. Las mujeres tiñen y sanean con ella sus cabellos, a los que da un tono rojizo o caoba, y se adornan las manos y los pies con complicadas filigranas y arabescos elaborados mediante una pasta que puede llevar, además de la planta propiamente dicha, aceite de oliva, clavo, mirto, piel de granada, nuez de agalla y agua caliente. En cuanto elemento taumatúrgico que es, ampara contra el mal de ojo. Fuensanta busca una *hanaya*, mujer que aplica la henna sobre la piel, y encuentra a una muchacha muy hermosa, vestida de negro de pies a cabeza, que entiende y habla el español. Convenido el precio, comienza la tarea. Con una jeringuilla de plástico y suma pericia la *hanaya* va haciendo dibujos florales curvilíneos por sobre el dorso de las manos y los dedos de Fuensanta. En pocos minutos la labor está hecha. Después habrá que dejar secar la pasta —cuanto más tiempo mejor— y al retirarla habrá dejado marcado un falso tatuaje de tono anaranjado, *beige* o marrón, según el tipo de piel, cuya duración no excede de las dos o tres semanas. En muchos puestecillos de los zocos marroquíes venden plantillas de plástico para aplicar la henna, que no dejan de ser un burdo remedo de la labor manual de la artista.

Continuamos deambulando por las callejuelas aledañas a Xemaa-el-Fna y nos adentramos en el barrio de los tintoreros. Un niño de mirada triste tiñe madejas de algodón sumergiéndolas con sus manos azules en una tina negruzca. Me pide cinco dírhemes por dejarse fotografiar y le doy diez; toma el billete con su mano azul y chorreante y lo guarda veloz bajo el jersey. Demasiados niños marroquíes dejan muy pronto de serlo y trabajan como adultos.

En nuestro caminar a la buena de Dios nos topamos con un viejo cetrero que lleva sobre su guante de cuero un halcón de negras y afiladas uñas. La cabeza del ave está cubierta con una elaborada caperuza compuesta por piezas de piel azul, roja y malva; un peñacho de plumas tintas remata la máscara. Cuando el halconero le quita la caperuza, el animal alza su fija mirada hacia el cielo entoldado de gris.

Comienza a llover, suave al principio, con fuerza después, y nos resguardamos en un terraza cubierta. El chaparrón arrecia y las gentes corren a refugiarse donde pueden: en los soportales, bajo los plásticos de los tenderetes, dentro de los cafés... Siguen llegando autobuses que vomitan turistas sin descanso, y el tráfico de coches, bicicletas, motos, carros y calesas apenas se interrumpe bajo el aguacero.

Pasada la tormenta, bañada en luz crepuscular, con el brillo intacto y la enérgica saturación de colores que otorga el agua a todos los objetos que toca, Xemaa-el-Fna atardece esplendorosa. A veces uno quisiera retener el tiempo y este es uno de esos instantes.

# El lago de Aïn Marsa. Mayo, 1997

El día amaneció limpio, luminoso. A las seis y media —ocho y media en mi reloj, anclado en la hora española— Mustafa llegó puntual al aparcamiento del hotel Panorama. Mustafa es guarda de pesca y técnico del Servicio de Aguas y Bosques en Azrou, pueblo del que es originario.

Tomamos la dirección de Ifrane, donde desayunamos un zumo de naranja y un café bien cargado, y cogemos el desvío que conduce al pequeño lago. Este, a mil doscientos metros de altitud, tiene una superficie de tres hectáreas y una profundidad media de un metro, que en la pared de la presa llega a dos. Las aguas, frías y muy claras, brotan de un manantial cercano. En la orilla crecen álamos y juncos. La vegetación subacuática es abundantísima y en la superficie emergen hileras de ranúnculos en flor. De cuando en cuando, el lomo de alguna trucha rompe la lisura del agua y provoca una onda seguida de un casi imperceptible remolino. Fochas comunes de negro plumaje y pico blanquecino nadan y se persiguen unas a otras en frenéticas carreras. Apenas hay insectos posándose en el agua —algún minúsculo díptero todo lo más—, por lo que las truchas no se ceban en la superficie.

Monto la caña de bambú y engraso ligeramente la línea; añado al bajo un monofilamento, empato una mosca artificial y comienzo a pescar. Estoy nervioso por ser mi primera experiencia de pesca en Marruecos, conque los lances, al principio, no son demasiado ortodoxos. Allá donde veo asomar la aleta dorsal de una trucha arcoíris lanzo la línea y poso la mosca, pero sin resultado alguno. Los peces ni siquiera curiosean el señuelo. Voy cambiando sucesivamente de moscas *(Baetis rhodani,* tricópteros, Red Tag, paisana...) con nula respuesta: estos habitantes de Aïn Marsa tienen el morro fino y apetecen un insecto cuya imitación no tengo.

Otros pescadores están ya faenando en las orillas del lago y en el murete de la presa. Pescan con cañas cortas de cucharilla y emplean aparejos de mosca ahogada (tres o cuatro moscas) rematados por una boya grande, a veces transparente, a veces anaranjada o de color verde pistacho. En lugar de la mosca de rastro —la que se coloca detrás de la boya y va sumergida— llevan un anzuelo en el que insertan una lombriz o un pedacito de *kefta,* amalgama de carne picada muy especiada a la que algún sibarita añade esencias o colorantes para incitar a los peces. Lanzan el aparejo y esperan pacientemente, sin recoger el hilo, a que alguna trucha pique y hunda la boya. Tampoco ellos tienen suerte.

Uno de los ingenieros del centro hidrobiológico de Azrou me comenta que en estas aguas es necesario imitar muy bien el alimento natural de los peces, y que los pequeños crustáceos del género *Gammarus* forman parte de la microfauna del lago.

Opto por seguir su consejo, añado un delgado terminal del doce, que no me inspira demasiada confianza, dado el buen tamaño de los peces, al que empato un *Gammarus* artificial de color blanco traslúcido. Lanzo, la imitación se hunde, aguardo unos segundos y, mediante un ligero tirón, le imprimo una trayectoria ascensional. El ataque, fulminante, no se hace esperar; la trucha comienza a dar corcovos y saltos de medio metro por encima del agua: acostumbrado a la lucha con la común o fario, ya no recordaba esta defensa desesperada y acrobática de la arcoíris. En una de sus cabriolas el hilo cede y se rompe. Adiós muy buenas. Pruebo con otro *Gammarus* verdoso —el último que me queda— y un soberbio ejemplar se lo lleva prendido en la cartilaginosa boca.

Está visto que las truchas del lago Aïn Marsa prefieren los invertebrados que nadan cerca del fondo a los insectos alados. Descubro algunas efémeras muertas de tono marrón flotando entre los juncos de la ribera; completado su breve ciclo vital, constituyen un proteínico alimento fácil de conseguir para cualquier pez, mas no han sido catadas —por eso están ahí—, lo que reafirma mi teoría.

En las horas sucesivas diversas imitaciones de ninfas conseguirán sacar a algunas truchas de su mutismo. La batalla que presentan es enconada y sin cuartel.

A mediodía hacemos un alto para almorzar un sabroso *raief* con té a la menta que han preparado en una casita de campo vecina. Un niño de dientes muy blancos y encantadora sonrisa me trae en una bandeja de peltre un gran vaso de *leben*, leche agria, más suave que el yogur, muy apreciada en Marruecos. Los pescadores, venidos en su mayoría de Casablanca y de Fez, comentan las incidencias de la jornada y bromean con ese buen humor que singulariza a los marroquíes. Me hacen preguntas sobre el precio del equipo y las características de la caña, del carrete, de las moscas, etc.

Después del refrigerio reanudamos la pesca. Apostado junto al lago, decido bordear todo su perímetro y me encamino hacia la represa, la zona de mayor profundidad. Multitud de libélulas de todos los tamaños y colores han comenzado a revolotear sobre la superficie; algunas se persiguen, otras se aparean, aquellas ponen sus huevos en el agua. Destacan unos pequeños odonatos de alas transparentes y abdomen azul turquesa. Grandes truchas saltan y engullen algunos. El señor Mustafa, que imita estos insectos arrollando en un anzuelo plumas de martín pescador, me sugiere —todo huesos y nervios, sempiterno cigarrillo rubio en boca huérfana de dientes— que ponga una mosca azul, porque en esos momentos las arcoíris se pegan por las libélulas azules. No tengo ninguna, así que continúo pescando con ninfa.

En el caminito de hormigón que marca el límite superior de la presa se agolpan pescadores y niños del pueblo vecino. Me asomo, y la claridad del agua me permite vislumbrar varias truchas racioneras que sestean o nadan parsimoniosas junto a las piedras del muro. Como utilizo una ligera línea flotante del cuatro y el bajo de línea trenzado también flota, en esta zona la ninfa no se hunde más allá de veinte centímetros. Decido cambiarla por una de cabeza metálica dorada, con mayor lastre, que baja despacito hasta el fondo, quedándose próxima a la pared. Me distrae el vuelo de una cigüeña y dejo la línea laxa, olvidándome de la pesca por unos instantes. De pronto, al comenzar a recoger, un hermoso ejemplar arranca desde las algas del fondo y muerde el señuelo sin contemplaciones. La caña de bambú se arquea como un mimbre. Los niños, de caritas curtidas, se acercan expectantes. La trucha —calculo que su peso rondará el medio kilo— inicia varios saltos estrepitosos, pica hacia abajo y pugna por ocultarse entre las plantas y las algas que crecen en el fondo. Tras varios caracoleos, logra desasirse del anzuelo. Un niño recostado sobre el muro señala el lugar de la pérdida y dice con una vocecita apenas perceptible: *Le poisson ici, le poisson ici.* Sonrío y continúo transitando por la ribera.

Un ligero vientecillo riza el agua y las truchas arrecian en sus saltos y piruetas. De cuando en cuando una boya roja o verde se hunde y el pescador afortunado recoge con alborozo el aparejo y la pieza que se debate en él. Aun así, estas ocasiones son pocas, ya que las truchas no se dejan burlar con facilidad, mostrándose desconfiadas.

Decido probar la técnica de la mosca ahogada, muy del gusto de los pescadores de León, que elaboran sus imitaciones de efémeras con hermosas plumas de gallo. En vez de usar las de manufactura propia, opto por una mosca grande y feotona, de cuerpo bicolor —seda caqui y seda verde claro— envuelto en una pluma de becada (o acaso de perdiz), señuelo que adquirí en un establecimiento de Burgos. Primer lance y primera trucha, a la que seguirán varias más. Muchas se escapan, hasta que la mamá de todas ellas —vamos, un truchón— rompe el hilo entre las berrañas del fondo y se lleva la mosca milagrera con el pedazo de monofilamento anudado al ojal del anzuelo. Me he divertido de lo lindo, con los críos siguiéndome alborozados. El resto de pescadores mira de reojo y algunos murmuran.

Tras dar otra vuelta completa al lago, cansado y quemado por el sol, me retiro con cuatro buenas piezas de escamas iridiscentes en el fardel. Se las regalo al solícito ingeniero, que me ha invitado a merendar, pues llevar a Ceuta peces de carne tan delicada en el maletero del coche provocaría su putrefacción después de tantas horas de viaje.

# Recortes de periódico. Mayo, 1997

Hoy cumplo treinta y un años sin ningún ánimo de celebración. Aprovecho el día para escribir.

He comenzado a recopilar información sobre la pesca de la trucha en Marruecos aprovechando una estancia de cuatro días en Azrou, cerquita de Ifrane, en el corazón del Medio Atlas marroquí. Inmensos bosques de cedros, hontanares, ríos de aguas puras y lagos transparentes tapizan este inmenso macizo calcáreo donde el aire es seco y frío. En diciembre, enero y febrero nieva copiosamente y acuden por estos lares los amantes del esquí. Ronda mi cabeza la idea de publicar algo acerca de la pesca en esta región, pero necesito fotografías de calidad a la par que texto; por tal motivo adopto desde este momento la diapositiva como material fotosensible, ya que su definición y cromatismo son inigualables. He de adquirir una lente adecuada para fotografiar en detalle la fauna invertebrada que puebla las riberas de ríos y lagos y sirve de alimento a las truchas. Voy a sugerir a mi hermano Rodrigo que consulte en Burgos el precio de un objetivo Canon y de un *flash* anular macro ML-3.

Continúo con la manía de recortar noticias de los periódicos alusivas a Marruecos y, en su defecto, a Ceuta y Melilla. Leo en uno de esos recortes que, según un reciente estudio efectuado por el Programa de las Naciones Unidas para el Desarrollo y por el Banco Mundial, el 60 % de los representantes políticos en Marruecos —básicamente administración local, caídes de zonas rurales— son casi analfabetos. El número de representantes con estudios universitarios no supera los tres mil en todo el país, sobre un censo total de veintidós mil electos. Sin embargo, me he encontrado en restaurantes de Marruecos a jóvenes camareros que han cursado carreras universitarias y hablan idiomas; incluso uno era especialista en literatura española. El periódico incluía la sagaz opinión de un hombre liberal, miembro de uno de los ayuntamientos de Casablanca: «La presencia de alto número de políticos prácticamente analfabetos en nuestros ayuntamientos facilita aún más la injerencia del Ministerio de Interior en la administración de muchos municipios, especialmente los rurales. Así es como Interior decide subrepticiamente sobre nuestros asuntos locales».

Leo en *El Mundo* que la vertiente mediterránea de Marruecos podrá contar este verano con un sistema de lucha contra incendios forestales similar al INFOCA andaluz (ahora que recuerdo, jamás he visto un bosque arrasado por el fuego en Marruecos). Las características del bosque mediterráneo son similares en ambas orillas. La Consejería de Medio Ambiente de la Junta de Andalucía redactará el plan, formará a los técnicos marroquíes y cederá tanto herramientas de trabajo como equipos de comunicación. Hasta ahora la colaboración en materia de medio ambiente entre Andalucía y Marruecos se había centrado en la conservación de zonas húmedas y en la recuperación de especies animales y vegetales amenazadas. Especialistas de la Universidad de Córdoba están elaborando un plan para gestionar algunos humedales del norte de Marruecos, como las lagunas del litoral de Larache. Solo en el estuario de Merdja Bargha (Mulay Bouselham) se han contabilizado más de cinco mil individuos de veintinueve especies de aves, entre las que destacan por su rareza el morito, la cerceta pardilla y el porrón pardo. También existe colaboración en el intento de recuperar una especie hoy desaparecida tanto en España como en Marruecos: el ibis eremita; se reintroducirán en el medio natural cuarenta y nueve ejemplares del zoo de Jerez de la Frontera. Añado de mi cosecha que otros humedales de importancia en Marruecos son la reserva biológica de Sidi Bughaba, entre Kenitra y Salé, y la bahía de Khnifiss, próxima a Tarfaya.

Y en la reducida superficie de Ceuta la naturaleza también es protagonista. Aixa, que es profesora de Biología, me comenta que se ha creado un Centro de Restauración Forestal y Educación Ambiental; quienes lo gestionan han elaborado itinerarios o sendas de naturaleza a fin de que nuestros educandos conozcan la fauna y la flora ceutíes. Entre las especies que han de aprender a reconocer los alumnos sobresalen el alcornoque, el eucalipto rojo, el palmito, el escobón, la retama, el pino carrasco, el sauce, la zarza, el ciprés, el araar, el acebuche, la higuera, el lentisco, el mirto, la olivilla y el brezo.

También está en marcha la edición de una guía sobre la fauna y la flora del litoral ceutí bajo los auspicios de José Carlos García Gómez, director del Laboratorio de Biología Marina de Sevilla, y de José Manuel Ávila Rivera, médico y experto buceador. Los fondos marinos ceutíes son de una singular riqueza en cuanto a seres vivos se refiere, tal como lo demuestra la existencia de un organismo único que puebla este litoral: el nudibranquio —un molusco sin concha— *Tambja ceutae*.

Cambiando de tercio, la ciudad caballa está experimentando estos meses una inusitada actividad constructora: se derriban viejas edificaciones y en su lugar se plantan los cimientos de nuevas viviendas; el poblado marinero está a punto de ser terminado y puede que una de sus lonjas albergue unos minicines. Bienvenidos sean. En el campamento de Calamocarro ha habido un aumento de argelinos huidos de su país: la guerra que sostienen el Gobierno del presidente Zerual —terrorismo de Estado— y los fundamentalistas —matanzas indiscriminadas— golpea de manera ciega y brutal a la población civil, organizada en grupos de autodefensa (recuerdo la imagen de unos campesinos arando la tierra mientras otros vigilaban con fusiles de asalto AK-47, a todas luces insuficientes para contener tanto horror). ¿Hasta cuándo resistirá Argelia esta lucha fratricida?

# Dos ríos sin truchas. Mayo, 1997

En las abruptas serranías del Rif numerosos regatos y arroyos descienden vertiginosos desde zonas altas. Muchos son torrentes que se desbocan en invierno y aparecen secos en el estío, sin término medio. Arrastran gran cantidad de materia orgánica y sedimentos —la erosión en Marruecos, al igual que en España, es un problema ecológico de primera magnitud—, y el color de sus aguas es casi siempre lechoso. Desde luego, pocas especies acuícolas pueden soportar tan inestable régimen hídrico.

Dos ríos de la región Yebala han llamado siempre mi atención: el Lau y el Lukos. El primero desemboca en la vertiente mediterránea, es de corto recorrido y atraviesa unas gargantas espectaculares. El segundo vierte sus aguas al Atlántico, en Larache, no muy lejos de la antigua ciudad romana de Lixus.

Mediada la primavera, decidí acercarme hasta el curso alto de ambos ríos. Para el Lukos elegí el Pont du Lukos, lugar que antaño marcaba el límite fronterizo entre el Protectorado español y el Protectorado francés. Se llega hasta allí tomando, desde Teután, la carretera que conduce a Xauen, para después recorrer la que lleva a Meknes.

El río tenía un hermoso color verde y alternaba delgadas corrientes con pozos profundos. No se veía actividad en superficie y las eclosiones de insectos brillaban por su ausencia. La temperatura del agua era demasiado elevada como para que en ella estuviera a gusto un salmónido, y los fondos estaban colmatados por una fina capa de limo. Debajo de las piedras, ausencia casi total de invertebrados.

Comienzo a pescar con un pequeño tricóptero y pronto se confirman mis sospechas: solo pececillos —aventuro que son gobios— se sienten atraídos por la mosca.

Un niño pelirrojo de ojos claros observa con fijeza mis movimientos. Mientras sustituyo el tricóptero por una ninfa de color miel me pregunto qué hará ese mocoso en el puente. Lanzo el señuelo al costado de un pilar lamido por la corriente, una corriente profunda, despaciosa, y no tardan en picar vivarachas bogas de un palmo de longitud. Varios colegiales acompañan ahora al que me observaba desde lo alto, apoyados en la baranda metálica; otros, más atrevidos, se sientan en las piedras de la orilla. Yo les doy la oportunidad de que me tomen por tonto o loco: entre curiosos y asombrados, contemplan cómo las bogas son devueltas sin daño al líquido elemento.

Avisado tal vez por alguno de ellos, a los pocos minutos aparece un hombre joven que habla francés; me dice que ese es el único tipo de pez que hay en el río; ellos lo pescan al atardecer con lombriz de tierra. Comenta que el verano pasado el Lukos se secó completamente en este tramo y que, antes de que se construyeran embalses y presas, los viejos del lugar capturaban otros peces (pienso en anguilas y sábalos). En Marruecos ha sucedido algo similar a lo acontecido en España con estas especies migratorias, las cuales remontaban los cursos de agua dulce desde los estuarios, unas para completar su desarrollo y otras para desovar; de hecho, la alosa o sábalo es hoy especie protegida en Marruecos, donde se halla en franca regresión.

Abandonando a mis infantiles espectadores, recojo los bártulos, monto en el coche y me aproximo a la ribera del Lau, no lejos de Xauen. Elijo un lugar en el que el río se desploma en pequeñas cascadas y rápidas corrientes sorteando inmensas moles de roca. Tarayes y adelfas en flor tapizan sus márgenes. Introduzco la mano en el agua y compruebo que está más fría que la del Lukos, por lo que me ilusiono con la posibilidad de que pudiera haber truchas en el Lau, pese a que sus aguas no están clasificadas como salmonícolas en el mapa ictiológico de Marruecos. Por lo pronto, no advierto eclosiones de insectos ni descubro larvas bajo las piedras de lecho.

Empiezo a pescar con una mosca paisana, que imita de forma genérica a diversas especies de efímeras, sin resultado. Cambio a una tricolor: nada tampoco. Las ninfas —último recurso— fracasan también. A pesar de que este tramo del Lau podría pasar por una garganta de la abulense sierra de Gredos, las apariencias engañan: solo barbos de escaso porte tocan con el morro mis moscas artificiales. Y gracias. La anécdota de la jornada la protagoniza el encuentro con un cangrejo de tonos cobrizos idéntico a cualquier cangrejo marino de los que se ocultan en las rocas de la playa, cuyas potentes pinzas infligen serios pellizcos a mis dedos. Todo un carácter. En algunos cantos soleados de la orilla opuesta también veo ejemplares de galápagos, que se sumergen a mi paso.

Agotado, reemprendo el viaje de vuelta a Ceuta, sabedor ya de que estos dos hermosos ríos que tanto me intrigaban no albergan truchas en su cauce.

# Mapas. Mayo.1997

Amanezco en el hotel Terminus de Rabat. Ayer, después de las clases del turno vespertino, viajé hasta la capital del reino en busca de mapas del Rif, Medio y Alto Atlas a escalas 1:250.000, 1:100.000 y 1:50.000. Solo aquí, en la Division de la Carte, sede de la topografía y cartografía marroquíes, pueden obtenerse.

Una vez desayunado, me acerco al organismo oficial. Esperando a que sus grandes puertas metálicas sean abiertas, tomo asiento en un murete de piedra sillar y contemplo el trasiego de personas que van al trabajo en esta cálida y luminosa mañana de mayo; el ritmo del tráfico es frenético y a la abundancia de automóviles hay que sumar la de bicicletas, ciclomotores y autobuses urbanos.

En las grandes ciudades de Marruecos el conductor gusta de tocar el claxon en demasía, se impacienta a las primeras de cambio y le da, a veces, por gesticular y hacer aspavientos muy expresivos y teatrales. El código gestual es casi tan importante como el lingüístico. Las prisas y los nervios del mundo occidental han hallado también aquí terreno abonado.

Autobuses y furgonetas de todos los tamaños traen a militares de diversa graduación y diferentes armas; proliferan las boinas verdes y granates. La Division de la Carte está al lado de edificios y dependencias militares, cuyo perímetro ajardinado custodian marineritos de blanco uniforme y faz soñolienta.

Cuando por fin abren —8:30 hora marroquí, 10:30 hora española— accedo al mostrador de venta al público y formulo mi solicitud. Primer contratiempo: no puedo llegar, pagar y disponer de los mapas acto seguido. Con la terrible burocracia marroquí hemos topado. Es preciso rellenar una instancia previa en la que consten, amén de los datos personales del peticionario, el número de mapas que se desean, su escala y los motivos por los que se piden. La paciencia, en Marruecos, es aún más virtud que en España.

El funcionario que me atiende entra, al fondo, en un oscuro despacho donde parece residir una autoridad de peso. Al final se me entrega un resguardo y un número de teléfono: «Llame usted la próxima semana por si ya disponemos del permiso para entregarle los mapas». ¿Cuántos mapas podré adquirir? Sé de buena tinta que en algunos casos —zonas del antiguo Sáhara español o lugares estratégicos desde un punto de vista militar— la respuesta ha sido negativa. Y eso que cada hoja cuesta cincuenta dírhams. Bueno, espero que el hecho de buscar ríos y lagos de montaña en los que pescar truchas no sea interpretado como un posible acto de espionaje por parte de alguna potencia extranjera.

De regreso, comiendo un poco de ensalada y carne de cordero a la brasa en un figón de carretera, tengo la oportunidad de ver al «Arguiñano» de la televisión marroquí entre pucheros y cazuelas. Recuerdo los olivares y las rústicas almazaras —rueda de piedra ensartada en un eje de hierro y movida por fuerza humana o animal— de la región de Uazzanne, donde se elabora uno de los mejores aceites de la cuenca mediterránea. Sin embargo, a diferencia de su homólogo vasco, este cocinero de prominente mostacho y gorro impoluto no hace propaganda de ninguna marca de aceite. Todo se andará.

# La tierra del cáñamo. Mayo, 1997

El mapa piscícola de Marruecos editado en 1980 por el Ministerio de Agricultura señalaba bien a las claras que entre Xauen y Ketama existía un lago artificial con una superficie de ocho hectáreas llamado Anasar.

Cuando el sábado pasado llegué, acompañado por Carmen y Aixa, al que consideraba el punto exacto de ubicación de dicho lago, caña en ristre y cesta en bandolera, no encontré sino una alberca de no más de un palmo de agua en la que crecían los juncos y brincaban las ranas. El lago había sido tragado por la tierra en el sentido literal de la palabra: una profunda grieta, provocada quizás por algún corrimiento de tierras, actuó como desagüe natural hace varios años y el Anasar desapareció de la noche a la mañana. Esta información nos la proporcionaron dos amables guardabosques, uno de los cuales, el más joven e inquieto, sabía los nombres científicos de numerosas especies vegetales. *Populus nigra*, decía muy ufano mientras señalaba con el índice varios chopos robustos que crecían junto a la carretera.

Ante el imprevisto de que el lago en el que pensaba pescar truchas a mosca solo tenía existencia virtual —una estrella azul en un mapa—, se hizo necesario un cambio de planes. Guardé la caña de bambú y dimos un relajante paseo por lo que fueron las riberas del Anasar. Después pusimos rumbo a Ketama.

Ketama es un villorrio enclavado en un majestuoso bosque de cedros al que, en tiempos, ciertos personajes de la cultura *beat* —acólitos de Kerouac, pongo por caso— y hordas de *hippies* encumbraron hasta convertirlo en un lugar de peregrinación y culto. Pregunta: ¿a causa de qué? Respuesta: el excelente *Cannabis sativa* que se cultiva y recolecta por estos lares tiene mucho que ver en el asunto.

Apostados en estratégicos puntos de la sinuosa carretera que lleva de Tetuán a Ketama, pasando por Xauen, improvisados vendedores salen al paso de los coches ofreciendo hachís mano en alto y silbo atrevido entre labios e incisivos. Desde la carretera no suelen verse los cultivos, pues sospecho que el Gobierno recomienda hipócritamente a los campesinos que no siembren cáñamo en lugares demasiado visibles.

Pasamos noche en el único hotel del pueblo, grandote —ciento cinco habitaciones— y con aire alpino. Tiene cuatro estrellas, aunque pronto comprobaremos que son un mero adorno en la fachada. «¿Hay agua caliente en el baño?», pregunta Aixa. «No», responde impertérrito el recepcionista, que también hace las veces de camarero y de botones. «¿Cómo?», exclamamos casi al unísono los tres amigos. «No, no la hay; solo hay agua caliente cuando viene un grupo de personas lo suficientemente numeroso como para que sea rentable encender la caldera», explica nuestro interlocutor. «Ah…».

Hacemos acopio de valor, traemos nuestro ligero equipaje y entregamos los pasaportes para que se formalice la inscripción. Pagamos los doscientos ochenta dírhams por adelantado.

En el bar anejo, donde se sirven bebidas alcohólicas, un grupo de músicos y de bailarinas venidos del Atlas, que interpretan ritmos y danzas de la montaña, entretienen a una clientela —exclusivamente varones— que trasiega botellines de Heineken a veinte dírhams la unidad y fuma, bien tabaco rubio, bien canutos.

En una nevera a la que llaman habitación dormimos con calcetines y arropados por una gruesa capa de mantas. Manchas de humedad pujan por descomponer la pintura de paredes y techo. Todos los materiales indican que, en sus buenos tiempos, el hotel sí tuvo categoría, mas ahora languidece en el abandono. Como no hay corriente eléctrica en Ketama, a media noche el grupo electrógeno alimentado por gasoil deja de producir energía y la oscuridad se adueña de todo.

A la mañana siguiente desayunamos en la calle y vamos a casa de Mohamed, un chico de diecinueve años que habla muy bien español. Es increíble la cantidad de habitantes de esta zona que chamullan castellano y conocen nuestra geografía. Por lo que me cuentan, deduzco que jóvenes vascos son asiduos visitantes de Ketama.

Mohamed ha prometido enseñarnos las plantaciones familiares de cannabis. Su casa está a las afueras del pueblo, junto a un pequeño torrente, flanqueada por hieráticos cedros. El paisaje es bellísimo y a lo lejos se contempla la cumbre nevada del Tidiquin. En el huerto de Mohamed crecen manzanos y hortalizas varias además de las plantitas de cáñamo, de no más de un palmo de altura, hojas aserradas y color verde intenso. Una mujer nos observa a través de una celosía metálica; varios niños asoman sus rostros tras las jambas de la puerta: son la madre y los hermanos de nuestro huésped.

Mohamed entra en la casa y sale con un puñado de semillas de cáñamo; entretanto saco diapositivas de la planta. La casa es muy humilde, de una sencillez espartana, y es que el campesino del Rif que cultiva cannabis nunca llega a enriquecerse; de hecho, pocas zonas de Marruecos he visto tan pobres como esta de Ketama. Le sucede lo mismo que al cocalero sudamericano o al que cultiva amapola en Oriente: quienes obtienen pingües beneficios con la droga son los narcotraficantes, aquellos que procesan, adulteran y comercializan las sustancias prohibidas.

Mohamed me muestra el resto de la pequeña propiedad: la cuadra en la que dormitan las bestias, el horno de barro donde se cuece el pan y unas singulares colmenas hechas con troncos huecos colocados en posición horizontal y recubiertos por barro seco y chapa ondulada. Comenta que sin esta capa protectora el frío del invierno mataría a las abejas, cuya labor en la polinización de las flores del cannabis es más que estimable. Ignoro si la miel que producen estos insectos presenta en su composición algunos de los principios activos de la planta. Habrá que probarla en alguna ocasión. Mohamed dice que dos hosteleros andaluces vienen hasta aquí en busca de esta miel, aunque él y su familia solo tienen panales para el consumo familiar.

En un muladar próximo se acumulan los restos provenientes de la elaboración del hachís y los tallos secos del cáñamo. Hasta septiembre u octubre no volverá a haber otra cosecha. Hago partícipe a Mohamed, que me observa entre curioso y divertido mientras fotografío las colmenas, de mi intención de volver en otoño para observar el proceso de recolección y elaboración del hachís, y asiente encantado. Cuando comiencen a caer las hojas de los árboles y las aves busquen lugares más cálidos tal vez volvamos a vernos. *In sha Allah.*

Tras la visita a la casa de Mohamed, enfilamos la carretera que desde Ketama lleva a Fez. De buenas a primeras nos internamos en un hermosísimo valle de orografía similar a la de la sierra de Cazorla. Aquí sí que se observan a simple vista los cultivos de cáñamo, sembrado en primorosos cuadros que copan bancales, laderas y vertientes. El verdor y la lozanía de las plantitas destacan sobremanera. La carretera se retuerce, sube y baja, se estrecha en dirección a Taunate.

Nos cruzamos de cuando en cuando con llamativos taxis pintados de color verde pistacho. De súbito, a la altura de Urtzarh, la cinta de asfalto se hunde en las aguas mansas y profundas de un pantano —ninguna señal, ninguna advertencia— y tengo que frenar con brusquedad. ¿Y esto? En el mapa no figura ningún pantano. En fin, imprevistos del viaje. Un lugareño nos explica que el pantano —*barrage* lo denomina, recurriendo al francés— es de nueva construcción y ni siquiera tiene nombre.

Damos un larguísimo rodeo por una pista de tierra, sorteando obreros y máquinas, hasta enlazar con Karia-Ba-Mohamed; desde aquí no desplazaremos hasta Uazzane.

# Un gran susto. Mayo, 1997

Hace unos días Carmen sufrió un terrible accidente de circulación en un cambio de rasante muy cercano a Rincón. Un joven, borracho como una cuba, empotró su Golf GTI contra el endeble Ford Fiesta de mi amiga. A ella han tenido que extirparle el bazo y parte del intestino. Se rompió un brazo, el diafragma, varias costillas y tiene dos vértebras montadas, aunque, afortunadamente, parece que la médula espinal no se ha visto afectada.

En medio de la noche, mientras esperaban angustiados la llegada de la ambulancia, un policía de Rincón hacía partícipe de su impotencia a Aixa: casi todas las semanas, en ese y otros puntos negros cercanos, moría o quedaba gravemente herida alguna persona. En Rincón, un poblachón que crece como la espuma, no hay una maldita casa de socorro, por no decir ambulatorio o centro asistencial. Recuerdo el sutil comentario de mi amigo Mustafa, hombre de espíritu libre, cuando caminábamos junto a la lujosa mezquita que está a punto de terminarse en Azru: «Menos mezquitas y más hospitales».

Carmen tuvo suerte. Sin preguntar, la llevaron a la mejor clínica privada de Tetuán, donde un competente cirujano marroquí formado en España le salvó la vida. Con buen criterio, los camilleros y el conductor de la ambulancia supusieron que Carmen, una mujer extranjera, podía pagar el hospital.

Al amanecer, cuando Aixa, Ibrahim y Argimiro, agotados por una tensa noche en vela, me comunicaron el suceso, me dirigí a Tetuán y me equivoqué de lugar. Entré en el Hospital

Civil, el único público de la ciudad, donde llevan a los pobres, a los que no pueden costearse una operación o cualquier cura de urgencia. El edificio, semejante a un cuartel, presentaba un aspecto sucio, desangelado y deprimente. Ser pobre —pensé— es una desgracia en todas partes, pero qué terrible es ser pobre en Marruecos.

# Larache y recortes de periódico. Junio, 1997

Tal como temía, me confundieron con James Bond (disculpe el lector mi arrogancia) en la Division de la Carte, sita en Rabat. Consecuencia de mi similitud con el agente 007: no puedo adquirir bajo ningún concepto los mapas topográficos del Atlas y del Rif que había solicitado. Como soy cabezota, he recurrido al Ministerio de Turismo y a la Universidad de Tetuán para tratar de lograr, mediante una vía indirecta, lo que se antoja misión imposible yendo a pecho descubierto.

El sábado, a eso de las doce de la mañana, enfilo la carretera de Tetuán para viajar hasta Larache con ánimo de pasear y hacer fotos. Al pasar por Castillejos me cruzo con una alegre comitiva de chicos y mayores en la que predomina el color morado: morado en los carteles con fotografías de candidatos que agitan en las manos; morado en pañuelos y gorras; morado en un paraguas que lleva un cuarentón con barba de tres días para protegerse de la canícula y no desentonar con el resto. Las elecciones —tal vez las más amplias y libres en la reciente historia marroquí— están próximas y los políticos hacen campaña. Más de cien mil candidatos pujan por unas veinticinco mil concejalías; militantes de extrema izquierda han sido detenidos y están siendo juzgados por haber insultado a los aspirantes y difundir pasquines y proclamas a favor del boicoteo y la abstención en unas elecciones municipales que consideran manipuladas (lo cierto es que la compraventa de votos y los abusos de algunos funcionarios, que apoyan a tal o cual candidato, son costumbres enquistadas en el país y de difícil erradicación).

Llego a Larache y me dedico a pasear por la parte vieja de la ciudad. En algunas calles y plazas, hermosas placas de mármol grabadas en árabe y en español recuerdan un pasado colonial no muy lejano. En esta ciudad de Berbería nació en 1924 el escritor y psiquiatra Luis Martín Santos, autor de *Tiempo de silencio*, novela extraordinaria y compleja bien conocida por mis atribulados alumnos de COU, a quienes tantos quebraderos de cabeza causa su lectura. Aquí también murió otro escritor, un maldito llamado Jean Genet —*Las criadas*—, cuyos restos reposan en el antiguo y desolado cementerio cristiano de la villa, cerca del mar.

Tomo un zumo de naranja en uno de los añejos cafés de la Place de la Libération —el calor y la humedad son terribles— y voy en busca del vehículo.

A lo lejos se recorta la silueta del viejo faro y decido acercarme para fotografiarlo. En la costa atlántica marroquí hay hermosos faros que bien merecerían la atención y el estudio de algún nostálgico lobo de mar.

A través de sinuosos vericuetos alcanzo los arrabales de la ciudad. Caminos de tierra y polvo sustituyen al asfalto y las casas son cada vez más miserables. Hay niños por doquier; algunos, los más atrevidos, corren tras la estela del coche y se encaraman al paragolpes trasero con una agilidad pasmosa, propia de monitos de feria. Las gentes observan mi paso con curiosidad.

El faro se alza entre construcciones en ruinas. Un adolescente orina contra una pared de ladrillos. La luz de la tarde resalta la albura cilíndrica del torreón y arranca destellos a los vidrios y espejos de su capirote gris. Serena y estilizada belleza la de este viejo guía ya mudo.

Al salir del suburbio cometo la imprudencia —no espabilo— de parar el coche, abrir el maletero y repartir bolsas de caramelos entre los críos ¡Dios santo! Qué turba. Qué griterío. Qué volar de caramelos por los aires. Qué rodar de caramelos por el polvo. Salgo del tumulto como buenamente puedo y regreso de nuevo al centro de la ciudad.

A la noche, en casa, mientras redacto estas notas, entresaco del bloc recortes de periódico relativos a Marruecos que, como dije, voy recolectando en la prensa diaria. Normalmente entrevero esta información objetiva con mis opiniones personales —mimbres de diversa procedencia bien pueden hacer un cesto—, pero hay un recorte, amarillento ya, que, ora por desidia, ora porque no hallaba lugar adecuado donde incrustarlo, ha permanecido largo tiempo entre mis apuntes. Un halo de misterio, que tan bien casa con el carácter de estas tierras del Magreb, envuelve su contenido, por lo que, en vez de arrojarlo sin más al cesto de los papeles, he tomado la resolución de transcribirlo íntegro en esta hoja de papel. Dice así: «Una roca de intenso color azul hallada en Marruecos se resiste a revelar sus secretos a los científicos del Museo de Historia Natural de Londres que recibieron, hace un año, el encargo de investigar su química y su estructura. Han confirmado que el misterioso mineral no se había descrito hasta ahora. Silicio, aluminio, magnesio, hierro y oxígeno han sido desvelados como elementos químicos constituyentes de la pieza en los análisis. Los investigadores continúan el trabajo para determinar con precisión la estructura del mineral». Bueno, parece que la naturaleza aún tiene enigmas que han de ser desvelados. No todo está descubierto, clasificado y catalogado.

# El paraíso perdido. Junio, 1997

M e pongo en marcha al mediodía, bajo un sol de justicia. Esta vez es Xauen el punto de destino, lugar por el que siento predilección. He cargado la cámara con un carrete de diapositivas; la luz es tan diáfana que espero captar todos los matices cromáticos de los blancos y añiles que tiñen las fachadas de las viviendas.

Aparco el coche junto a Ras-el-Ma, el abundoso manantial de aguas puras que abasta la ciudad. Bajo el puentecillo que salva la corriente rumorosa, las mujeres lavan la ropa y la chiquillería grita y chapotea en la marmita de agua verde que forman las rocas. Hago algunas fotos con cautela, tratando de captar el colorido que emanan los vestidos de las lavanderas y el brillo, bajo los rayos cenitales, de las espaldas morenas y los cabellos oscuros de los críos, relucientes por el agua que los empapa. Hace una hora, en el camino, cerca de la presa de Nakhla, he fotografiado a un grupo de campesinas que, hoz en mano y cánticos en los labios, segaban la mies madura en una vaguada (no me cansaré de resaltar el importante papel que la mujer marroquí —la mujer africana— desempeña).

Me adentro por callejuelas pinas y estrechas. Los dinteles de las puertas, los zaguanes y los patios están enlucidos con añil, esa tintura de origen vegetal que se superpone al enlucido o jalbegue de cal. Las mujeres limpian primorosamente los portales y charlan asomadas al umbral de las puertas. En una esquina, sentada en un poyo, una anciana casi ciega musita plegarias acompañándose con un rosario de diminutas cuentas negras. Personas que pasan a su lado dejan alguna moneda de poco valor en su mano huesuda; una de ellas me indica con gesto serio que no debo fotografiarla; desisto, pero sé que al poco rato volveré —como así ocurre— para lograr mi propósito: otra vez ese sentimiento, tan occidental, de superioridad que no se para en barras ante culturas diferentes. Lo que nos queda por aprender.

Desemboco en la plaza Uta-el-Hammam y tomo un zumo de naranja a la sombra de un emparrado. No corre una brizna de aire, sudo copiosamente y se me empañan las gafas. Un grupo de turistas que adivino provenientes del norte de Europa —rubicundos, con sobrepeso y pieles enrojecidas por el sol—, deambulan juntos por sobre el empedrado de la plaza en compañía de un guía local y hacen fotos con sus diminutas cámaras al policromo alminar de la mezquita, para mí una de las más bellas y pintorescas de Marruecos.

Decido no comer —pasaré todo el día a base de zumos y de agua—, asunto que no me preocupa en exceso, ya que cada vez controlo mejor las necesidades de mi cuerpo y el ayuno no supone ningún problema.

Abandono Xauen en busca de un río tributario del Lau al que dicen Talambote. Nace en las profundidades de la montaña y sus aguas son frías y cristalinas. A veces pienso si esa búsqueda de lugares salvajes apenas hollados no es, en el fondo, más que la persecución de una quimera o de un recuerdo del paraíso que, dicen, perdimos. Quién sabe.

# Primera aproximación al Talambote. Junio, 1997

El Talambote, es un bellísimo río en el que antaño hubo poblaciones de trucha autóctona, hoy prácticamente agotadas. Idéntico panorama ofrecen el Snuba y el Chorfa, no menos atractivos en su discurrir.

Se llega a él tomando la carretera que conduce a Ued Lau. A la entrada de las gargantas, próximo a una central hidroeléctrica, parte a mano derecha un camino sin señalizar en dirección al pueblito de Talambote.

Opto por tantear con la caña el tramo bajo, casi desde la desembocadura en la dorada corriente del río Lau. El Talambote, de aguas claras y rápidas, desciende encajonado a través de un abrupto valle. Adelfas y tarayes predominan en sus orillas. Husmeo las telas de araña y solo veo diminutos dípteros y una efémera de abdomen negruzco.

Tras pescar tanto en chorros como en aguas lentas, compruebo que las truchas brillan por su ausencia. Abundan, sin embargo, otros peces, los cuales, haciendo caso omiso a mi bonita mosca artificial, se alimentan capturando partículas arrastradas por la corriente. A unos metros de la ribera me topo con el esqueleto y las púas de un erizo, más los restos de un cangrejo similar al que me castigó los dedos en el Lau.

Cojo el coche y remonto el cauce por la pista sin asfaltar que lleva a Talambote; el aspecto del río, despeñándose entre grandes rocas, es magnífico. El camino se bifurca junto a una casa en ruinas donde un cartel amarillo reza: *chasse amodié*. La caza está prohibida. Bueno, de la pesca no dice nada.

Al remontarlo, el río se estrecha y sus aguas vivas adquieren todavía más transparencia. Un crío del pueblo cercano me lleva hasta una antigua presa encajada entre dos paredes rocosas, donde el Talambote se embalsa. Hadi, así se llama, me dice que allí hay peces enormes —abre los brazos con expresivo gesto—, pero, desanimado, yo no acierto a ver ninguno. Sin embargo, las aguas están realmente frías y el aspecto del río, similar al alto Guadalquivir en la sierra de Cazorla, es inmejorable.

Hago propósito de volver con calzado ligero y recorrer, caña en mano, el Talambote hasta sus fuentes. Haya o no haya truchas, la naturaleza salvaje de este lugar impresiona y tonifica cuerpo y espíritu.

# El pescador de Meknes. Junio, 1997

Llego a la antigua ciudad imperial de Meknes —Mequínez— en busca de un artesano que fabrica moscas. Información de tercera o cuarta mano (un nombre nada más: El Hadi) me hace suponer que es aquí donde reside un viejo y amable pescador que monta sobre anzuelos imitaciones de insectos naturales.

Investigo, pregunto, pateo la zona nueva de la ciudad con pobre resultado: donde estuvo la tienda del viejo *armourier* hay ahora un negocio de ropa femenina y un frío rótulo de neón azul.

No me rindo y decido buscar a otro hombre; me dirijo al mercado central por una concurrida calle en la que abundan los cafés (a veces pienso qué harían los varones marroquíes en sus ratos de asueto si no hubiera locales en los que tomar un té o un café, hablar de política y ver la liga española de fútbol por la tele).

Allí está, frente al taller de la casa Renault. Es una tiendecita con un cartel que anuncia: RAZGUI KHEMIS-MEKNES SPORT. Las vitrinas ofrecen un muestrario no muy extenso de artículos de caza, pesca y trofeos. El señor Mohamed Razgui —unos cincuenta años, menudo y fibroso, delineado bigote y ojos vivos e inquisitivos— es el *alma mater* del negocio. Cazador y pescador apasionado, se vanagloria de ser el primer deportista que utilizó en Marruecos la técnica de la mosca seca para tentar a las pintonas (técnica introducida en su día por los pescadores franceses residentes en la colonia). Le encanta hablar y más si encuentra un contertulio como el que suscribe, esto es, uno de su cuerda.

Sube por unas escaleras mínimas y baja con cañas, carretes y material de montaje. Llama mi atención una preciosa caña de viaje (cinco tramos) de la marca Daiwa, muy ligera y bien terminada, traída de Francia.

—¿Y las plumas para hacer las moscas? —pregunto.

—Muy sencillo —responde el señor Mohamed—: voy al mercado y escojo un buen gallo; lo mato, nos lo comemos en un *tayin* y aprovecho las plumas: nada se desperdicia.

Anzuelos Kamasan de buen tamaño, hilos de torzal y nailon, plumas de pavo real... completan el material. La joya de la corona es un bello carrete verde de aluminio anodizado. «Un *moulinet* Lucien Cordel hecho en Francia por ese artesano de prestigio», dice ufano el señor Mohamed. El carrete es ligero y agradable al tacto; en la cara externa están grabadas las siluetas de cuatro abejas y las palabras *Ex abeille*. Una magnífica pieza, sin duda, comparable a las mejores de Franco Vivarelli, por poner un ejemplo.

Insisto y logro que el señor Mohamed haga *in situ* una mosca ahogada «muy pescadora en estas aguas» usando los dedos por toda mordaza. En cinco minutos está hecha. Saco fotos. A cambio le regalo moscas mías.

Es asombroso encontrar en Marruecos a un hombre tan apasionado por las truchas. Él mismo ha alquilado al Estado un tramo de río cercano a El Hajeb: Aïn Atrus. Hablamos y hablamos, apoyados los codos sobre el pequeño mostrador de madera. El resto de contertulios escucha con paciencia. Razgui se queja de la Administración marroquí, que hace caso omiso de sus recomendaciones, escritos y artículos publicados en prensa, y de la idiosincrasia de los pescadores magrebíes, cuya mayor aspiración ha sido durante años, por lo que deduzco de las palabras de mi interlocutor, llenar el maletero del coche de peces, peces y más peces hasta que, por lógica, estos se extinguieron.

Surge en la conversación el asunto de la desaparecida trucha de Aguelmane Sidi Ali —*Salmo pallari*— y las pupilas del señor Mohamed se encienden. Dice que esa rara especie era tan abundante en el lago que la capturaban hasta con redes y parecía inagotable. Recibía, en francés, el nombre de *omble chevalier*. (El pescador inglés del siglo XVII Izaac Walton cuenta en su libro *El perfecto pescador de caña* que los franceses llaman *omble chevalier* al tímalo del lago Leman, por lo que deduzco que los singulares habitantes de Aguelmane Sidi Ali acaso fueran peces similares al tímalo —puede que una especie única— antes que una clase de trucha privativa del lago marroquí, habida cuenta de que carecía del panículo adiposo tan característico de los salmónidos y el color de su librea era plateado, perla o blanco, con una ristra de puntitos rojos a lo largo de la línea lateral. Se introdujo además en el lago una especie foránea —la carpa— que poco a poco fue ocupando el nicho ecológico del *Salmo pallari* hasta que este —pescado sin límite— desapareció. Cabe también la posibilidad de que los franceses trajeran huevos embrionados de tímalo y los depositaran en Aguelmane Sidi Ali hace décadas, aunque me resulta alambicada.

# Segunda y última aproximación al Talambote. Junio, 1997

Y digo última porque, pescando esta vez la cabecera del río, allí donde sus aguas pueden beberse y el monte lo acoge en su seno vegetal hasta encerrarlo, no vi trucha alguna ni cosa que se le pareciera.

La mañana del sábado, luminosa en extremo, anunciaba un día de fuerte calor. A lo largo de la sinuosa carretera de Xauen se apostaban golfillos sosteniendo en sus morenas manos calderos llenos de higos maduros, «con su gotita de miel», como glosara Juan Ramón. Este año la cosecha de higos y brevas ha sido opima y los árboles no pueden sostener los frutos, de tantos como hay. En algunos bancales mujeres ataviadas con la tradicional *futa* segaban el trigo a golpe de hoz.

Llegado a la presa que retiene las aguas del Talambote, comencé a remontar el río por una senda que se abría a través de un espeso monte de adelfas, lentiscos y arrayán. La cárcava me recordaba la garganta del pequeño río Purón, que discurre entre Burgos y Álava; igual que sucede en este, predominaba la toba, roca calcárea ligera y porosa que conserva restos fósiles de tallos, raíces y caracoles. El lecho del río, con pozas profundas y cuevas, estaba excavado en algunos tramos sobre este material.

Empecé a pescar con una mosca hecha con fibras naturales de faisán y una pluma de culo de pato. Vi volar un mirlo acuático, con su pecho crema, y más tarde un martín pescador de plumaje azul turquesa. «Si hay martín pescador habrá peces», conjeturé. Ni por asomo. Husmeé bajo los cantos del río, donde descubrí larvas de tricóptero envueltas en estuches negros de sección triangular hechos con trocitos de hojas. Sí abundaban restos de ninfas de odonatos en la cara soleada de las piedras, transformadas ahora en libélulas y caballitos del diablo volando sobre el limpio cristal. Ni rastro de efémeras. Los fondos no estaban colmatados por sedimentos finos —mal endémico en los ríos del norte de Marruecos, al menos a los ojos de un pescador de truchas, pues dicha capa, aun siendo delgada, impide que salgan adelante, si las hubiera, puestas de salmónidos, cuyas huevas necesitan un elevado aporte de oxígeno, y también dificulta la presencia de invertebrados en el cauce, alimento básico para las truchas. Pero tricópteros, plato muy del gusto de las pintonas, sí había —acababa de comprobarlo— y el agua era purísima. ¿Entonces? ¿Por qué no había peces en el río?

Días después, Kamal, joven profesor de Geología en la Universidad de Tetuán, me dio la respuesta: hace años, en un ciclo de tremendas sequías, el río Talambote se secó por completo y toda la vida que contenía murió con él. Cuando volvió a llover nadie se preocupó de repoblarlo.

No sé si la Administración marroquí puede ocuparse de estas, a simple vista, pequeñeces o minucias. En todo caso, mi decepción ha sido grande. Esperaba encontrar algún testimonio —truchas autóctonas, salvajes, sin mezcla— de la abundancia del pasado y me encuentro con que toda una subespecie se ha perdido irremisiblemente.

# Comienza septiembre. Septiembre, 1997

Se acabaron las vacaciones. Dejo Burgos y vuelvo a mi distante lugar de trabajo.

Tuve tiempo de echar una mirada a Ceuta antes de cruzar la frontera; de un año a esta parte la Ciudad Autónoma ha cambiado a mejor: restos arqueológicos afloran en solares despejados que antes albergaban casas decrépitas y ahora esperan edificios de nuevo cuño; se pintan las fachadas antiguas; abundan las obras y los nuevos proyectos; se inauguran tiendas y negocios. África, la dueña de la estupenda librería Totem, me comenta que los fondos europeos para el desarrollo de zonas desfavorecidas están contribuyendo sobremanera a este resurgir. Bienvenidos sean, siempre que se destinen al bien común. Además, una naviera argentina —Buquebús— se ha sumado a las ya existentes —Isnasa y Transmediterránea— para realizar la travesía del Estrecho.

Por lo demás, todo sigue como siempre: Ceuta y Melilla continúan siendo torres albarranas de la próspera Europa, torres que sufren el asedio constante de seres humanos procedentes del África más pobre y doliente. Aquí, en la frontera, sí que se aprecia a las claras el «hecho diferencial» (como dicen ahora nuestros políticos nacionalistas) de haber nacido a uno u otro lado de una raya punteada en un mapa, de pertenecer a un primero, un segundo o un tercer mundo.

Leo en la prensa que el dictador zaireño Mobuto Sesse Seko ha expirado en un hospital de Rabat, a pesar de haber recibido numerosos litros de sangre transfundida. Como diría un castizo, «a todo cerdo le llega su san Martín». Aunque a este le ha dado tiempo suficiente para esquilmar uno de los países más ricos del continente negro. Parece increíble que un solo hombre haya tenido patente de corso durante años para robar y dilapidar hasta reducir su país a un despojo sin que nadie haya puesto remedio a tanto desmán. Censuro a Marruecos por haber dado cobijo a esa sanguijuela, pero lo hago con la boca pequeña: mi país alberga —o albergaba, aunque algunos de ellos han alcanzado una edad provecta y podrían seguir vivos— desde hace mucho tiempo a conocidos nazis huidos de Alemania tras la II Guerra Mundial, los cuales tuestan —o tostaban— sus pellejos en playas de la Costa del Sol sin que nada ni nadie perturbe su apacible vejez. Ejemplo paradigmático es el del vienés Otto Skorzeny, capitán de las SS conocido por haber liderado en 1943 el comando que audazmente rescató a Mussolini, preso bajo la custodia de los *carabinieri* en una instalación de alta montaña ubicada en los Apeninos. Tras la guerra, Skorzeny fue acogido en España, donde, contando con la aquiescencia del Gobierno, hizo buenos negocios (existe un interesante documental sobre sus andanzas en nuestro país). Por poner otro ejemplo, España formó en sus academias militares al cadete Teodoro Obiang, matarife que campa por sus respetos en un país atormentado al que llaman Guinea Ecuatorial. Quien esté libre de pecado que tire la primera piedra.

Camino por la playa a menudo, tratando de eliminar la abulia que comienza a invadir mi espíritu mediante baños de mar y largos paseos. Ayer las olas arrojaron a la orilla unos seres diminutos, de apenas unos centímetros de diámetro; su estructura, plana y radial, presentaba un aspecto gelatinoso, como si fuera plástico transparente tintado de azul; al tacto eran viscosos pero consistentes. Realicé un rápido bosquejo con lápiz y acuarela de uno de aquellos organismos y se lo entregué a Aixa. Esta lo llevó al Departamento de Biología del Instituto Siete Colinas, donde sus compañeros dictaminaron que se trataba de una velela, a saber, una fase primaria del ciclo de vida de un celentéreo, verbigracia, una medusa.

Sobre la mesa de la habitación reposa *El cuaderno gris* de Josep Pla. He dedicado parte del verano a leer este libro, que me ha entusiasmado. Leyendo a Pla —sus descripciones de la comarca del Ampurdá en la que se asienta Pallafruguel, su pueblo natal; sus notas sobre los hechos cotidianos y los diálogos con los amigos; sus vivencias, anhelos, opiniones, esperanzas…— uno tiene la sensación de que se puede hablar de las cosas más sencillas y elaborar una gran obra, siempre que se tenga un manejo tan maravilloso y pleno de la lengua, siempre que se sepa contar la vida con esa frescura y esa originalidad tan presentes en el dietario del escritor catalán.

Hace un par de días viajé rodeado de chicas estupendas —Helena, Cristina, Irene, Gloria María, Aixa y Gloria Helena— hasta la ciudad costera de Ashila, bañada por el Atlántico, no muy alejada de Tánger y adornada por un halo de mística belleza. Ashila es un refugio de artistas y dentro de sus muros se llevan a cabo bastantes exposiciones. Lugar de encuentro, comunión de espíritus sensibles, paleta, lienzo y mirada. La espontaneidad y el talento brotan en las albas paredes de plazuelas y callejas, donde murales de vivos colores vibran bajo una luz todavía mediterránea, aunque los cimientos de la ciudad sean acariciados y golpeados por las aguas de un mar más frío.

Pequeños y mayores paseamos por la parte vieja de la villa, andaluza y coqueta, azul y blanca, donde las niñas se encandilaron con las baratijas y abalorios de tiendecitas y bazares.

Recuerdo que tomamos té en un cafetín cercano al puerto, donde tipos curtidos y angulosos, a buen seguro marineros, charlaban y fumaban kif en *sebsis* de madera tallada y ennegrecida. Al poco tiempo, guiado por un joven, entró en el jardincillo del café, al que un entramado de cañas cruzadas daba protección contra los vientos marinos, un músico ciego. Llevaba en su mano diestra un fino bastón blanco y con la siniestra abrazaba el mástil trasteado de un primoroso laúd. Se sentó con los fumadores y sonrió. Desde aquel instante el tiempo transcurrió un poco más lento.

# En las faldas del Tubkal. Septiembre, 1997

Primer viaje de importancia antes de que comience la servidumbre de las clases; no tenemos claustro hasta el día diecisiete, por lo que he escapado en busca de nuevos horizontes. Aixa me acompaña en este viaje; Ibrahim y Argimiro hubieran venido gustosos, pero las obligaciones del primero —ha de atender su pequeña librería de Tetuán, donde se acumulan libros de texto para los escolares— hacen imposible que se desplacen con nosotros. Entretanto, Carmen se va restableciendo poco a poco de su accidente automovilístico.

Tras un recorrido de unos 700 km llegamos ayer noche a Marrakech. He dormido pocas horas —nunca lograré acostumbrarme a las tiesas almohadas cilíndricas de los hoteles marroquíes—, acunado por el ruido de los automóviles y el golpeteo de pensamientos oscuros. En ocasiones, la noche, en vez de procurarnos descanso, juega a ser aliada del temor y el desasosiego. Qué se le va a hacer.

Desayunamos en el hotel y salimos a la amplia avenida, en la que el tránsito de bicicletas, ciclomotores y vehículos humeantes no cesa. ¿Qué grado de contaminación atmosférica puede tener Marrakech? Menos mal que sus extensos parques y jardines actúan como un gran pulmón verde para la ciudad.

Caminamos hacia Xemaa-el-Fna siguiendo la silueta, aún encerrada entre andamios, de la Kutubía. Hace bastante calor. Llegamos a la plaza y arrastro a Aixa hacia uno de los entoldados puestecillos de naranjas, donde apuro dos vasos de fresco y dulce néctar en un periquete: Xemaa-el-Fna es el único lugar del mundo en el que beber zumo de naranja puede llegar a convertirse en exquisito vicio. La plaza está tranquila y se muestra luminosa bajo la luz cenital. Los mismos personajes de siempre, que, a la vez, son diferentes, y el mismo flujo de vida. El asfalto arde y se hunde bajo mis zapatillas de deporte. Aixa busca una antigua tienda de yerbas y ungüentos —cubil de brujas y hechicería— en la que hallar remedio para el debilitamiento y la caída del cabello. Sempiternos turistas. Filigranas de henna sobre la piel. Un escorpión para los hombres, motivos florales o un brazalete para la mujer. Fotos furtivas con un teleobjetivo Canon 75-300 mm (ahora comprendo la malsana adicción de los *paparazzi* a inmiscuirse en lo ajeno). Amigos que se saludan. Encuentros fugaces. La mirada, el gesto y después, solo después, la palabra. Patrimonio oral de la humanidad. ¿Hasta cuándo? Un muchacho pasea con una gorra Nike sobre la cabeza.

Carretera amarilla S-501. Dirección: Asni. Nos adentramos en las montañas del Alto Atlas, esas que aparecen con las crestas nevadas como fondo en un conocido cartel turístico de la ciudad de Marrakech. Murallones de roca y primeras coníferas. Mi plan es aproximarnos todo lo posible al Parque Nacional del Tubkal. El pico Tubkal es el techo de Marruecos, con 4.167 m de altitud. Numerosos montañeros se acercan a esta mole, cuya cumbre es accesible sin necesidad de recurrir a técnicas de escalada.

Asni parece un lugar pobre y deprimido, como casi todas las zonas de montaña de por aquí, donde el terreno cultivable es escaso y las condiciones de vida difíciles. Un par de jovenzuelos nos abordan con objetos de bisutería y ofrecimientos varios. Optamos por comer junto a la carretera, allí donde lo hacen taxistas y camioneros; en un puesto compras la carne que quieres y en otro te la condimentan y asan. A pocos metros un loco deambula —la mirada perdida, el miembro viril al aire— hablando consigo mismo. Nadie parece darle importancia, forma parte del paisaje. En este pueblo los gatos son pedigüeños y el café, como en todo Marruecos, excelso: ardiente, negro y aromático. Lo acompaño con una buena pipa de tabaco virginiano; en el ritual de fumarla, unos pocos átomos de felicidad se desprenden de las hojas de los álamos temblones que nos dan sombra, danzan y juguetean entre las volutas de humo azulado: uno de los mejores momentos del día.

Reemprendemos la marcha y tomamos, a la izquierda, una pista que lleva a Imlil, aduar o aldea en la que se interrumpe el tráfico rodado y comienza la senda que busca la cúspide del Tubkal. El mapa señala que en la zona hay minas de baritina, un sulfato empleado en la elaboración de pinturas y esmaltes. En el camino recogemos a un joven que hace auto-stop. Es bereber, como la mayoría de las gentes de por aquí. Los campesinos recolectan manzanas y las almacenan en cajas; hay nogales y manzanos en el fondo de la cárcava. El agua aflora abundante precipitándose en cascadas, y eso que nos hallamos al final del estiaje. Hamid, el joven que ahora nos acompaña, nos invita a un té en un chiringuito de unos familiares. De paso me muestra un rústico molino de agua alimentado por un torrente. La casualidad hace que una mujer acuda a moler maíz en ese momento, lo que me permite contemplar toda la operación de la molienda: echa un puñadito de grano en el hueco central de la piedra que gira y recoge con una escobilla de hierbas la harina parda que va emergiendo por el borde inferior.

Llegamos a Imlil una hora antes de que se oculte el sol. Este dora los perfiles pétreos de la cordillera, a los que se abrazan jirones de nubes oscuras. En los ventisqueros de la cara norte quedan algunos hilos de nieve.

En Imlil trabamos conversación con Ben Housa, guía de montaña, un atleta de negro bigote, y apalabramos una pequeña excursión por los contornos del Parque. Me encantaría coronar la cima del Tubkal o alcanzar las riberas del lago Ifni, pero carecemos de material adecuado y de algo más importante: tiempo.

Pregunto a Ben Housa si hay alguna publicación sobre la fauna y la flora del Parque y su respuesta es negativa. Todo está por hacer.

# De Imlil a Tarudant. Septiembre, 1997

Amanece en Imlil. Un airecillo frío y seco sirve de sustento a los primeros vencejos. La rústica habitación del hotelito asoma a un recoleto patio interior en cuyo centro crece un nogal cuajado de nueces.

Desayunamos pan de centeno con mantequilla casera y mermelada de melocotón; un café humeante con dos azucarillos —qué raro que no sean tres— para entonar.

A las ocho en punto llega Housa con su hermano Ali; traen un mulo castaño enalbardado, que servirá de montura a Aixa. Iniciamos la ruta ascendente entre tupidos nogales bajo los cuales crece una yerbecilla prieta y esmaltada (apenas hemos dejado la noceda cuando viene a mi mente —jugueteos de la sinapsis entre neuronas— la figura del señor Cayo, un personaje literario creado por Miguel Delibes e interpretado magistralmente en el cine por Paco Rabal; el señor Cayo, rebosante de sabiduría labriega, decía que la sombra de la nogala «era muy traicionera», capaz de llevarle a uno derechito al camposanto a poco que se descuidase).

Nogales, manzanos y cerezos son los árboles predominantes en los bancales de Imlil. El maíz es sembrado en abundancia y se gana tierra de cultivo a la montaña mediante el sistema de terrazas, regadas sabiamente por un dédalo de acequias que encauzan el agua de torrentes y manantiales. Del ganado se ocupan las mujeres y los niños; hay cabras, ovejas y unas vacas menudas de piel negra con cuernos finos y torcidos hacia dentro.

Llegamos a un punto en el que es posible vislumbrar la silueta del pico Tubkal entre la niebla. Tendré que medir mis fuerzas con la montaña en otra ocasión. Cruzamos un río poco profundo —«río» en lengua bereber se dice *assif*— y nos encaminamos a la aldea natal de Ali, típico aduar de casas con techumbre plana de tierra apisonada, perfectamente mimetizadas con el agreste paisaje en que se incrustan. En la morada familiar de nuestro guía se nos invita al consabido té. El cemento, el hormigón y los bloques prefabricados poco a poco van ganando terreno a materiales tradicionales usados durante siglos. Las mujeres bereberes lavan la ropa con jabón TIDE y los utensilios de plástico arrinconan inexorablemente a los de barro. El viajero, que puede permitirse el lujo del placer estético, piensa: «¡Qué pena!». Las mujeres y los hombres de estas tierras, que no pueden permitirse cosa tal, simplemente desean hacer un poco más fácil una vida llena de rigores. Y es un deseo legítimo, por encima, aunque nos pese, de cualquier presupuesto estético.

Acabado el paseo nos despedimos de los hermanos Houssa y Ali, que permanecen en Imlil todo el año, a pesar de la inclemencia del invierno, ya que aprovechan la nieve para hacer esquí de travesía o excursiones con raquetas guiando a grupos de deportistas que recalan en el corazón del Alto Atlas.

Regresamos a Asni y retomamos la S-501 en dirección a Tarudant. En medio nos aguarda el duro puerto de Tizi-n-Test, cuya cara sur supone la transición del Alto Atlas al Antiatlas. La carretera, estrecha, mal asfaltada y llena de curvas no me pilla de sorpresa: ¡cuántos kilómetros he devorado ya con el duro Mitsubishi por vías parecidas! Y abajo, el precipicio, que no invita precisamente a tener un descuido. Comienzan a aparecer las coníferas: tuyas, enebros y pinos de Alepo. Más en lo hondo surgen extrañas cupresáceas, enhiestas sobre el espinazo desnudo del Atlas. Apenas se observan aves, a no ser algún esmerejón o algún gavilán cerniéndose solitario sobre el abismo.

Tras descender el puerto dejamos las curvas enlazadas y circulamos por rectas que surcan una llanura poblada de arganes. Como comprobaremos más adelante, el argán, árbol de cuyos frutos se extrae aceite, es la planta predominante en esta vasta región. Tiene espinas, igual que la acacia, y su silueta está a caballo entre la encina y el olivo.

Reponemos fuerzas tomando un refrigerio en Tarudant, donde nos sorprenden los tambores y los crótalos de los músicos *gnagua*, cuyos ritmos deben más al África negra que a la arábiga. Decidimos hacer noche en Agadir; Aixa conserva un par de cheques de Bancotel, así que aprovecharemos uno para disfrutar por un módico precio de un gran cinco estrellas: el Sheraton Agadir.

Agadir fue reconstruida tras el terrible terremoto de 1960, conque su aspecto no difiere mucho del de una gran ciudad turística española, pongo por caso: grandes avenidas y bulevares, magníficas cafeterías, muchísimos hoteles, etc. Además cuenta con un agradabilísimo clima invernal, lo que hace las delicias de numerosos pensionistas procedentes de la Europa rica.

Clara Benhamú, compañera de trabajo de Aixa, nos había comentado antes de emprender este viaje que en Tiznit se podía comprar plata a buen precio, así que mientras degustamos un sabrosísimo desayuno en el bufet mejor surtido que mis ojos hayan visto —para que luego digan que los ricos no saben vivir—, resolvemos que la etapa de hoy bien puede acabar allí, aunque no elegiremos el camino fácil, sino que recorreremos previamente la comarca de Trafraute, famosa por sus campos de almendros cuajados de flores marfileñas en primavera.

La ruta es atractiva, aunque algunos pueblos por los que pasamos, grandes, de nueva factura, impersonales y a medio hacer, no invitan al reposo del viajero o a la recreación de la vista. Esa sensación de lo inacabado, de lo abandonado a su suerte, rozando o entrando incluso de lleno en la incuria, tan real en algunos núcleos habitados de Marruecos, está aquí más presente.

Comemos en Trafraute, en un hotel llamado Les Amandiers. Las casas de Tafraute y de otros lugares que hallaremos a nuestro paso, son de color rojo —muy del sur—, un rojo con tonalidades de almagre o sangre de buey, que combina con otros colores en las fachadas (blanco, azul, beis o crema) no del todo mal.

En ocasiones, sobre los mojones que definen en tramos peligrosos el límite de la carretera, se yerguen unas vivarachas ardillas terrestres de grácil cola y piel listada en tonos blanco, ocre y gris; son tímidas pero curiosas (lograré fotografiarlas al fin con el 300 mm en un collado próximo a Guelmine) y roen con precisión y cuidado las cáscaras de las almendras, tan abundantes en esta zona. En la cuneta también son frecuentes las cogujadas, con su gracioso capirote erguido, y en algunas rocas se dejan ver ejemplares de collalba negra, con su característico obispillo blanco.

Llegamos a Tiznit de anochecida. La ciudad parece tranquila e invita al paseo nocturno. Buscamos habitación en un coqueto hotel a las puertas de la villa —el Tiznit— y vamos caminando hacia la medina y la *mellah*.

Localizamos en la plaza del Mechuar una pequeña joyería con buenos precios y artículos interesantes. Aixa, que se pirra por los pendientes, no tarda en adquirir un par. Capta mi atención una pulsera de filigrana en plata con incrustaciones de turquesa, mi piedra favorita. Pregunto al vendedor si en Marruecos hay yacimientos de turquesa y me contesta que se importa de América. Lo que sí debe de haber por acá es lapis-lázuli, de un tono azul más oscuro y marino que el de la turquesa. Por lo que respecta a la plata, considero que no es difícil dar gato (alpaca, latón, aleaciones con escaso metal precioso) por liebre, pues nunca he visto un sello —como sucede en Europa— que autentifique la pureza de aquella (plata de ley).

A la puerta de otro comercio nos dejamos embaucar como principiantes —¿será cierto que llevo tres años viajando a lo largo y ancho de este país?— por un muchacho más listo que el hambre: «¿Queréis conocer auténtica tienda bereber? Precios más baratos que el resto de las joyerías. Cosas antiguas. Bla, bla, bla…».

Lo seguimos a través de calles mal iluminadas, cuando no carentes de toda luz. Entramos en un tenducho con poca mercancía donde nos ofrecen el habitual té con menta (esta vez malo con avaricia). Acto seguido, un flaco muchacho de inquietante mirada comienza a sacar objetos mil de un baúl: brazaletes, amuletos, gargantillas, collares, cajitas de latón y hueso de camello, pulseras, anillos, etc. Escogemos algunas cosas y las depositamos en un cuenco. El vendedor apunta en un papel el precio de cada objeto depositado en el recipiente, me muestra los guarismos y compruebo que la cuenta es desproporcionada.

En esto, se suma un quinto personaje a la escena: un hombre chiquito con las piernas quebradas por la poliomelitis y la boca estragada por la piorrea. Su rostro, por contra, triste y cómico, resulta simpático. Ha bebido alcohol —su aliento se huele a distancia—, balbucea y babea un poco al hablar. Los vendedores bromean con Aixa. Hay cosas que ella no comprende porque mezclan el árabe con el bereber, pero le resultan divertidos. Ella quiere comprar *kohol* (polvo negro de antimonio usado para embellecer los ojos) y unos gramos de *mousk* (almizcle procedente de glándulas de animales, de color ambarino y agradabilísimo perfume). El hombre pequeño imita a una mujer y se aplica el *kohol* sobre sus ojos llorosos. Reímos a gusto. Sigue la complicada ceremonia del regateo, que odio cada vez más. Me siento incómodo, estoy cansado y le digo a Aixa que nos larguemos de allí. El joven delgado me pregunta en francés si tenemos ropa o cualquier objeto de trueque. Me alarga una tableta de pastillas e inquiere si podemos conseguir más. Es un medicamento fabricado en Alemania que se llama Thomapyrin (un analgésico). Uno indica que es para el reúma. El otro dice que es para la cabeza. Aquel sonríe y lagrimea negros ribetes de afeite. Agotado, apunto la dirección. Buscaré la medicina en Ceuta y se la enviaré por correo. Al final, Aixa ofrece una última cantidad de dírhams, aceptan y nos quedamos con el lote. Cuando salimos, todos los demás comercios han cerrado, así que nos vamos a dormir. Juro que no me pillan en otra encerrona semejante.

# Guelmine: la puerta del desierto. Septiembre, 1997

De nuevo en marcha. La ruta atraviesa una polvorienta planicie salpicada de arganes que recuerda la sabana africana. Los hombres que vemos llevan túnicas azul celeste en su mayoría y algunos un largo pañuelo que protege el cráneo, la nariz y la boca. Las mujeres van envueltas en una pieza única de gran tamaño, que suele tener bellos estampados, colocada sobre su cuerpo con gracia. Estas vestimentas protegen a las personas del polvo y del viento.

Los taxis que renquean por la carretera son ahora viejos pero resistentes Peugeot 504 con motor diésel, pintados de color verde botella. Los que había en Tarudant y Trafraute eran vetustos Opel Rekord pintados de color verde oliva desvahído. Qué raro que no sean Mercedes. Pienso que se podría hacer una geografía chusca de Marruecos atendiendo al color y al modelo de taxi que predomina en cada región o en cada ciudad. Hay muchos tonos donde elegir.

Llegamos a Guelmine, la puerta oeste del Sáhara, famosa por su mercado de camellos. Hace calor. Al preguntar en un hotel del centro por un lugar donde comer, un hombre se ofrece a acompañarnos y nos conduce a un pequeño restaurante frente al que se detienen los autobuses que realizan la ruta Agadir-Dakhla. Son vehículos grises con un camello dorado al galope pintado en los laterales. Los viajeros bajan hambrientos y devoran un plato de pollo asado acompañado con varios buches de agua. Suelen comer en silencio.

Nuestro acompañante es un gran conversador. Me entero de lo que dice porque Aixa domina el árabe y traduce. Se llama Amar. A modo de carta de presentación nos ha mostrado un carnet en el que figura como miembro de la plantilla de trabajadores que atiende al rey cuando este acude a su palacio de Tánger. Es cocinero y también actor (cuando nos hace esta última confidencia se atusa un poco la barba cana bien recortada y abre aún más sus expresivos ojos). Al principio habla de religión y temo encontrarme ante un fanático; se extraña, por ejemplo, de que un cristiano —el que suscribe— le invite a comer. Nos cuenta que ha trabajado a las órdenes del director de cine marroquí Ben Barka, discípulo de Passolini y profesional de reconocido prestigio.

Tras tomar café nos despedimos de tan singular personaje, cuya intención es montar un restaurante en Guelmine. Le deseamos suerte en la empresa.

Damos un paseo por la ciudad, que dormita. En una tienda de telas el orondo sobrino del dueño nos habla de la presencia de hombres del desierto, que han venido a comerciar, en un palmeral cercano. Hacemos un hueco en el coche para él y su amigo y nos dirigimos al oasis. La tierra está seca y polvorienta; los jóvenes comentan que en este lugar no llueve desde hace cinco años. Un lustro sin caer una gota de agua, se dice pronto.

Llegamos a unas construcciones de barro y dejamos el coche bajo la sombra de varios arganes. Los guías nos muestran un rudimentario molino de aceite o almazara. Vamos hacia una casa. Cuando estamos delante de la fachada, uno de ellos golpea una gran puerta de madera. Al poco tiempo sale un hombre alto de piel tostada vestido con una túnica azul y un turbante de color crema. Tiene labios gruesos y grandes dientes con estrías anaranjadas. Nos saluda y besa ceremoniosamente —del mismo modo a la mujer que a los hombres— y nos invita a pasar al interior, un patio de tierra en el que ha plantado su jaima. Nos descalzamos y compartimos con él su humilde morada. Habla en voz alta, casi tonante, gesticula y a ratos lanza exclamaciones. Aixa me aclara que emplea un árabe dialectal llamado *hassaniya*. Al saber que somos españoles su semblante se alegra y nos hace tres preguntas: «¿Llueve en España?». Respuesta afirmativa. «¿Crecen plantas variadas y abundantes en España?». Respuesta afirmativa. «¿Hay entonces alimento suficiente para el ganado en España?». Respuesta afirmativa. Tres preguntas que reflejan una manera de entender el mundo y que resumen las necesidades básicas de aquel que nomadea en el desierto desde que dio sus primeros hipidos o gimoteos.

Nuestro anfitrión deslava con el agua contenida en una garrafa de plástico y la ayuda de sus fuertes y largos dedos cinco vasitos de vidrio. Se levanta y se dirige hacia los rescoldos de una hoguera, remueve las cenizas y saca una tetera chamuscada. Sus movimientos son muy ágiles, casi felinos. De nuevo en la jaima, rompe un trozo de azúcar del tamaño de un puño y lo introduce en la tetera, hecho lo cual, sirve el té. Como puede suponer el lector, está dulce —bastante— y caliente —no poco—. Aun sin el acompañamiento de la yerbabuena, me sabe a gloria. Rodeando al beduino hay utensilios de uso cotidiano, entre los que destaca un fino cuenco de madera tallada que —nos explica— sirve de continente a la leche cuando son ordeñadas las hembras de los camellos. Junto a él sobresale un baúl de latón del que de pronto comienza a extraer diversos objetos. La escena se parece demasiado a la de ayer noche, lo que me produce una leve inquietud. Fijo la mirada en un martillo dorado; ante mi interés por la herramienta, el nómada explica que se denomina «cabeza de gacela». Con la parte maciza se rompe el azúcar y con la parte ahorquillada se trocea la sal: cada extremo del martillo sirve para una operación específica y excluyente.

De nuevo se nos pide que escojamos los objetos de nuestro agrado y los depositemos en el recipiente de la leche. Así lo hacemos y el hombre dicta el precio de venta de cada uno. La cifra es, a todas luces, escandalosa. Ofrezco una cantidad que considero justa y es rechazada. Escaldado por la experiencia de anoche, me levanto y le digo a Aixa que me siga. Cuando me estoy calzando, el vendedor acepta mi oferta. Nos despedimos con idéntica ceremonia y, tanto Aixa como yo, tenemos la sensación de haber estado con un hombre especial, inmerso en un mundo con una escala de valores que creíamos perdida.

Continuamos ruta hacia Sidi Ifni, antiguo bastión español. El nombre de Sidi Ifni me trae recuerdos de la infancia, cuando mi padre nos recogía a mi hermana y a mí del colegio y nos dejaba al cuidado de las secretarias del Instituto Nacional de Bachillerato «Conde Diego Porcelos» hasta que terminaba su clase de las dos y cuarto. Las secretarias guardaban en una caja de puros un montón de sellos de todas las cartas que se recibían en el centro. Los de Sidi Ifni y los de Fernando Poo, de exóticas reminiscencias africanas, eran los más llamativos, y ambos nombres quedaron para siempre guardados en el arcón de mi memoria.

La carretera es angosta y cuando viene otro automóvil de frente hay que echarse a la cuneta. Atardece. Un policía nos recomienda el hotel Belle Vue para pernoctar. Es sencillo, económico y agradable. En la recepción hay una fotografía en color del antiguo aeropuerto de Sidi Ifni, con un bimotor de hélice perteneciente a la compañía Iberia en primer plano. Cerca hay una reproducción ampliada y enmarcada de uno de esos sellos que me cautivaron siendo niño: un arruí, especie de gran muflón oriundo del Atlas, se yergue altivo sobre una roca. Desde la terraza hay una magnífica vista de la playa y del océano. Aixa se retira a la habitación a descansar y yo bajo al bar para redactar notas sobre las incidencias del día. El local se va animando a medida que transcurren las horas y los botellines de cerveza Flag —embotellada bajo licencia en Casablanca— van saturando las mesas y la barra del sitio. Como es habitual en Marruecos, solo hay hombres. Absorto en la escritura, no me doy cuenta de lo que sucede a mi alrededor hasta que, vencido por el sueño, subo a dormir. La luz del coqueto faro de Sidi Ifni lanza destellos intermitentes y una luna panzuda muestra su faz de estaño en el cielo nocturno.

# De Sidi Ifni a Essauira. Septiembre, 1997

Desayuno: huevo frito aderezado con un poco de pimienta y comino, más mermelada de naranja y pan recién hecho con mantequilla presentada en deletéreas volutas, más un humeante café con leche con su capa de crema vaporizada. ¿Se puede empezar mejor la mañana?

Antes de partir, hago una fotografía al faro; no lejos de él, en una plazoleta ajardinada, revolotea un grupo de bellísimas mariposas que nunca había visto antes en la Península. Son mariposas tigre *(Danaus chrysippus)*, ejemplares de alas anaranjadas con nervezuelos oscuros y manchas blancas y negras en los extremos. Al principio las confundí con mariposas monarca *(Danaus plexippus)*, pero el profesor Simón Chamorro, biólogo ceutí, al examinar las diapositivas que obtuve, dictaminó sin ningún género de duda que eran ejemplares africanos en lugar de americanos. Él mismo había capturado años atrás una de esas mariposas en el arroyo de las Bombas, en Ceuta. Ambas *Danaus* son migratorias y pueden realizar travesías de miles de kilómetros arrastradas por el viento.

Sidi Ifni-Tiznit-Agadir. Carretera y manta. Unos kilómetros antes de la populosa Agadir, próximos a Had Belfa, nos desviamos hacia la desembocadura del río Massa, donde se halla un Parque Nacional. Es una ría de varios kilómetros de extensión, con tupidos cañaverales y huertos en su parte alta, además de zonas de dunas móviles y arenas litorales, donde predominan especies arbustivas de la familia de las leguminosas. La pista que discurre paralela al río está cortada por el tronco abatido de una palmera, así que detengo el coche; unos soldados sin mucho que hacer se interesan por nosotros y nos sugieren que caminemos. Aparco bajo unos eucaliptos. Cojo cámara y prismáticos, ilusionado por las especies animales que podré observar. Mas pronto llega la decepción: no hay aves en la ría. Elucubramos que, al ser otoño, aún no han migrado hacia estos cuarteles de invierno; puede que ni siquiera hayan cruzado el Estrecho. Durante el recorrido que hacemos en dirección al mar vemos grupos muy pequeños de flamencos, garcetas comunes, gaviotas argénteas, garzas reales, cormoranes grandes y, entre la vegetación más seca, algún alcaudón real. Pobre bagaje para un Parque Nacional.

Alcanzamos la barra arenosa en la que rompen las olas atlánticas y retrocedemos por el mismo camino. El paseo es magnífico y la temperatura agradable, sin que apriete el calor. De cuando en cuando una lagartija del color de la arena corretea sobre el polvo y desaparece entre las raíces de algún espino o bajo una piedra. Abundan por doquier.

Cerca del coche nos topamos con unas campesinas que descansan en cuclillas junto a una acacia. Chapurrean el árabe —entre ellas hablan bereber—, así que le indico a Aixa que les pregunte si en invierno hay más aves en el Parque de Sous el Massa. La respuesta —«Unas pocas»— me intranquiliza. No sé. Puede que las aves hayan elegido otra zona de invernada por los motivos que fueren. O quizá estas mujeres no hayan entendido bien la pregunta.

Regresamos a la carretera. El tramo costero entre Agadir y el cabo Rhir es una delicia: inmensas playas de arena fina y dorada aguardan al viajero. La infraestructura turística es mínima, por lo que veo, y las ensenadas están libres de los horrendos

173

bloques de apartamentos que jalonan el litoral español. ¿Hasta cuándo? Fotografío el faro del cabo Rhir. Un anciano se protege, pegado a la base de cemento, del fuerte viento atlántico. Llegamos a Essauira —mi favorita— al anochecer.

# Regreso. Septiembre, 1997

Antes del desayuno pagamos la cuenta de la habitación en la recepción del hotel Des Îles. Nos *clavan* seiscientos diez dírhams por una doble; incluso para un cuatro estrellas como este, en Marruecos es demasiado dinero. Nos sorprendemos porque el año anterior, siendo tres personas, pagamos bastante menos. Hablamos con el director del hotel, quien nos comenta que, al ser clientes —algo que no se nos ocurrió mencionar anoche—, la próxima vez se nos hará una sustanciosa rebaja. Y es que en Marruecos, antes que nada, hay que hablar, conversar relajadamente sobre lo divino y lo humano olvidándose de la prisa, aunque sea para los asuntos más irrelevantes.

Un copioso desayuno y zapatilla. Buen asfalto y excelente media de velocidad. Viaje de vuelta. Un brevísimo alto en el camino frente al faro-fortaleza del inhóspito cabo Beduza. ¡Clic! Almorzamos en Oualidia, en el hotel-restaurante L'Araignèe Gourmande, donde franceses despreocupados llenan la andorga de ostras, a setecientas cincuenta pesetas la docena (las crían aquí cerquita). Comida ligera, un café y las manos de nuevo en el volante. Otra parada ante el faro de El Jadida, el más armonioso de los que conozco. ¡Clic!

Casablanca: comienza la autopista. Empleamos media hora en atravesar Rabat, congestionada por el tráfico. De nuevo autopista. Llegamos a Larache: un bocado y un café. Oscurece antes de poder completar el tramo más delicado, el que va de Larache a Ceuta pasando por Tetuán. Conducir en Marruecos de noche puede ser peligroso: ciclistas y motoristas sin luces ni objetos reflectantes de ningún tipo; peatones imprevistos en medio de la oscuridad; un carro; ganado suelto... y de frente vehículos con alguna luz fundida o focos mal alineados, más conductores —no todos, afortunadamente— que, o no ven bien, o ignoran que las luces largas destrozan la retina y los nervios de los que vienen a su encuentro por el carril contrario. Agotador.

A la una de la madrugada llegamos a la urbanización de Al-Amin después de recorrer 2.700 km en siete días. Dice el trillado refrán que quien mucho abarca poco aprieta, pero es que hay tanto que ver en este país...

# *El* Mussem. *Septiembre, 1997*

La semana pasada estuve en el pueblecito costero de Mulay Buselham, donde reside el pescador Mohamed Galham, a quien ya he mencionado en estos apuntes. Había una afluencia inusitada de visitantes y se habían levantado numerosas tiendas de lona blanca cerca de los morabitos (se emplea incorrectamente este sustantivo, que deriva del árabe clásico *murābiṭ* [miembro de una rábida o convento, aunque en Marruecos dicho término adquiere el sentido de anacoreta o ermitaño], para nombrar el sencillo edificio donde yace quien así debe ser llamado, pero la metonimia ha cuajado y se utiliza con asiduidad). Además del principal, bajo cuya cúpula descansan los restos del santón Bouselham, hay varios más diseminados por el lugar —amén de uno chiquito más apartado, erigido a los pies de la gran duna que flanquea la salida de la albufera—. En ellos están enterrados tanto mujeres como hombres santos.

Durante esos días los fieles devotos entran en los morabitos, prenden cirios y cubren con ricas telas su interior. En uno de ellos los enfermos aquejados de males de huesos o enfermedades mentales han de permanecer, al menos, una noche de vigilia. Como ya comenté en otro capítulo, estos ritos son de origen preislámico y poseen un firme arraigo popular, tanto que la doctrina coránica no ha podido erradicarlos.

Acostumbrado a ver el pueblo vacío, no salgo de mi asombro cuando contemplo los restaurantes llenos y la playa rebosante de bañistas y pescadores deportivos caña en mano.

Después de comer frugalmente —una ensalada y un sabroso sargo a la plancha— embarco en la patera del señor Galham y ambos iniciamos un recorrido por las aguas someras y turbias de la laguna. En ella hay tal abundancia de peces diminutos —supongo que ha de ser un magnífico lugar para que desoven muchas especies marinas— que saltan fuera del agua en fulgurante carrera cuando la quilla rompe los cardúmenes, llegando algunos a caer incluso dentro de la barca, agitándose frenéticos entre las cuadernas. ¡Cuánta vida hay en este rincón atlántico!

Me comenta el señor Galham que todavía no han venido a la laguna demasiadas aves. En el recorrido, más corto que otras veces, alcanzo a distinguir algún ostrero (con su largo y rojo pico), correlimos, vuelvepiedras, chorlitejos, gaviotas sombrías y gaviotas reidoras, aves, por otra parte, bastante comunes en estuarios y zonas litorales. Habrá que esperar al invierno para que visitantes más raros acudan a estas aguas salobres.

Antes de despedirnos, el señor Galham insiste en que hemos de organizar una jornada de pesca —él se encargaría de las cañas, los carretes y el cebo— este otoño en un paraje recóndito que solo él conoce, una franja de costa donde abundan especies codiciadas por su exquisita carne.

# El sanatorio de Ben Karrich. Septiembre, 1997

Ben Karrich es una aldea aupada sobre la falda de una montaña; está a pocos kilómetros de Tetuán y se llega a ella por la carretera de Xauen. En los años cuarenta los españoles erigieron allí un sanatorio para tuberculosos, que hoy continúa en funcionamiento gracias a la labor abnegada de seis mujeres pertenecientes a la congregación de las Hermanas de la Caridad. Más de cien enfermos están en sus manos, por lo que su tarea es mayúscula. Supe de ellas a través de Argimiro y ahora me encamino al sanatorio con algo de ropa que traje de Burgos. Toda ayuda, por poca que sea, es bienvenida en este lugar.

Cuando bordeo Tetuán por la ruta que la circunvala y luego tomo el ramal que lleva a Xauen, siempre pienso en dos cosas: en primer lugar en el río Martil, en otro tiempo llamado Martín, al que vierten directamente todos los albañares de la ciudad; cuando comienza el calor, el hedor de sus aguas fétidas —magnífico caldo de cultivo para todo tipo de infecciones, incluido el cólera— es insufrible. Y he visto a niños bañarse en semejante líquido. En segundo lugar, a las afueras de la ciudad, el vertedero, junto al que pasa pegadita la carretera de Xauen, es otro foco de contaminación y malos olores. Incluso los lixiviados que supura tal masa de basura pueden filtrarse y llegar hasta el río. El viento esparce por doquier miles de bolsas de plástico —aquí, en Marruecos, sí que hacía falta que fueran biodegradables— que afean el paisaje y tardan años y años en desaparecer. Tan solo las cigüeñas, los milanos y las gaviotas parecen obtener algún provecho de las basuras, que les proporcionan alimento.

Puede que Tetuán, si no se pone remedio antes y la población sigue creciendo al ritmo actual, sufra problemas medioambientales y sanitarios de consideración en un plazo de tiempo no demasiado largo. Y ya puestos, voy a meter a Ceuta en parecido saco: el vertedero que se alza junto al cementerio, aupado sobre el mar y embestido por las olas, ya no puede albergar más basura y es una auténtica bomba de relojería, tal como lo han definido medios de comunicación locales; apenas hay una recogida selectiva de restos y desconozco si los residuos hospitalarios —altamente contaminantes— son trasladados a la Península para su procesamiento o se vierten directamente en aquel. Lo lógico, y también lo más caro, sería optar por una planta de reciclaje y procesamiento de los desechos, mas la opción que se contempla hoy por hoy es la construcción de una incineradora.

Bueno, pasado el vertedero y los campos sembrados de bolsas, el paisaje norteño recobra su belleza habitual y no tardo mucho en llegar a Ben Karrich. El sanatorio es mayor de lo que había imaginado; una muchacha enferma, de mirada lánguida y triste sonrisa, me conduce a través de salas y pasillos hasta la habitación donde las monjas están reunidas. Soy cordialmente recibido e invitado a compartir un aromático café. Con ellas están varios médicos que han venido de Ceuta a visitarlas y traerles medicinas.

Pronto me incorporo a la conversación de los contertulios; siempre me ha interesado la medicina y por tanto no pierdo ripio de lo que allí se habla. Uno de los doctores me comenta que está habiendo un aumento de la tuberculosis en Marruecos debido a la migración de los campesinos a las ciudades (fenómeno en auge del que ya he hecho mención en estos apuntes), lo cual genera la proliferación de zonas suburbiales carentes de las mínimas condiciones de higiene y salubridad. Lo que sucedió en España en los años 50 y 60 se repite ahora en el país vecino. Lo bueno de un sanatorio como el de Ben Karrich es que el enfermo se mantiene aislado por un tiempo del ambiente en el que contrajo la enfermedad, dentro del cual, aunque recibiera la medicación adecuada, difícilmente podría restablecerse por completo.

Las monjas son realistas y tienen los pies bien asentados sobre el suelo que pisan. Todo en el sanatorio es sencillo y austero, incluida la capilla en la que rezan, y la limpieza aquí es ley. Hablamos un poco de la labor de los gobiernos, de las ONG, de los valores que prevalecen en la sociedad de hoy en día… La más anciana de las madres, de pelo cano y voz cálida, me dice en un aparte: «Algo habrá que hacer; no podemos aguardar a que los gobernantes del mundo decidan comenzar a resolver los auténticos problemas de la humanidad. Cada uno ha de aportar su granito de arena. Y sumando muchos granos…».

Menos mal que de la caja de Pandora no huyó la esperanza.

# Impresiones. Octubre, 1997

Iniciamos el curso escolar con algunas novedades: tuve que optar por el turno de mañana porque en el vespertino y en lo poquito que queda del agonizante nocturno no había horas suficientes para cubrir mi horario. Tengo tres terceros de la ESO —dos de ellos una especie de pesadilla en forma de gritos y carreras por los pasillos—, un primero de Bachillerato y un COU de Lengua. En Bachillerato imparto por primera vez a un reducido número de alumnos una asignatura nueva y, desde mi punto de vista, sumamente atractiva: Literatura Universal. No obstante, todo mi gozo cayó en el pozo del abatimiento cuando, interrogados los educandos acerca de las razones que los habían impulsado a elegir tan selecta materia, me respondieron con evasivas o la callada por respuesta. Solo a uno le gustaba leer; el resto parecía ignorar en qué consistía tal actividad. Llegué a la conclusión de que habían escogido esta optativa porque las demás todavía les resultaban más penosas. Bueno, pues con estos mimbres he de hacer el cesto, y qué mejor manera de empezar la urdimbre que con las *Tragedias* de Eurípides. Que los dioses del Olimpo sean favorables a tamaña empresa y que Palas Atenea me ampare bajo su égida.

Llama mi atención este año la peculiar distribución de los tres cursos de tercero de ESO a los que doy clase: en el C y el D hay un predominio absoluto de cristianos mientras que en el E casi el noventa por ciento son musulmanes. Opino que sería más pedagógico mezclarlos a todos en proporciones semejantes si de verdad queremos que haya una convivencia plena entre nuestros alumnos. De hecho, la tan cacareada LOGSE aboga por la integración de todos los colectivos sociales en el proceso educativo, pero no creando células aisladas.

Cierto es que algunos de estos alumnos musulmanes proceden de barrios marginales de la ciudad y arrastran la problemática del arrabal —dificultades económicas, familiares y de convivencia— al aula, donde afloran en forma de inadaptación, falta de respeto, problemas de comprensión verbal (su lengua familiar es el árabe coloquial), escasa atención en clase, etc., pero todos no son así, y potros sin desbravar los he tenido tanto entre cristianos como entre musulmanes.

A mis 31 años y a pesar de todos los sinsabores que el oficio de *magister* pueda haberme ocasionado, aún sigo creyendo —no sé por cuánto tiempo— en la capacidad formativa y redentora que la educación posee.

He cambiado de aires por lo que respecta a la vivienda. Después de haber estado una semana levantándome a las seis de la mañana para poder cruzar la frontera sin agobios, mi cuerpo dijo «basta» y mi adormilado cerebro sugirió la posibilidad de volver a tener casa en Ceuta: así me olvidaría por una larga temporada de esa dura puerta que separa Marruecos de España.

Carmen y Charo, mis buenas amigas extremeñas, me ofrecieron la posibilidad de compartir piso en la castiza calle Ramón y Cajal. Es esta una zona de Ceuta que desconocía. Entre la calle Real y el perímetro del Recinto, en pendiente, un dédalo de callejas adoquinadas y tuertas conducen a casas de sabor añejo y rancia fachada, algunas deterioradas por el paso del tiempo y el olvido, donde vive gente en su mayoría humilde.

El ruido de las olas que en Al-Amin acompasaba mi primer sueño ha sido sustituido por la gritería de unas niñas descaradas que imitan con perfección idolátrica a las Spice Girls (la eterna historia: unas chicas vulgares logran vender millones de copias de sus discos y hasta viajar en *jet* privado a base de encandilar a otro montón de chicas —vulgares o no— que se sienten hermanadas con sus heroínas de un modo casi enfermizo; misterios de esa niñez-adolescencia, sabiamente manipulada por los magos del *marketing*).

Un gato maúlla en la oscuridad —en este barrio los gatos están gordos y lustrosos: tiene que haber ratas como caballos—; una lechuza se posa en la antena de televisión de la azotea frontera y aguarda paciente cualquier movimiento furtivo; un mendigo musulmán, joven y demacrado, la barba prieta y azulenca, la cabeza tocada con una boina como la del Che, con el emblema de una estrella roja de cinco puntas, rebusca en los contenedores de basura, abre una bolsa de plástico, tienta un poco con sus dedos mugrientos y se lleva a la boca un pedazo de algo irreconocible: hace mucho tiempo que dejó su dignidad y su amor propio tirados en la cuneta del infortunio. Un murciélago errabundo, salido del agujerito de una cornisa, inicia su busca de alimento sobre las copas de dos majestuosas palmeras; su vuelo quebrado e incierto me desasosiega. Junto a las palmeras queda en pie un edificio que otrora albergó los antiguos juzgados. Por las hechuras, aventuro que pudo ser una hermosa construcción; hoy sigue deteriorándose, con sus tejas planas cubiertas de liquen amarillo y verdes ombligos de venus creciendo en el torcido canalón de hojalata.

A medida que pasan los meses y los años me voy dando cuenta de que Ceuta es una ciudad de rincones secretos, de recovecos, de lugares insospechados que, por casualidad, uno acierta a descubrir y alcanza a disfrutar. Pero se necesita tiempo, sin duda, amén de un pausado y atento caminar.

Hace tres noches soñé que en los surcos que mi padre abría a golpe de azada en la fría tierra de Urrez brotaban jazmines. Nunca ha habido jazmines en aquellas latitudes porque la helada invernal los mataría. Sin embargo, en los surcos que abría mi padre a golpe de azada en la fría tierra de Urrez han brotado los jazmines más blancos y perfumados que yo haya visto jamás.

Aixa ha tenido que marchar precipitadamente hacia Madrid porque un oftalmólogo le diagnosticó desprendimiento de retina. Carmen conserva una larga y rosada cicatriz en un brazo tras el accidente automovilístico que sufrió en Marruecos. Yo sigo tomando mi medicación antidepresiva. Para variar, ¿por qué no nos toca la lotería? Digo.

# Paul Bowles. Noviembre, 1997

«¿**B**owles? ¿Es hebreo?». El encargado del garaje sito en una calleja perpendicular al bulevar Pasteur no las tiene todas consigo, pero me explica, cuando le aclaro que es un escritor americano residente en Tánger a quien busco, que hay bastantes ingleses viviendo en un edificio próximo al Consulado de España. Dudo de que la información me sea útil, pero mi experiencia en Marruecos, donde en ocasiones cabos que parecían inconexos se unen inesperadamente, me dice que coja un *petit taxi* y vaya hasta el Consulado. El taxista, un hombre de mediana edad que habla español, no tiene ni idea del tal Bowles. No desespero y me dirijo a un chico que reparte octavillas. «No lo sé pero mi madre le conoce». Primer atisbo. La madre aguarda en un Peugeot 505 de color acero. En un perfecto español me dice que sí, que lo conoce, pero no sabe dónde vive. «Espere, mi marido tal vez lo sepa». Bingo. Marido y mujer son profesores y me invitan, haciendo gala de la clásica hospitalidad marroquí, a subir al coche: ellos me conducirán hasta la casa del escritor.

Bowles vive en el cuarto piso de un edificio macizo y anodino pintado de gris. Ante el aspecto que presenta el ascensor, opto por utilizar la escalera, luminosa y de anchos peldaños. Llegado a la cuarta planta, indago qué puerta es la suya. En el tercio superior de una de ellas hay, junto al número veinte, una pequeña placa metálica en la que se lee: «Bowles». Pulso el timbre y espero: nada. Vuelvo a llamar al cabo de unos minutos y tampoco obtengo respuesta.

Salgo a la calle. Ha dejado de llover —durante todo el trayecto de Ceuta a Tánger una cortina de nubes bajas no ha cesado de arrojar agua a cántaros— y la luz de Tánger, tan poderosa como la de Ceuta, inunda las calles mojadas. Esta luz, que aún se sabe mediterránea, pictórica en extremo, tan plena, es diferente a la luz de mi Castilla natal, carente de esa intensidad, de ese descaro solar.

Una mujer que baldea el portal me saca de dudas y confirma que el anciano escritor está en casa. «Ahora duerme. Abdeluahed ha ido a la plaza a hacer la compra, aunque hay una mujer que también lo cuida y está al llegar...».

Me inclino por dar un buen paseo hasta la Casa de España, comer allí y regresar con mi automóvil una vez aprendida la ruta que lleva hasta Bowles.

A las tres y media vuelvo a intentarlo y ahora la puerta se abre. Abdeluahed no está; es una mujer con gafas de pasta negra y rostro apacible la que inquiere el motivo de mi presencia ante el umbral. Le explico lo mejor que puedo las razones que me han empujado a visitar al escritor y duda por unos instantes. Presiento que no me va a dejar pasar: Bowles está viejo y enfermo y es más que probable que las visitas le fatiguen. Empiezo a pensar que no ha sido buena idea venir hasta aquí. «Aguarde un momento, ahora está comiendo». La puerta se cierra con suavidad. Apoyo mi espalda contra la pared lateral y permanezco con la mirada fija en mis zapatos. Al poco rato la puerta vuelve a abrirse y la mujer me franquea el paso. «Solo unos minutos, por favor», musita.

El apartamento está en penumbra, una penumbra dulcificada por la luz naranja de un fuego de leña que crepita en la chimenea cuadrada del pequeño salón. Libros por doquier.

Alfombras en el suelo. «Siga, siga», me anima la señora. Avanzo hasta llegar al dormitorio del anciano. Bowles —pelo blanco, blanquísimo y ojos de agua de mar— come recostado en el lecho, un colchón apoyado directamente sobre el suelo. Toma despacio una sopa de tomate y unta tostadas de pan ácimo con algo que presumo mantequilla de cacahuete, extraída en pequeñas porciones con ayuda de un cuchillo de un gran tarro de cristal. Me quedo de pie viéndole comer. Tras una sucinta presentación me lanzo al ruedo y le digo que estoy elaborando un libro de viajes por Marruecos y que quisiera conocer su opinión sobre el país.

—¿Opinión? ¿Qué es una opinión? —responde a lo gallego en un perfecto castellano clavando sus pupilas azules en las mías—. Vine a Marruecos hace mucho tiempo, en los años treinta, me gustó el lugar y me gustaron sus gentes. El país que conocí entonces ya no existe.

Vuelve a coger una cucharada de sopa y la acerca a sus labios. Al lado de la cama sobresale una mesa circular repleta de medicamentos y objetos varios.

—¿Qué tal se encuentra de salud? —pregunto.

—No puedo verle muy bien porque estoy casi ciego. Mi cuerpo soporta demasiada cirugía y apenas puedo moverme. Supongo que todo esto se deberá a los excesos de antaño ¿Me dice que es usted profesor o periodista?

—Profesor, en Ceuta.

—¿Hay universidad en Ceuta?

—No soy profesor universitario, doy clases en un instituto a chicos y chicas de quince, dieciséis, diecisiete años…

—Ah. Algo parecido a un liceo.

—Sí, algo parecido.

Se acabó el tiempo. La mujer de rostro apacible y gafas de pasta negra entra en la habitación invitándome, sin palabras, a marcharme.

De regreso, zigzagueando por la carretera costera, trato de fijar la imagen hermosa y triste de ese anciano comiendo, de ese escritor que una vez fue también un excelente músico y que se resiste, al filo de los noventa años, cucharada a cucharada, a la ineludible cita con la muerte.

## Impresiones. Noviembre, 1997

Me estoy recuperando de un bache depresivo que me obligó a pedir una baja de quince días a finales de octubre. He vuelto a tomar la medicación completa y las aguas de la angustia y la impotencia —entre otras cosas, esa enervante sensación de ser incapaz de entrar en el aula y dar clase— han revertido de nuevo al cauce de la normalidad. Bendita química la que impide que la melancolía ahogue al espíritu enfermo en un ponto otoñal y traicionero.

Los días pasan veloces en este mes de lluvias torrenciales y fuertes ventiscas. En el trabajo me agotan las clases con los más pequeños: dudo que capturar *mustangs* salvajes a lazo en las praderas del oeste americano, derribarlos y marcarlos, sea tarea más dificultosa que la de tratar de educar a estos jovencitos de tercer curso de ESO. En ocasiones medito sobre su incierto futuro: buena parte de mis alumnos ceutíes son hijos de militares, guardias civiles y policías, y muchos seguirán los pasos de sus progenitores; otros son hijos de comerciantes, de pensionistas y de trabajadores en paro.

Leo en *El Mundo* que Tabacalera pretende crear una fábrica de puros en Tánger y plantar tabaco donde ahora crece cannabis. Sugiero a los responsables de la empresa que respeten los cultivos originales y creen una nueva clase de cigarro: porritos finos Flor de Cáñamo. Sus acciones subirían muchos enteros en bolsa.

Leo también que un trabajador marroquí afincado en Gerona impide, por motivos religiosos, que sus hijas asistan a clases de gimnasia y de música en el colegio y ha preferido sacarlas de la escuela antes de que caigan en pecado. «Mahoma no predicó la música ni la gimnasia», argumenta el cabestro. ¿Hasta qué punto los progenitores, en virtud de sus ideas religiosas, tienen derecho a limitar o reprimir la vida de sus hijos?

Ayer se celebraron elecciones en Marruecos en medio de un clima de apatía y escaso interés por parte de los electores. Paralelamente, en Málaga, inmigrantes magrebíes y ONG, convocados por el Movimiento de Opositores Demócratas Marroquíes, hicieron una votación simbólica como acto de protesta contra unos comicios que «carecen desde el principio de las condiciones necesarias para construir un Marruecos libre y democrático».

Cavilo, por último, sobre un hecho que el antropólogo norteamericano Paul Rabinow destacó en su libro *Reflexiones sobre un trabajo de campo en Marruecos:* «A pesar de la miríada de divisiones que fragmentan la vida social marroquí, existe una convicción cultural sobre la que nunca he encontrado ni duda ni falta de acuerdo: el mundo está dividido entre musulmanes y no musulmanes». Quizás el mundo fuera más habitable si el género humano no fuera tan aficionado a las dicotomías. Digo.

# Regulares de Larache. Noviembre, 1997

C on este título comienza una de las novelas cortas —o cuento largo, como quieren algunos especialistas para relatos que no superan las ochenta o cien páginas— escrita en español por Mohamed Sibari, autor marroquí oriundo de Larache.

A caballo entre el folletín, el relato amoroso y la crónica histórica, su prosa, abundante en anacolutos y vivos diálogos, va desgranando el acontecer del norte de Marruecos durante la época del Protectorado español.

Hijo de un miembro de la guardia mora de Franco, educado por los Hermanos Maristas de Larache, Sibari no esconde su predilección por lo español. Supe de él a través de un alumno de COU, Faisal Abdel Lah Bakur, joven poeta y colaborador en el periódico *La Mañana*, suerte de hoja volandera escrita íntegramente en español y editada en Casablanca.

Causa pasmo y sorpresa toparse con una nómina de escritores marroquíes que utilicen el español, con mayor o menor fortuna, como medio de expresión literaria. Faisal me comunica que incluso han formado una asociación para defender sus intereses.

Frente a una copa de vino, en el antiguo Casino Español de Larache, Sibari se queja del escaso aliento que estas iniciativas reciben de los responsables políticos y culturales que representan a España en Marruecos. Pienso, para mis adentros, que los magníficos sueldos que cobran estos funcionarios bien justificarían una mayor preocupación por los trabajos de este puñado de hombres cultos que, amén de hablar árabe y francés, manejan el castellano con amor y respeto.

De todos modos, es la televisión la que se lleva el gato al agua, dejando al Instituto Cervantes en paños menores en esto de la divulgación y pervivencia de nuestro idioma, al menos en una franja del país vecino. La caja tonta todo lo puede.

# Diapositivas en Tetuán. Diciembre, 1997

Dediqué la mañana del domingo a pasear con la cámara de fotos por la zona alta de Tetuán, ese racimo de blancas construcciones cúbicas que trepan por la abrupta ladera del monte Dersa.

La primera fotografía es para un grupo de diez o doce borriquillos atados por sendos ronzales a las ramas bajas de una frondosa higuera. Hay mucha luz y el fuerte viento ha disipado cualquier atisbo de bruma en la montaña.

Según voy subiendo por las empinadas callejas —niños y más niños correteando por doquier— capta mi atención la figura de un anciano que reposa, sentado en una silla de enea, junto a la puerta de su casa. Tiene una barba amarillenta, usa gafas de cristales muy gruesos y apoya su mano sobre la empuñadura dorada de un ostentoso y poco elegante bastón. Me aproximo, lo saludo y trabamos conversación. Como buena parte de los vecinos de Tetuán que gozan de una edad provecta, ha tenido trato con los españoles durante la época del Protectorado y entiende y habla el castellano. Es más, este hombre fue soldado indígena durante treinta y cinco años en la Compañía de Regulares de Tetuán. «Estuve en España cuando la Guerra y conservo de recuerdo una bala incrustada entre la sexta y la séptima costilla que me dejó inútil para el trabajo», me dice el señor Layachi (así se llama) mientras manosea el reluciente puño de su bastón. Cobra una pensión del Ejército y pasa las horas de modo apacible, observando el trasiego de sus convecinos y echando alguna que otra parrafadita. Entretanto, todo el barrio (la sempiterna curiosidad marroquí) está pendiente de nosotros, de lo que se traen entre manos el forastero y el antiguo mercenario.

Sigo caminando hasta llegar a una especie de meseta en la zona elevada de la ciudad, allí donde las ruinas de antiguos morabitos marcan el límite superior del cementerio. Unos mocosos juegan al fútbol junto a los muros de una decrépita fortaleza. Hay una vista excelente de la vega que riega el río Martil y de las sierras adyacentes. En este escenario, hoy tan apacible y bucólico, es donde el escritor Pedro Antonio de Alarcón, en su *Diario de un testigo de la Guerra de África*, tomó buena nota de las escaramuzas y de los cruentos combates que hubo entre marroquíes y españoles en la guerra colonial de 1860. Y hace una descripción bien distinta del lugar que ahora contemplan mis ojos: «Salvajes alcornoques obscurecen y cubren de terror y misterio las ásperas laderas. [...]. El centro del llano y mucha parte de su zona oriental están cuajados de pantanos y lagunas; ya francas y limpias como lucientes espejos, ya repletas de hierbas que apenas asoman a flor de agua». Los soldados españoles y sus caballerías atravesaron estos antaño fragosos montes y ciénagas pantanosas y tomaron la inexpugnable plaza fuerte de Tetuán, si bien a un alto precio: el cólera acabó con la vida de casi tantos soldados como los que perecieron por efecto de las espingardas y las afiladas gumías con que se defendían los moros. Cuántos huesos humanos y herrumbrosas espadas, tanto de vencedores como de vencidos, descansarán en esos feraces campos que ahora contemplo.

Continúo más tarde mi deambular por la medina y el zoco. Retrato a un viejo zapatero remendón que clavetea la suela de un gastado chapín, y a un hombre que elabora cuévanos con

las cañas abiertas y tiernas del río; también a una campesina
—una *yeblí*, como dicen por estos pagos— comprando carbón
vegetal en un destartalado almacén, y a un anciano de pobla-
dísimas cejas que fuma parsimoniosamente su *sebsi* en el umbral
de un café: como siempre sucede en esta tierra, la galería de
personajes interesantes y de curiosas historias no tiene fin.

# Buscando un faro. Diciembre, 1997

La carretera S-608, esa que, partiendo de Tetuán, bordea la costa mediterránea del país Rhomara, va a morir en un pueblo de pescadores llamado El Jebha. Siento predilección por esta difícil ruta que culebrea sobre acantilados abruptos; puede que de las tierras que baña el *mare nostrum* sea esta una de las más salvajes e intactas franjas litorales: de vez en cuando surge una larga playa de guijarros o de arena parda donde reposan las barcas tradicionales de los pescadores; acá, monte cuajado de plantas aromáticas que se despeña hacia abismos de aguas batidas y espumosas; allá, un pueblo blanco de casas cúbicas y planas azoteas al abrigo de alguna rada o al socaire de un valle por el que discurre un regato. Todavía las aguas son pródigas en peces. Todavía el turismo brilla por su ausencia.

En esta ocasión he recorrido el camino en su totalidad, pues deseaba ver y fotografiar el faro de El Jebha. Cuál no sería mi sorpresa al no hallar ni rastro de él. Según el mapa 959 de Michelín tiene que haber uno. Quizás lo hubo. O el que trazó y pintó la carta pudo equivocarse.

El Jebha me desilusionó: enclavado en un paraje espectacular, es mayor de lo que intuía y, en mi opinión, carece de encanto. Su pequeño puerto está hormigonado y hasta hay barcos de fibra de vidrio. Tiene gasolinera y me pareció ver una *Teleboutique* (caseta con teléfonos) de esas que proliferan como hongos por todo Marruecos.

Al caer la tarde —en este mes invernal la luz comienza a declinar hacia las seis y media, hora española, cinco y media, hora marroquí— atajé por la ruta 8301, carreterilla que conduce a Bab Berret y sigue en paralelo durante un buen trecho el curso del Ouringa, cuyas aguas de color ocre, henchidas por las lluvias caídas, arrastraban hacia el mar buena cantidad de tierra.

En las crestas de las montañas rifeñas había una delgada capa de nieve y los torrentes surgían por doquier. El aire frío arrastraba el humo deshilachado que escapaba de los hornos de barro en los que se cocía el pan, así como de los tejados de chapa ondulada que cubrían las casas desperdigadas de los aduares.

Aprovechando la blandura de la tierra, los hombres araban, hincando en ella la reja del arado romano y echando el peso del cuerpo sobre la esteva, mientras las mujeres, jóvenes o viejas, acarreaban enormes haces de ramas y arbustos sobre sus baqueteadas espaldas.

Cerca de Targa me topé con un anciano que llevaba unos cuantos panes, montado a horcajadas sobre un borriquillo. Como cayó al suelo uno de los panes, se detuvo a recogerlo, lo besó y continuó su camino. Recordé a mis abuelas, que, allá en Castilla, hacían lo mismo con el pan caído de la mesa.

# Escuchando a Vázquez Montalbán.
## Diciembre, 1997

He ido hasta Tetuán con África y Manolo. Esta tarde el escritor Manuel Vázquez Montalbán pronunciaba una conferencia en el Colegio El Pilar, institución fundada en 1915 donde alumnos marroquíes estudian siguiendo nuestro sistema de enseñanza y las clases son impartidas por profesores españoles (excepto el árabe). Al parecer los escritores peninsulares de izquierdas gustan de visitar Marruecos (escuché a Juan Goytisolo en Tánger al principio de mi estancia en tierra africana). ¿Y los más conservadores?

Montalbán habló largo y tendido sobre literatura y las relaciones que establece con la sociedad, la política y el poder, ofreciendo una auténtica lección magistral que para sí quisieran algunos catedráticos. A su fin, tras un turno de ruegos y preguntas, varios espectadores nos aproximamos al escritor con sendos libros en la mano. Cuando me llegó el turno, Montalbán, de serio semblante y silueta horaciana —esto es, bajito y regordete, como dicen que fue el romano Horacio—, garabateó una breve pero literaria dedicatoria en mi ejemplar de *Los mares del Sur*, haciendo uso de una delicada pluma con cuerpo de color azul y plumín de oro. La dedicatoria rezaba así: «Para Ignacio, en la sospecha de que el Sur no existe».

De regreso, una vez cruzada la frontera y habiéndome despedido de mis acompañantes, me llegué hasta el local que Telepizza tiene encastrado en el muro del Parque del Mediterráneo. Quería encargar dos pizzas para cenarlas más tarde en casa junto con Charo y Carmen. En la puerta, un niño-viejo de esos que cruzan la frontera por el monte y mendigan con ademán lastimero a la puerta de los cafés, pedía limosna. Vestido con andrajos, estaba descalzo y sus pies, demasiado grandes, parecían botas sucias e hinchadas. Esa noche, inusualmente fría, los termómetros de Ceuta marcaron una temperatura mínima de seis grados centígrados.

Pensé en la retórica sospecha de la dedicatoria. Vaya si el Sur existe. Amigo Montalbán: pocos lugares habrá como Ceuta, y ahí reside el malestar de parte de su población, para tomarle el pulso a ese Sur, un pulso agitado y bullente palpado en venas africanas por las que circula sangre —cada vez más joven, cada vez más incendiada— a borbotones.

# De nuevo en el mercado de Ued Laou.
## Diciembre, 1997

Pasé la mañana del sábado en el mercado de Ued Laou, del que ya he hablado en otra ocasión. Me acompañaba Antonio Serrano, compañero del Seminario de Lengua y Literatura, buen conocedor del mundo árabe y coleccionista de cerámica.

Deambulamos de un lado a otro del recinto, observando, fotografiando, charlando con las gentes del lugar. Compramos zanahorias, berenjenas, patatas nuevas, manojos de perejil y nabos recolectados en los huertos próximos ese amanecer. Qué mezcolanza de colores y de formas; qué hortalizas tan frescas y naturales colocadas con esmero en los humildes puestos del mercado.

También compramos cerámica a las campesinas, que nos observaban, entre curiosas y divertidas, con algún que otro diente de oro brillando en sus bocas, mientras toqueteábamos fuentes, platos, ollas y pucheros. Esta cerámica del color de la tierra, sin pintar, simple y utilitaria, posee el valor añadido de haber sido realizada a mano, sin ayuda de ningún torno.

Antonio opina que algún día, cuando el plástico los sustituya por completo en el hogar del labrador, estos objetos desaparecerán, pues habrán perdido su razón de ser. Quién sabe. Por si acaso, aquella luminosa y tibia mañana de diciembre llenamos el maletero de mi automóvil con cacharros de barro envueltos en paja. Por si acaso.

# Reflexiones. Marzo, 1998

Retomo los apuntes tras un largo paréntesis, ya que este año estoy viajando mucho menos que los anteriores por tierras marroquíes. Básicamente me dedico a mis clases, ir al gimnasio y leer todo lo que puedo.

He comprado un cuaderno de hojas blancas con la intención de escribir una novela, proyecto que he pospuesto en no sé cuántas ocasiones y que no admite demora: hay que agarrar al toro por los cuernos y empezarla. Todo un reto.

Por lo demás, mis alumnos de ESO siguen tan revoltosos e inconscientes como siempre (no todos). Los más pendencieros son los musulmanes (no todos, pues las chicas son estupendas). Hace días Said me sorprendió proponiéndome como tema de redacción la nueva crisis desatada en el golfo Pérsico ante la negativa de Sadam Hussein de abrir sus palacios, donde presumiblemente hay armas químicas y biológicas, a los inspectores de la ONU. Estados Unidos, que se arrancó con creces durante la anterior Tormenta del Desierto la espina clavada en Vietnam, pretendía dar otro repaso —y así experimentar nueva tecnología militar, qué mejor campo de pruebas— al dictador iraquí, a quien no quisieron apartar del poder en su momento. Menos mal que el buen hacer del Secretario General de la ONU ha evitado un bombardeo del que incluso ya se habían calculado las posibles víctimas: mil quinientos iraquíes, número arriba número abajo.

Mis alumnos musulmanes ven con buenos ojos a Sadam —al fin y al cabo se hacen eco de lo que oyen en casa— porque representa la fuerza y el orgullo del pueblo árabe frente al invasor occidental (o al menos eso creen ellos).

Mis alumnos musulmanes nacidos en Ceuta no se sienten españoles porque las raíces familiares de la mayoría de ellos están en Marruecos.

Mis alumnos cristianos nacidos en Ceuta miran a Marruecos con recelo, cuando no con profundo desprecio —al fin y al cabo también se hacen eco de lo que oyen en casa—, y la mayoría de ellos jamás ha puesto ni pondrá un pie más allá de la frontera. Este es el sino de Ceuta: ser una isla anclada a tierra firme.

Mis alumnos cristianos prefieren decir en sus redacciones que Ceuta «está al sur de España» antes que aseverar que se encuentra «en el norte de Marruecos». Al fin y al cabo la realidad es más lo que queremos ver que lo que ven nuestros ojos.

En ocasiones me da por pensar que Ceuta es como la aldea de los irreductibles galos Asterix y Obelix, asediada de continuo por los campamentos romanos-moros de *Castillejorum, Rinconorum* y *Tetuanorum*, resistiendo siempre al invasor.

Otras veces medito sobre cuál habría sido mi manera de ver las cosas si Ceuta hubiera sido mi ciudad natal ¿Sería mi postura tan numantina como la de algunos ceutíes de pro? Quién sabe.

Para colmo, el alcalde y empresario Jesús Gil ha anunciado públicamente su intención de presentar un candidato de su partido a la Presidencia de la Ciudad Autónoma de Ceuta en las próximas elecciones autonómicas. No dudo de que su programa tendrá en la localidad caballa gran predicamento: eso de echar a la morralla puertas afuera de la urbe —morralla musulmana se entiende— solucionará todos los males, qué duda cabe.

# La mujer muerta. Marzo, 1998

La Mujer Muerta es un farallón pétreo de blanca caliza que se eleva a las espaldas de Ceuta con femenina silueta: sus crestas semejan el rostro, el cuello y el pecho de una dama yacente a cuyos imaginarios pies baten las oscuras y frías aguas atlánticas. Del mismo material está hecho el queso gruyer-peñón de Gibraltar. Columnas de Hércules ambas, que quiere la mitología. Excrecencias de la tectónica de placas, que dictamina la geología al uso.

Le tenía ganas a la montaña —el abultado seno es la cota más alta— y qué mejor que un caluroso domingo primaveral —ni una nube en el cielo, el mar como un plato— para caminar por estas trochas. Me acompañaba en la excursión Luis Masó, biólogo y profesor también en el Instituto Abyla.

Cruzamos por la mínima frontera peatonal que linda con Belyounes; los militares marroquíes, que papan moscas, se quedan con nuestros DNI, aunque permiten que conservemos los pasaportes. A la vuelta los recogeremos.

De Belyounes surge una senda desdibujada que trepa en zigzag hasta un collado lejano. El terreno es abrupto, sin apenas vegetación, pero no exento de una austera belleza. A medida que ascendemos la brisa del mar dulcifica el rigor del sol. Algunas cabras desperdigadas ramonean los escasos brotes que crecen entre las piedras. Los colirrojos revolotean a ras de suelo, se posan en las rocas desnudas y mueven un poco, arriba y abajo, sus plumas caudales tintadas de herrumbre.

Hay rastros de antiguas minas, pequeñas catas a cielo abierto arrumbadas hogaño y cubiertas por el canchal, entre cuya ganga asoman trocitos de cerúlea y vinosa siderita, mena que alberga mineral de hierro. También se encuentran restos de oligisto. Un poco más arriba, en una amplia vaguada, varios olivos centenarios, combados y deformados por el levante, crecen en un terreno donde afloran débiles hilos de agua. Son los únicos árboles del contorno. Una suerte de milagro en este yermo azotado por todos los vientos.

Cuando rebasamos el collado el sol está en su cenit. Al otro lado, la falda del monte se desparrama en una larga pedriza que cae en ángulo cerrado y por ende traicionero, donde no será difícil dar un traspié. Nos cruzamos con tres jovenzuelos que pastorean un hato de cabras y llevan en sus manos ramas y raíces secas de lentisco. El mayor nos saluda ufano en español con un perfecto «buenos días»; después se pierden por la otra cara de la montaña en dirección a Belyounes entre gritos y silbidos. Iniciamos el descenso hacia la costa.

A la orilla del mar se levantan varias casuchas y un puesto militar. Ropa tendida en cuerdas ondeando al viento. Ni un alma a la vista.

En Marruecos los puestos militares aislados y las escuelas rurales presentan idéntica arquitectura: paralelepípedos cuyo esqueleto está formado por delgadas columnas metálicas de doble T entre las que se ensamblan placas superpuestas de material prefabricado. Baratura de costes y facilidad de construcción son sus ventajas, si bien, a la hora de un hipotético ataque enemigo, las bombas no harían distingos entre dependencias castrenses y escuelas infantiles, clavaditas ambas.

La senda continúa descendiendo en dirección a la isla del Perejil, peñón desnudo que emerge del mar a escasos metros de la costa, y sobre el que chillan y revolotean infinidad de aves marinas. Recuerdo haber oído que en tiempos pasados hubo cabras en el islote: lo más probable es que murieran de hambre, dada la aridez de lo que se ofrece a la vista.

La senda sigue ahora la abrupta silueta del cantil, ora ascendiendo ora revirando en tramos polvorientos y resbaladizos.

Según vamos de camino, oímos unas voces que vienen de lo alto del monte y vemos a dos figuras haciendo aspavientos. Nos sentamos al borde de la trocha y decido comer una naranja. Luis contempla el mar. Algunas piedras bajan rodando mientras el delicioso perfume de la fruta al ser pelada aroma mis manos. Más piedras que pasan rozando nuestras espaldas. Al poco rato llegan junto a nosotros dos jóvenes extenuados que se tienden sobre la tierra del camino. Respiran con dificultad. Llevan puestos trajes de buceo y cargan arpones, linternas, plomos, aletas, máscaras y peces. En las patillas afeitadas de uno de ellos blanquean las sales que el sudor ha expulsado por los poros de su rostro. «¿Tenéis algo de agua?», suplican. Algo queda además de dos naranjas, un plátano e higos secos. «¿Adónde ibais?», inquiere Luis. «Buscábamos un atajo para llegar hasta el coche». Se han despistado totalmente. Llevan cinco horas haciendo pesca submarina, descendiendo a profundidades cercanas a los veinticinco metros con la sola ayuda de sus pulmones. Han cobrado un botín magnífico: cinco orondos meros de vientre color de melocotón que en conjunto pesarán más de treinta kilos. «Se me ha escapado un pez limón de unos cuarenta kilos con el arpón clavado en el lomo», comenta uno de los muchachos.

Si hubieran continuado montaña arriba con toda esa carga —embutidos en trajes de neopreno que impiden por completo la transpiración— habrían desfallecido, sin duda. Les ayudamos a transportar el material hasta Punta Leona, un espolón rocoso que, a modo de tajamar, se adentra en las aguas, y en el que quedan los cimientos de una antigua batería de costa. Nos despedimos de los chicos y nos acercamos a Belyounes, donde Luis quiere visitar los restos de la antigua factoría ballenera, explotada en su día por españoles. De ella quedan la armadura de dos naves industriales y varias piezas metálicas comidas por el orín y el salitre. Pernos, remaches, enormes tuercas hexagonales, volantes y ruedas dentadas hablan de un pasado de máquinas decimonónicas de vapor, calderas hirvientes, cables de acero y poleas chirriantes, cuando grandes cetáceos eran izados desde las tranquilas aguas de la bahía por una rampa de cemento de la que aún quedan vestigios, para ser despiezados y procesados en la factoría. Fijo mi vista en una placa atornillada que reza: «Clarcke Spencer». Es probable que toda esta maquinaria proviniese de Inglaterra. Cuentan los más viejos de Ceuta que en el mercado de abastos se expendía carne de ballena y que en algunos figones rumbosos servían tapas de susodicha vianda. Vivir para ver.

A la tarde cruzamos de vuelta el paso fronterizo, recuperamos nuestros carnés y tomamos un té con menta en el cafetín de Benzú, que rebosa de domingueros.

# Una boda. Junio, 1998

Había oído hablar de la vistosidad y colorido de las bodas marroquíes, sin embargo hasta ahora no tuve oportunidad de asistir a ninguna. La ocasión se presentó gracias a unos familiares de Aixa, cuya hija Dina, una muchacha buena, bonita y virtuosa, tal como rezan los cuentos clásicos, iba a contraer matrimonio con el hijo de un rico comerciante de Fez.

Las bodas musulmanas son ceremonias interminables y fuertemente ritualizadas —quien quiera obtener una detallada información sobre las mismas puede acudir al documentado libro de Yolanda Guardione—, aunque en los tiempos que corren no hayan podido librarse de contaminaciones culturales (ya es habitual que el último traje que viste la novia sea el blanco, típico de las bodas occidentales) y de ciertas innovaciones, tales como que el convite, sobre todo si la familia tiene posibles, no se celebra en casa, donde los desposorios suponían un trabajo ímprobo para las mujeres en el hogar: pintar la casa antes y después de la fiesta, cocinar cantidades enormes de comida, recoger, fregar, alojar a los invitados, etc. Ahora se alquila un local con su correspondiente servicio y simplemente hay que pagar por ello. Las tradiciones cambian, hasta en Marruecos.

Llegamos a Tánger al atardecer. El viento de poniente hace que la silueta de la ciudad, aguzada por los alminares de las mezquitas, se recorte diáfana sobre un cielo rosado, libre de las calimas y brumas untuosas aportadas por los vientos de levante.

Apenas se ha disipado el calor del día y el jazmín de los jardines comienza a exhalar su perfume, un perfume que se mezcla con el humo del tráfico urbano en la cálida atmósfera tangerina.

Hacemos tiempo en casa de otros familiares —las damas se ponen los trajes de fiesta que han traído primorosamente guardados en bolsas y maletines— y aprovecho entretanto para ver un partido de fútbol en la televisión, pues estos días se está jugando el Campeonato Mundial de Francia 98.

Cuando llegamos a la fiesta junto con el padre de la novia, que es quien nos ha servido de guía, la mayoría de invitados ocupa ya su lugar. Las mujeres tienden a agruparse con las mujeres y los hombres se juntan con los hombres. Ellas llevan preciosos vestidos multicolores, cinturones de oro, ajorcas y anillos mil, los largos cabellos recogidos en sofisticados peinados de gala. Ellos suelen lucir traje y corbata, si bien los más ancianos visten a la usanza tradicional.

Me acomodo no muy lejos de los músicos, al lado del venerable señor Boulaich, notario islámico y padre de Aixa, tocado con su inseparable fez rojo y embutido en una elegante y clásica chilaba gris hecha a medida por un sastre de Tetuán con el mejor paño de la región. Este hombre justo, parco en palabras, anciano ya, me transmite una grata sensación de paz.

En toda boda marroquí que se precie la música en directo es fundamental y si se pueden contratar varias orquestas, miel sobre hojuelas. Los músicos de la nuestra son jóvenes y combinan instrumentos modernos —guitarra eléctrica, bajo eléctrico, sintetizador— con instrumentos clásicos como violines, laúdes y *derbugas*. La forma de tocar el violín es peculiar: sentados, con las piernas flexionadas, lo colocan vertical sobre el muslo, con el que el instrumento forma un ángulo de noventa grados, por lo que el brazo que empuña el arco de crin se mantiene distante del cuerpo a la hora de interpretar una melodía. La barbilla queda huérfana del tradicional y forzado contacto con la madera. A la música acompaña el canto, del que se ocupan diversos intérpretes masculinos que se van turnando en su ejecución.

Los padres de la novia, como hormiguitas diligentes y estresadas, van de acá para allá estrechando manos, forzando o no sonrisas, agasajando y mimando a los invitados más sobresalientes.

De pronto, procedentes del exterior de la sala, irrumpen en el lugar seis músicos *gnawa* ataviados con sus trajes tradicionales y armando un ruido infernal mediante crótalos, panderos, tamboriles y largas trompetas de metal dorado. Son el recuerdo de un Marruecos que hunde sus raíces más allá del Sáhara, en la negritud y el ritmo africanos. El menor de ellos, apenas un jovenzuelo imberbe, hincha sus carrillos hasta transformarlos en dos globos de piel tersa y rojiza, y consigue que el delgado tubo de metal que levanta hacia el techo escupa una vibrante nota rompetímpanos. Seguirá barritando, cual elefante enloquecido, hasta la extenuación (que parece no llegar nunca). Tras la alharaca, los *gnawa* desaparecen por donde vinieron. A lo largo de la noche volverán a entrar y salir varias veces de modo tan espectacular.

La novia y el novio surgen en escena y se acercan a los invitados. Dina viene hacia nosotros y besa la mano del señor Boulaich como signo de respeto y de cariño. Lleva un vestido lujosísimo, de más que complicada elaboración, sobre el que se superponen joyas y alamares. A lo largo de la ceremonia este traje será sustituido por otros aún más hermosos y barrocos si cabe. Los vestidos de novia son muy caros, por lo que se suelen alquilar, pero las familias pudientes los compran a precio de oro. El recargado maquillaje impide apreciar signos de cansancio en el bello rostro de Dina, pero una boda marroquí —y hablamos de varios días de duración con rituales muy formalizados— es capaz de agotar a cualquier novia, por joven y lozana que esta sea.

El novio suda copiosamente y con su mano diestra hace girar los anillos engastados en los gordezuelos dedos de la siniestra. Se le ve satisfecho y enamorado. Su madre, una mujer joven de largos cabellos negros y rotunda corpulencia, no quita ojo a su retoño mientras imparte órdenes —cosa que no debería hacer aquí, en el feudo de la familia de la desposada, pues ya tendrá tiempo de mostrar genio y dotes de mando en su casa de Fez, donde habrán de celebrarse las tornabodas—. Los camareros huyen despavoridos cuando vislumbran su cuello bovino enjaezado con gruesas cadenas de oro, y la maestra de ceremonias, una mujer madura vestida de blanco que es quien vela por el correcto cumplimiento de los ritos, siente que le están comiendo el terreno una vez sí y otra también. Deduzco que es ella la que dispone en casa del marido, ese rico comerciante de Fez, anciano ya, cuya silueta inmóvil y ausente entreveo al fondo. El hijo de ambos, ese joven satisfecho y enamorado, tiene una figura que me recuerda extraordinariamente la de Carlos Goñi, cantante y líder del grupo de rock Revólver. Él y su banda actuaron anoche en Ceuta y fui a verlos, en parte porque me gustan sus temas y en parte porque ahora toca con ellos mi hermano Diego, excelente violinista. Son curiosas las asociaciones que la mente establece en su trastienda inconsciente ¿Qué tendrán que ver Carlos Goñi y…?

Al poco rato la novia es introducida en un trono de filigrana dorada de cuyas cuatro esquinas parten nervaduras que forman una falsa cúpula. Un cojín de raso carmesí sirve de asiento. A un gesto de la maestra de ceremonias, cuatro ayudantes vestidas de rosa —cara de campesinas, mofletes de manzana en sazón— alzan al unísono la carga. El trono se inclina peligrosamente hacia el lado de la más bajita y Dina deja escapar un gesto de preocupación a través de los afeites mientras se agarra a los nervios de metal. El extremo de la cúpula roza el techo de la sala, rematado con estalactitas de escayola —especie de mocárabes—, así que las porteadoras más altas doblan un poquito la cintura y las diferencias de altura entre todas ellas quedan compensadas: llevan demasiadas bodas a sus espaldas como para que nada falle. Con la novia sobre los hombros giran y entonan cánticos sincopados.

Los novios también se sientan en un doble trono de madera (dos sillas ricamente labradas y elevadas sobre una tarima) para poder ser contemplados con detenimiento por todos los invitados. Más adelante serán de nuevo zarandeados en unas cajas circulares que portan a hombros amigos y familiares (para levantar al novio, que muestra un rictus de dolor al tiempo que coloca la palma de su mano sobre los riñones, aquellos sudarán tinta).

Pasan las horas y llega la comida. Se suceden fuentes y más fuentes de diversos manjares. Para beber: agua, Fanta y Coca-Cola. El cordero con almendras está exquisito. En algunas mesas los invitados más finos o europeizados utilizan los cubiertos, pero en la mía, más castizos, comemos con los dedos (para mi horror compruebo que, al no llevar las uñas cortadas al ras, una oscura capa de sedimentos grasos se va acumulando en esos diez insospechados huecos curvos a medida que hinco mis dedos en las untuosas piezas de carne). Sobra mucha comida y los camareros retiran de las grandes mesas circulares bandejas apenas tocadas.

Continúa la música y algunas muchachas más atrevidas se lanzan a bailar. Son las seis de la mañana y parece que esto no ha hecho sino principiar. Vienen a mi mente las pantagruélicas bodas de Camacho a las que asistieron don Quijote y Sancho Panza. El señor Boulaich empieza a dar muestras de cansancio, así que decidimos regresar a Ceuta a pesar de las reiteradas peticiones de la madre de Dina para que nos quedemos.

Cuando salimos al exterior está amaneciendo y la temperatura es deliciosa; acodados en la barandilla de la escalera, algunos hombres fuman tabaco rubio y charlan pausadamente con los ojos ojerosos, el cuello de la camisa desabrochado y el nudo de la corbata flojo. La puerta abierta del garaje contiguo me permite ver las fuentes de comida sobrante apiladas sobre el terrazo. Dentro sigue la música. Afuera el día trae barruntos de calor sofocante. Y aún huelen los jazmines.

## Recta final. Junio, 1998

El curso está a punto de acabar. Agotamiento psicológico. Necesito vacaciones. Mis alumnos musulmanes del Príncipe me comentan que hay, cuando menos, tres cachorros de león en su conflictivo barrio. Todo normal. Ya no sé si voy o vengo. Por los pasillos del Instituto siguen deambulando chicos que no han pisado el aula en todo el curso o, si lo han hecho, ha sido para sabotear las clases. Parecen polillas presas en una trampa de luz. También a ellos he tratado de enseñarles algo, lo que buenamente he podido. ¿Dará fruto?

Alfonso, el Jefe de Estudios, hombre equilibrado donde los haya, está alterado. Ibrahim, un chico problemático —un pedazo de carne con ojos, como lo calificaría mi madre a botepronto— tiene buena culpa de ello. Sus padres confiesan no poder hacer nada con él: han tirado la toalla. ¿Qué podemos hacer entonces nosotros? Agotamiento psicológico. Stop. Todo normal. Stop. Necesito vacaciones. Stop.

## Vuelta a empezar. Septiembre, 1998

Regreso a Ceuta tras un corto pero sustancioso verano. La llamada del mar hace que busque alojamiento en Kabila, la más añeja entre ese rosario de urbanizaciones costeras próximas a la frontera. Está levantada junto a una playa larga de arena fina, a espaldas de una laguna litoral poco profunda en la que invernan numerosas aves. Necesito el contacto con la naturaleza, volver a escuchar el sonido del mar desde la cama, oler la fragancia de la madreselva al atardecer, recoger conchas y observar lo que deposita el mar en futuros paseos por la playa.

Almuerzo con Julián y Gonzalo en el restaurante Noya. Gonzalo, nativo de la ciudad caballa, me pone al corriente de la actualidad ceutí. Cuenta que este verano se escapó un león —sí, un león—, con la salvedad de que aquí no hay zoológico ni el circo se encontraba en aquel momento por estos pagos. Resulta que uno de aquellos «cachorros» a los que hacían alusión mis alumnos el curso pasado atacó e hirió de gravedad a una mujer. Y se preguntará el lector: ¿cómo es posible que en una localidad de no más de cien mil habitantes, en la que casi todo el mundo se conoce, un individuo tenga un león en casa y se permita incluso el lujo de pasearlo en su automóvil por el casco urbano sin que la autoridad competente intervenga de inmediato y requise el animal *ipso facto?* Respuesta al lector curioso: no haga preguntas impertinentes. Y Gonzalo amplía aún más la lista de mascotas: dice saber de buena tinta que hay más felinos —un tigre y un leopardo— escondidos en la ciudad y viviendo, a buen seguro, en condiciones deplorables. De ahí a las anacondas y a los cocodrilos albinos de las cloacas de Nueva York, permítaseme el guiño, no hay más que un paso.

Por último, Gonzalo, entre plato y plato, me comenta otra anécdota vivida por él en el Casino Militar. La historia tiene que ver con un simple cambio de lugar de dos objetos: por fin, a las puertas del siglo XXI, un retrato de Francisco Franco colocado en una de las dependencias del Casino ha sido sustituido por el de nuestro rey Juan Carlos I. Semejante trueque ha sido llevado a cabo no sin una resistencia numantina —tal como narra Gonzalo con ese gracejo particular mientras da un sorbo a su Coca-Cola— por parte de la vieja guardia, que consideraba aquello poco menos que un sacrilegio (y eso que el cuadro del Caudillo no fue arrumbado en el desván, donde no le hubieran venido mal la compañía del polvo y los ratones, sino que está —a lo que me cuenta— donde antes figuraba el óleo del borbón).

# Subsaharianos y socorro en carretera.
## Septiembre, 1998

Han llegado más negros al campamento de Calamocarro, un flujo que no remite. Siguen vendiendo *El
Faro* a la puerta de las cafeterías, en las esquinas,
junto a los semáforos, y lavan coches los fines de semana. Parecen mejor vestidos que otros años y he observado a uno con
un teléfono móvil. Hay además una notable novedad: por primera vez he visto mujeres, chicas jóvenes que se han atrevido
a realizar tan penoso e incierto viaje desde el «corazón de las
tinieblas», soportando, si cabe, mayores infortunios —abusos
y violaciones— que sus compañeros. Algunas han traído a sus
hijos consigo. Creen haber alcanzado la tierra de las oportunidades, aunque pronto se desencantarán: un futuro nada pro-
metedor les espera.

Regreso a la realidad de la frontera, puerta batiente hacia
ambos lados que volveré a cruzar a diario una vez comience el
curso escolar. Hay un trasiego constante de mercancías por
parte de las matuteras, esas mujeres —y hombres— que transportan todo tipo de productos a sus espaldas de un lugar a
otro de la línea. A veces esperan durante horas en tierra de
nadie con sus bultos hasta que una consigna, un cambio de
guardia, un leve movimiento o una seña los hace agruparse y
desplazarse como febriles insectos sociales hacia la barrera. La
policía marroquí, de modo arbitrario e injusto, permite el paso
de unas hormigas y se lo cierra a otras: todo depende de pactos,

concesiones, propinas, sobornos o del humor del patán de turno que en ese momento vista el uniforme azul. Y si alguien se desmanda o se opone con virulencia a la requisa de la mercancía, un par de hostias le ponen en su sitio sin tardar. Lo han presenciado mis ojos. Quiero no pensar que, a este lado, la Policía Nacional, la Guardia Civil y la Policía Local utilizan prácticas semejantes —me consta que no—, pero el desprecio con el que también tratan a esos desheredados es un síntoma preocupante. No pondría la mano en el fuego por nadie en el perímetro de Bab Sebta.

Como todavía no tengo coche, me desplazo de Kabila a la frontera, y a la inversa, mediante los taxis azules que cojo en la carretera. Hace unos días se detuvo ante mí un destartalado Peugeot 304 conducido por un joven de rostro armonioso y dentadura perfecta; el automóvil resultó ser una ambulancia, tal como me explicó su conductor en un español más voluntarioso que fluido. Comprobé que alcanzaba una velocidad máxima de sesenta kilómetros a la hora y pronto advertí que le fallaban los frenos de manera patente, hecho que el joven trataba de paliar, cuando la situación lo requería, reduciendo a una marcha menor o dando un brusco volantazo si el paragolpes del vehículo que nos precedía amenazaba con tragarnos de improviso. Eché un vistazo al compartimento trasero: una camilla de fibra de vidrio era todo el equipamiento que se ofrecía a mis ojos. El instrumental médico, por mínimo que fuere, brillaba por su ausencia. La furgoneta, en esas condiciones, lo mismo habría servido para transportar pescado que sacos de cemento. «Soy conductor de ambulancias, bombero y socorrista», me informó el joven; tal pluriempleo no suponía ninguna sorpresa para mí, ya que es común en Marruecos, donde un trabajador medio ha de hacer malabares para llegar con cierta dignidad a fin de mes. «Antes teníamos cinco ambulancias para cubrir esta zona», continuó mi interlocutor, «pero han ido desapareciendo poco a poco de manera misteriosa gracias a cierto gobernador, cierto comandante...». No hace falta que me diga más: los cancerosos tentáculos del *majzen*, con sus corruptelas, privilegios y mordidas varias, son una carga demasiado onerosa para este país y harto difícil de erradicar, pues, como las ramificaciones de una anciana hiedra, han tenido tiempo de extenderse e introducirse en los intersticios del tejido social marroquí a lo largo de cientos de años.

# Una visita. Octubre, 1998

Recibí en el buzón de voz un mensaje telefónico de mi amigo Raúl diciéndome que estaba con su mujer Celeste en Zahara de los Atunes y que les gustaría pasar a visitarme. A los pocos días llegaron a Ceuta y con ellos vino el buen tiempo. Primero fuimos a comer al restaurante Oasis, en la ladera norte del monte Hacho, ya que mis amigos nunca habían probado la comida marroquí y en este establecimiento elaboran los platos más típicos del país vecino. Tomamos un cuscús correcto —desde que probé el que hace la madrastra de Aixa todos los demás no pasarán de aceptables— acompañado con vino de Rioja; sin embargo, las pastas tradicionales con que nos obsequiaron al final carecían de sabor y gracia (ni punto de comparación con los deliciosos cuernos de gacela que elaboran en Castillejos, en la panadería de la que es encargado mi amigo Abdeselam). Después de la comida dimos un paseo en su automóvil por los sitios más sugestivos de Ceuta. Lo mismo haríamos el fin de semana en Marruecos: el sábado por Xauen y el domingo por Ashilah.

Es curioso, porque, después de que mis amigos regresaran a Burgos, me di cuenta de que les había mostrado esas ciudades, esos paisajes, esas costumbres con un cariño especial, como si ya formaran parte de mi vida y su esencia hubiera penetrado bajo los poros de la piel tras cinco años de caminar por sus calles y recovecos, de conversar con sus gentes, de sentirme bien o mal en sus plazas y mercados, de meditar y de tratar de reflejar algo de todo ello en unos blocs anotados.

En Xauen comimos en casa Hassan —ni que estuviera abonado a ese figón o me dieran comisión de guía: siempre vengo aquí cual borrico buscador de la querencia del pesebre—, donde la tarta de limón adornada con una hojita de menta sigue siendo insuperable.

Ah, olvidaba apuntar que el viernes almorzamos en Rincón, en una tasca popular donde preparan buenos tayines de carne y de pescado a diez dírhams la unidad. El guiso se hace a fuego lento sobre brasas de carbón convenientemente avivadas; esto, junto con el barro cocido de que está hecho el recipiente, confiere al plato un sabor especial, único. En casa Hassan, por ejemplo, los tayines de carne y de verdura están muy bien presentados, pero me temo que no han sido preparados directamente en el recipiente de barro que les da nombre, sino en prácticas cazuelas de metal y sobre fogones de gas, lo que les resta ese sabor tan peculiar de los cocinados al pie de la carretera en cualquier tugurio.

En Ashilah comimos en casa García, regentada por españoles y llena ese domingo hasta los topes, en la que degustamos una buena sopa de pescado y el mejor centollo que he probado nunca regado con dos botellas de Coquillages. El postre que tomé yo —una *mousse* de limón— resultó ser, para mi sorpresa, una masa de insípida escayola servida en copa de cristal: mal colofón para un menú soberbio. Bandejas repletas de frutos de mar y pescados fresquísimos salían cada dos por tres de la cocina, y los camareros no daban abasto para atender las demandas de los comensales, tantos éramos en el pequeño y coqueto restaurante.

Que no piense el lector malicioso que no hicimos otra cosa en Marruecos que comer. Hubo tiempo para todo; incluso para que yo descubriera algo que hasta entonces no había contemplado aquí: el paso de un cortejo fúnebre por una de las callejuelas encaladas y tintadas de añil de Xauen. Una comitiva de unos treinta hombres y algunas mujeres entonaba cánticos mientras portaba en andas un féretro de madera cubierto con un paño de seda verde en el que había inscripciones bordadas con letras de oro.

Creo que tanto Celeste como Raúl han podido hacerse una idea aproximada de cómo es la vida en Ceuta y en dos pequeñas ciudades del Rif; dudo que olviden la frontera marroquí, con su burocracia kafkiana y sus policías curiosos que nunca tienen prisa. Tras cruzarla por primera vez con estos amigos le dije a Celeste, que es ingeniera de obras públicas:

—¿Te has dado cuenta de que solo nos han preguntado la profesión a Raúl y a mí?

—Ya me he dado cuenta —respondió con gesto serio.

Y es que para estos tarugos de la frontera, como para muchos hombres de Marruecos, sigue siendo bueno el dicho: *La mujer, la pierna quebrada y en casa.*

# En la fragua de Vulcano. Octubre, 1998

Vuelvo a recalar en el mercado semanal de Oued Laou, otra vez en compañía de Antonio Serrano. Ha salido un día radiante, caluroso incluso. Hay muchísima gente en la explanada y el movimiento de infinitos pies levanta nubes de polvo ocre.

Iniciamos nuestro recorrido a través de los vericuetos donde están los puestecillos de verdura, cerámica, aperos de labranza, cacharros de cocina, pescado, etc. Compramos pan a una anciana campesina que ha bajado de la montaña con varias piezas amasadas por sus manos y cocidas en el horno de barro del aduar. Cerca, otra mujer muestra, extendidas sobre un paño blanco, un puñado de granadas de diferentes tamaños e inmejorable aspecto, posiblemente la cosecha del único granado de su huerto, pues no ofrece más a la venta. Adquirimos también huevos, cilantro, menta silvestre, manzanas pequeñas y cebollas. Observo por primera vez sacos de castañas —creo no haber visto nunca un castaño en Marruecos— y una gran bolsa de plástico que contiene panales llenos de miel. Antonio compra además un poco de pimienta molida en un puesto de especias y allí me explica lo que es un polvo de intenso color amarillo que destaca en el mostrador. Me explica que es cúrcuma, resultado de la molienda de la raíz de la planta homónima, cuyo nombre deriva del árabe *kurkum;* en cristiano: azafrán de la India. Constituye el tinte natural que da ese fuerte tono amarillo a numerosos platos marroquíes. En el mismo mostrador está la raíz en bruto, apenas diferente de las raíces de jengibre que se exponen al lado. El vendedor nos ofrece una muestra y pronuncia con amplia sonrisa: *Zafran*.

Pasamos por primera vez ante unos hombres que están realizando soldaduras en varios utensilios metálicos; puede que en otras ocasiones haya pasado a su lado sin verlos, pero ahora toda mi atención se centra en su labor. Un hombre mayor, con gafas de gruesos cristales, piel cuarteada, grandes pies y manos renegridas, está soldando con estaño un grifo a lo que se me antoja un samovar de latón de los que se usan para calentar el agua del té; un aprendiz golpea a su lado un pedazo de metal con un martillo, doblegándolo y conformándolo a su gusto (o cuando menos al gusto que le permiten la pericia y la destreza de sus dedos juveniles). Otro herrero recorta una lata que ha contenido carne de vacuno —aún conserva restos de la etiqueta— y le añade un mango del mismo jaez que también suelda con estaño: servirá para recoger el gasoil que se vende a granel en el mercado. Lo que realmente me asombra es la improvisada fragua sobre la que trabajan estos artesanos, que no es más que un hueco poco profundo excavado en el suelo donde arden unas brasas escasas; por fuelle —única concesión a la modernidad— recurren a la turbina de algún antiguo motor accionada mediante una manivela: el aire recogido por los álaves se dirige a través de una tobera estrecha hacia los carbones (otro, un poco más allá, solo tiene su sombrero de paja para insuflar oxígeno en el hoyo). Un clavo de gruesa cabeza hincado en la tierra, semejante a los que los forzudos del circo, cuando este llega a una ciudad, clavan para poder sostener los tirantes de la carpa, hace las veces de yunque sobre el que trabajar la hojalata o lo que sea menester; y entre las brasas, un hierro, cuyo extremo ardiente derretirá el estaño sobre lo que, en ocasiones, parece una unión imposible. Desde luego, si Hefesto asomara por aquí la nariz, a buen seguro exclamaría: «¡Estos son de los míos!».

Sospecho que este mercado aún me ha de deparar sorpresas, conque no cerraré todavía los apuntes relativos a Oued Laou.

Por la tarde vamos a Xauen y compro por vez primera dos tinas de una cerámica muy especial: el barro moldeado se cubre con un engobe que da a la superficie un tono blancuzco; después se decora con sencillos dibujos geométricos (líneas verticales, espigas, puntos, triángulos) en tonos rojizos y de color canela. Esta cerámica es exclusiva de una pequeña zona del Rif y a mí me parece muy bella dentro de su simplicidad.

# La pipa de kif. Octubre, 1998

Quedo con el señor Abdeselam el martes por la tarde, que es el día que libra en la panadería de Castillejos. Pensábamos ir a Tetuán, a un *hammam,* pero me comenta mi amigo que a estas horas vespertinas son las mujeres las que acceden a los baños públicos —en otros lugares hay unos días de la semana reservados para ellas y otros para los varones—. Todo sea para evitar la «perniciosa promiscuidad», que diría un moralista.

Entramos en un nuevo cafetín frontero a la panadería, lleno de sol, y pedimos un té verde y un batido de leche con plátano. Hablamos despreocupadamente de diversos temas, hasta que se cruza por en medio el de la enfermedad y aprovecho para comentar que uno de los más prestigiosos hepatólogos españoles —que trata a un compañero de trabajo de una hepatitis crónica— le recomendó que, ya que el alcohol era un veneno para su organismo, fumara kif (hachís) por los efectos beneficiosos que procuraba o, al menos, porque no resultaba tan lesivo como el whisky.

Abdeselam, que me escucha con interés, confiesa que él es consumidor habitual de kif y que fumar tres o cuatro pipas matutinas le ayuda a sobrellevar mejor el trabajo en la tahona. No lo habíamos planeado, pero de común acuerdo decidimos acercarnos a otro cafetín más modesto —también menos luminoso— a fumar un poco de kif. Pedimos otro par de tés y un chico joven que está sentado junto a la entrada nos presta su *sebsi,* cuya cazoleta de barro rellena Abdeselam con un pellizco de la mezcla que porta en una bolsita de celofán amarillo. Lo prende con un fósforo y me cede la pipa. Doy una chupada —se ilumina la brasa con tonos anaranjados— y el humo espeso penetra en mi garganta. Toso levemente:

—Está un poco fuerte.

—Es por el tabaco que lleva; aspira con suavidad —me recomienda mi amigo.

Fumamos un par de pipas antes de que un curioso personaje nos salude, se acomode a nuestro lado y se una al ritual, ya que el disfrute del kif ha de ser un placer compartido, si cabe. Es un hombre mayor —después me dará noticia de que nació en 1921— de gruesa nariz deforme y ojos vivos, vestido con una chilaba de estameña marrón adornada con pequeñas borlas de colores al modo que estilan los montañeses de por aquí.

—Este señor sí que tiene un buen kif —me revela Abdeselam con un poco de misterio—. Compra la planta en rama, pica sus partes más sustanciosas y él mismo hace la mezcla.

Ahmed, así se llama nuestro contertulio, saca su *sebsi* de una funda de piel, une las dos piezas de la caña y carga la cazoleta con pericia.

—Esta pipa es de madera de nogal. Estupenda. Llevo más de treinta años fumando kif. La proporción correcta es: tres cuartas partes de la planta por una de tabaco negro —afirma con aire circunspecto.

Ahmed nació en Ceuta, para ser exactos en el Ángulo. Recuerda el advenimiento de la II República en 1931 —«yo tendría once años»— porque lo primero que hicieron los nuevos gobernantes fue «desalojar a todos los moros de sus casas del Ángulo» (olvida señalar qué hicieron luego con ellos y la causa del desalojo). En el hospital aprendió a leer y a escribir de la mano del bondadoso médico Antonio Sánchez Prados, de quien cuenta que depositaba dinero bajo el almohadón de los enfermos más necesitados sin que estos se percataran de ello. Huérfano de padre, Ahmed acudió al banderín de enganche de Regulares y fue soldado durante varios años en el Ejército español. «Me daban de comer caliente todos los días y tenía un catre para dormir», se justifica. Participó además en nuestra Guerra Civil (recuerda haber tomado Marchena junto a las tropas nacionales). Como otros muchos hombres mayores o de mediana edad de la franja norte de Marruecos habla con admiración del general Franco. Olvidé preguntarle si, en su condición de soldado colonial, había acudido a Asturias a sofocar la revolución de octubre de 1934, cuando los mineros, alimentados ideológicamente por la propaganda anarquista y marxista, declararon la huelga general, tomaron algunas armas y asesinaron a varias decenas de personas, sacerdotes en su mayoría.

Ahmed, entre chupada y chupada, continúa hablando de las propiedades del hachís mezclado con tabaco:

—Si se fuma en mala compañía, sabe mal. Si la mano que lo toca trae algún olor —perfume, comida…— el kif toma el olor y se echa a perder.

Pruebo la pipa gastada por el uso que me ofrece tan sabio fumador y degusto un aroma más fuerte y áspero que el anterior.

—Fuma despacio —aconsejan al unísono mis acompañantes.

En las mesas contiguas otros hombres encienden sus pipas. Lo cierto es que la costumbre de fumar kif está muy arraigada en esta zona y en todo el campo rifeño. Los achaques de la vejez se soportan mejor con unas cuantas pipas, dictamina el saber popular de la región.

# Traficantes de hombres. Octubre, 1998

Apareció hace unas semanas publicada en la prensa local y nacional una noticia que me disgustó: habían sido localizados varios escondrijos en la deprimida barriada del Príncipe, en los que se hacinaban como animales emigrantes marroquíes en espera de poder embarcar en una patera rumbo a España. Habían pagado por la aventura cantidades que oscilaban entre las cien mil y las quinientas mil pesetas, toda una fortuna para esta gente. Se descubrió el pastel porque los individuos que los custodiaban les obligaron a realizar obras de albañilería en la casa —es sabido que la carne de cañón lo mismo vale para un roto que para un descosido— y les pidieron más dinero del acordado para el viaje mediante coacciones y amenazas. De ahí a la denuncia de la situación solo hubo un paso, difícil, pero que al fin se dio. Es esa la punta de un iceberg. Leo en el *National Geographic* de este mes, dedicado precisamente al análisis de las migraciones humanas contemporáneas, que una encuesta publicada el pasado julio por la consultora Léger & Léger ha revelado que el 72 % de los marroquíes interrogados quiere emigrar y que la cifra se eleva hasta el 82 % entre los ciudadanos menores de treinta años (ignoro si dicha encuesta ha llegado a las manos del rey Hassan II o si tal vez los consejeros áulicos le han ahorrado tan comprometida lectura).

También me estomaga pensar que cualquiera de esos traficantes pueda estar a mi lado tomando tranquilamente una cerveza en cualquier terraza o bar de Ceuta —gruesa cadena de oro al cuello, Rolex en la muñeca, flamante Mercedes o potente todoterreno aparcado no lejos— y pensando en los pingües beneficios que va a obtener en el negocio mientras llama por su teléfono móvil de última generación a ver si ha llegado al punto convenido —previo pago de toda una serie de sobornos— una nueva remesa de inquilinos.

Dice el señor Moro, actual Delegado del Gobierno en Ceuta (y mira que tiene coña semejante apellido en un sitio como este), que en cualquier lugar fronterizo, y más entre países con una renta per cápita y una calidad de vida bien distintas, es normal cierto grado de contrabando, tráfico de personas (o drogas) y corrupción. Bien, lo admito, pues entre México y Estados Unidos sucede lo mismo aunque a mayor escala, por poner un ejemplo, pero eso no exime a las autoridades de emplear todos los medios a su alcance para evitar semejantes situaciones, a no ser que el tumor de esa corrupción que señala el Delegado esté más extendido de lo que pensamos entre quienes han de velar por la seguridad y el bienestar de la ciudadanía.

Supongo que en el Príncipe rápidamente se habrán habilitado otros agujeros para albergar más carne humana —es ese un río que no se detiene ante ningún dique—, bien ocultos en la laberíntica estructura del barrio. Sitio conflictivo, gueto musulmán, taifa donde impera la ley del silencio y de cuando en cuando se escapan tiros nocturnos y puñaladas traperas, el Príncipe es un callejón de los milagros que arroja cada vez más niños bulliciosos de ojos negros y piel tostada, que apenas chapurrean castellano, a las escuelas ceutíes, para terror de los que defienden a capa y espada la supremacía española y cristiana por estos pagos irredentos. Para colmo, los que predican en sus mezquitas antes son imanes exaltados que predicadores deseosos de la conciliación y el entendimiento.

Mentes biempensantes piden palo y tentetieso para el Príncipe; mientras tanto, algunos de mis alumnos nacidos en el barrio escriben en sus redacciones que hacen falta muchas cosas allí, instalaciones deportivas incluidas. A lo largo de estos años, en la calle o en el instituto, he oído opiniones para todos los gustos. Unos aseveran: «Aquello es un nido de delincuentes y traficantes». «No pagan impuestos». «Viven como si estuviesen en Marruecos». «Van a comerse la ciudad». «Las mujeres paren como conejas»… y otras lindezas por el estilo. Otros se defienden: «En el Príncipe vivimos gente honrada». «Son unos racistas». «Buena parte del vecindario está en paro, no hay trabajo». «El Ayuntamiento nos tiene olvidados», etc. ¿Con qué quedarse? Bueno, mezclemos todas las voces y de esa mixtura quizás salga algo parecido a la verdad.

Desde el ala dura se pide una comisaría en el corazón del barrio ¿Se admiten sugerencias? Ahí va una: ¿por qué no una buena biblioteca bilingüe en su hígado? (No me arrojen piedras, pues, dentro de mi ingenuidad, cada vez más menguada, creo aún en el poder terapéutico de la cultura).

# La muerte, tan familiar. Octubre, 1998

Me cuentan que un policía de la frontera marroquí ha matado a un niño de una patada. Un golpe desafortunado. Puede que solo pretendiera asustarlo o dejarlo tullido y se le fue la mano (perdón, el pie). No importa. Hay muchos más. Sin nombre, sin apellidos, sin protección ninguna. Cruzan la frontera todos los días burlando la vigilancia del perímetro y deambulan sin rumbo por las calles ceutíes; se suelen concentrar en los aledaños del Mc Donald's con la ropa hecha jirones y la piel llena de mugre. La policía local los devuelve a las autoridades marroquíes y el círculo vicioso se cierra: tardarán a lo sumo un par de días en trepar por el monte de nuevo en pos de las sobras de una hamburguesa doble con queso o la Coca-Cola que haya quedado en algún vaso de papel.

Por descontado, la muerte de ese niño no trascenderá, ni mucho menos se publicará en los periódicos. Forma parte de la intrahistoria o, si quiere el lector, de la historia universal de la infamia, parafraseando a Borges.

Me gusta creer que cuando muere un niño aparece una nueva estrella en el cielo. Aunque sospecho que para recuerdo de ese mocoso al que un guardián de la puerta reventó las tripas de un puntapié, solo está reservado un trozo de firmamento tan negro como el betún de mala calidad que los limpiabotas usan para lustrar los zapatos de los prepotentes uniformados que controlan *Bab Sebta*.

Maldigo esa puerta. La maldigo para siempre.

# Queridos alumnos. Octubre, 1998

Observo en el tablón de anuncios de la Biblioteca Municipal propaganda relativa a las actividades de la OJE en Ceuta. Pensé que esa organización juvenil era cosa caduca, mas veo que tanto la ideología de *Flechas y Pelayos* como el lema «Vale quien sirve» continúan vivos en estos tiempos. Desde luego, no les vendría mal a algunos de los salvajes que pululan por nuestro instituto un poco de disciplina castrense, agotadoras marchas y respeto al mando a golpe de metálico silbato y voz de ¡ya!

Como podrá suponer el lector perspicaz, vuelvo a disfrutar este año, a pesar del equitativo reparto de males que hemos hecho en nuestro Departamento de Lengua y Literatura, de un tercero de la ESO, el C, joven añada del 98, con un alto contenido de gas carbónico —energía a raudales—, un tacto agridulce en la lengua y un *arrière-goût* ligeramente amargo en el paladar. No me parece errado aventurar a estas alturas del curso que el desabrido caldo no soporta demasiado bien un envejecimiento prolongado en barrica de roble, ya que ha causado daños en varias duelas-persianas del tonel-aula, depositando numerosos posos (papeles, chicles de todos los colores, caramelos y envoltorios mil) en su fondo-suelo, y no aguanta cincuenta y cinco minutos de reposo-clase sin que comience a hervir y agitarse sin razón aparente, con lo que el atribulado vinatero-profesor no sabe qué hacer. Sugiero su inmediato traslado a una cuba de acero inoxidable, prácticamente indestructible. Menos mal que la espita-puerta del actual tonel-aula es de metal, a prueba de cualquier brusca fermentación, *verbi gratia* cabezazos, patadas, escupitajos, rotuladores indelebles o mordiscos lobunos. Ah, este año el joven néctar que me ha tocado elaborar y mimar resulta de la mezcla pareja de dos cepas: cristianos y musulmanes casi a partes iguales; lo prefiero a otros en los que solo hay uva garnacha-musulmana o verdeja-cristiana. Incluso un poquito de uva tintorera-hindú o moscatel-judía no le habría venido mal; me he de conformar con el añadido de una sola nota exótica: un racimo de uva palomino-coreana.

Tuve una primera y sonora agarrada con Bilal, mocito del Príncipe con mala entraña y peor gesto, a quien saqué del aula casi en volandas. Llamé a su madre por teléfono y esta se presentó en el centro al día siguiente. La mujer, cuyo marido es pescador, me confesó que tenía ocho hijos y que la economía familiar no era precisamente boyante: «Maestro, has el favor. Ya se va a portar bien y a comprar el libro. Si tienes que pegarle, pégale. Has el favor».

Pegar a un niño no es solución. Echar hijos al mundo sin poder educarlos y alimentarlos convenientemente no es solución. Dejar en manos de Dios la solución de los problemas no es, por supuesto, solución alguna.

Otro punto filipino: José Manuel, joven espigado de largos miembros (mide más de un metro y noventa centímetros), rubio pelo lacio y pequeños ojos azules, de un brillo mortecino, que para sí quisiera Hannibal Lecter, el psicópata caníbal de *El silencio de los corderos*. Este ángel de la guarda, en el primer control escrito que les hizo la profesora de Matemáticas, se limitó a rellenar los espacios en blanco destinados a las respuestas con simpáticas frases dirigidas a aquella del tipo: *Fulanita de tal, eres una puta* o delicadas advertencias como *Te voy a matar* acompañadas con dibujos de cuchillos ensangrentados. Se le ha expulsado tres días y ya vuelve a estar entre nosotros.

Y que luego me toquen los cojones diciéndome que qué bien vivimos los profesores. Me gusta mi trabajo —creo que hasta cierto punto es un buen trabajo—, pero si no contáramos con el sabroso aliciente de unas largas vacaciones (cada vez más acotadas) para reponer fuerzas, nuestro sistema psíquico —el mío ya está tocado de por sí— se resentiría. No es broma.

Abundando en el tema de la enseñanza, soy partidario de la reforma educativa auspiciada por los socialistas, no obstante con matices. Por lo pronto, el lenguaje pedante y abstruso con que está redactada la LOGSE —denominar *segmento de ocio* al recreo es una inoportuna *boutade*, cuando no una memez, y así ejemplos mil— ya incita a tomar alguna prevención ante ella.

Reconozco que todos los comienzos son difíciles, que la educación no puede estar anclada al pasado —ha de adaptarse a los nuevos tiempos y a una sociedad de vertiginoso correr— y que algunos elementos de la reforma que con el uso se han mostrado ineficaces pueden cambiarse, aunque modificar, aun de modo parcial, una ley votada y aprobada por el Parlamento sea labor de titanes.

La Constitución de 1812, la popular Pepa, convirtió la enseñanza en una cuestión de Estado y la hizo pública, sacándola de conventos y salones nobles para que pudiera llegar a todos. En hora buena. Si no queremos que esa enseñanza pública se vaya al garete, volviendo a recluirse en selectos ámbitos privados, que, por descontado, también tienen cabida en una sociedad plural, cuestiones tales como disciplina, urbanidad, respeto y consideración al *magister* o sentido de la responsabilidad, tan despreciadas por pedagogos de nuevo cuño, no deben caer en el olvido.

De todos modos, tampoco quiero que el lector piense que la docencia es similar al combate de un soldado en un campo de batalla; hay cursos en los que dar clase es una delicia, alumnos por los que merece la pena sacrificarse, detalles que dignifican la profesión y animan a seguir.

Y como soy cabezota, he decidido probar con mi tercero C de la ESO una nueva experiencia (a pesar de que los castizos recomiendan hacer los experimentos con gaseosa y no con nitroglicerina): compraré todos los meses dos ejemplares de la revista *National Geographic*, el que colecciono habitualmente y otro que cederé a la clase en usufructo: cada alumno lo podrá tener un par de días en casa y luego pasarlo a otro compañero para que disfrute de su lectura o contemple, al menos, sus maravillosas fotografías. Informaré al lector del resultado cuando acabe el curso escolar (si es que sobrevivo para entonces).

# Perímetro y recortes de periódico. Octubre, 1998

Dos titulares de *El País*. Jueves 29: «La justicia inglesa otorga inmunidad a Pinochet por haber sido jefe de Estado». Rabia contenida. Viernes 30: «La Audiencia decide que Pinochet puede ser juzgado en España por genocidio». Aún cabe cierta esperanza de que el crimen con mayúsculas no quede impune.

Hecho este inciso, regreso al Magreb, pues creo recordar que estos apuntes versaban sobre mis andanzas por Marruecos.

Las obras en el perímetro fronterizo de 8 km de longitud que separa Ceuta del país vecino están a punto de ser terminadas. Su presupuesto total alcanzará, cuando se acaben, los seis mil millones de pesetas. Doscientos catorce focos halógenos de gran potencia, alcantarillas selladas, sensores volumétricos a ras de suelo, electroválvulas, cámaras de largo alcance y un largo etcétera de parafernalia tecnológica impedirán el paso de, a lo poco, el 90% de aquellos que intenten cruzarlo. La ciudadanía puede estar tranquila, ya que la impermeabilización, tal como prometen fuentes gubernamentales, será total (ya no se adivinan tan necesarias las huestes del GIL en esta plaza, aunque, claro, habrá que largar a los que aún quedan dentro del perímetro). Ironías aparte, Ceuta, en cuanto avanzadilla europea en África, recibe de modo directo y seco los embates de la inmigración tercermundista, y es un tubo de ensayo de apenas veinte kilómetros cuadrados donde se dan las reacciones «químicas» que en breve experimentará —si no lo está haciendo ya— el rico primer mundo, con una población autóctona envejecida y la natalidad en franco retroceso.

Cuando Europa se gasta seis mil millones de pesetas en erigir un muro de ocho kilómetros, está bien a las claras que los visitantes pobres no van a ser bien recibidos. Es un primer y contundente aviso.

Ordeno y releo recortes de periódico relativos a Marruecos. El Gobierno del socialista Abderramán Yussufi —bajo la férula, por supuesto, del monarca alauita— ofrece una de cal y otra de arena: ora abre una de las terribles cárceles marroquíes —la de Salé— a la mirada inoportuna de la prensa extranjera, ora reprime con violencia una manifestación en Rabat de licenciados en paro (en la actualidad hay más de doscientos cincuenta mil estudiantes universitarios en el país con unas más que negras perspectivas laborales).

Leo que los chinos pretenden «vender la moto» a los marroquíes mediante la instalación de una planta desaladora de ósmosis inversa alimentada por energía nuclear en la costa atlántica. Es este —el de la fuerza del átomo trasladada a países en vías de desarrollo— un fenómeno en auge desde que las multinacionales que diseñan y fabrican componentes para reactores nucleares —recuerdo a botepronto la poderosa Westinhouse americana— han visto reducidas sus multimillonarias ventas hasta la anécdota en Europa, que puja ahora por el uso de energías limpias y renovables en detrimento del extraordinario pero nocivo poder del átomo de uranio.

Leo también que la ONU ha acabado (?) el proceso de identificación de las tribus del antiguo Sáhara español que comenzó la MINURSO en 1994 y que ha estado plagado de dificultades y contratiempos. Han censado un total de 147.000

saharauis provenientes de siete tribus y tres grupos tribales subdivididos en ochenta y ocho fracciones y agrupamientos. Queda en liza un grupo de sesenta mil almas que abandonó el territorio durante la ocupación española y se trasladó a tierras marroquíes. Rabat opina que deben votar porque también son saharauis. El Frente Polisario se opone a ello. Mientras tanto 130.000 refugiados sobreviven en el área de Tinduf en condiciones deplorables —el problema del agua, escasa e insalubre, es crónico en la región—, a pesar de que el pueblo español se ha volcado en repetidas ocasiones con esta gente, acto que el Ejecutivo marroquí nunca ha visto con buenos ojos y así se lo hizo saber a su homólogo hispano en cuanto tuvo ocasión (mezquindades de la llamada alta política).

El rey Hassan II ha ofrecido una amplia autonomía a la región tomando como modelo el sistema autonómico español, oferta que fue rechazada en su momento por los líderes saharauis. Busca la reconciliación y no desea «ni vencedores ni vencidos», según citan fuentes diplomáticas.

Kofi Annan, actual secretario general de la ONU, viajará dentro de unos días al Magreb con un nuevo plan de paz para el Sáhara occidental (dudo que sea el definitivo). La MINURSO lleva siete años en la zona y, como muy pronto, el ansiado referéndum se celebraría en diciembre de 1999.

Volviendo a mi vida cotidiana en Ceuta, un joven camerunés de enorme sonrisa y movimientos felinos que está de *varilla* junto al Parque del Mediterráneo, me ha preguntado si le puedo conseguir un par de botas de fútbol para poder jugar en un equipo local donde le prestan calzón y camiseta. Hablo con él en francés y estoy planteándome la posibilidad de convertirme en su representante y apoderado, a imitación de esos chupones trajeados que tutelan a ciertas estrellas del balompié, no vaya a ser que me haya topado con un *crack* tipo Ronaldo o Denilson y deje pasar ante mi puerta la gallina de los huevos de oro.

# Visita a una escuela. Noviembre, 1998

Como el viernes acabo las clases antes del mediodía, cruzo pronto la frontera y me encamino a Castillejos para visitar la escuela Condesa (sic), enclavada en un arrabal del pueblo, en la margen izquierda de la sucia y maloliente rambla que antaño servía de límite a la población y que desemboca a escasos metros en el mar, no muy lejos de la antigua estación de ferrocarril. En este lado se están construyendo viviendas modestas y arracimadas en las que se asientan familias pobres en recursos pero ricas en hijos.

Conozco a dos maestros de la escuela llamados Hassan y Abdelaziz. Hassan es cuñado de mi amigo Abdeselam y está interesado en que los niños de Condesa realicen actividades conjuntas con los chicos ceutíes. He hablado con gente del Instituto Almina, en concreto con Paco Mesa, profesor encargado del Departamento de Actividades Extraescolares, y con Javier Sancho, presidente de la Asociación de Padres del mencionado centro, obviando a los responsables de mi propio Instituto, donde hablar de moros y de Marruecos —por el ambiente que respiro y palpo— es tema tabú. Ignoro si todo esto llegará a buen puerto, pero la disposición por ambas partes —Javier me ha hablado de actividades tales como competiciones deportivas, acampadas, talleres de astronomía y de lectura, etc.— es excelente.

Condesa es una escuela similar a otras muchas que he visto a lo largo y ancho de Marruecos: sobre una era de tierra se asientan pabellones cúbicos erigidos mediante una estructura de columnas y vigas metálicas entre las que se insertan láminas prefabricadas de cemento u hormigón. Las piezas metálicas están pintadas de azul claro y las placas de blanco. Banderas marroquíes ondeando al viento. Un pequeño jardín. Una superficie polvorienta sobre la que alumnos y profesores, con más voluntad que medios, están haciendo un campo de deportes. En el interior, repartidas por turnos, mil quinientas bulliciosas e infantiles almas al cuidado de treinta y cuatro docentes. Aulas humildes y austeras de pupitres desvencijados en las que llega a haber hasta cincuenta niños enfundados en sus babis diminutos.

Me asomo a una de las clases y el maestro golpea con su férula sobre la mesa. La chiquillería se levanta al unísono y entona una letanía de bienvenida. Multitud de ojos negros y brillantes. Risas nerviosas y miradas expectantes ante la presencia del rumí.

Hassan y Abdelaziz me presentan al director del centro, que habla francés (ellos dominan a la perfección el español). La comunidad docente me obsequia con varias fuentes de *breua* y *raief* más un vaso de humeante té. Es la acostumbrada hospitalidad marroquí, tópica pero cierta. La verdad es que no pensé que mi visita a la escuela fuera a despertar tanta expectación. Y es que esta gente está ansiosa por tener contacto con la realidad española del otro lado. Hassan y Abdelaziz quieren que sus alumnos se abran a otros horizontes, tengan relación con otra cultura, aprendan y se enriquezcan a un tiempo. No sé si las autoridades educativas ceutíes pensarán lo mismo. Javier me comenta que sí hay proyectos en nuestra ciudad que buscan el encuentro de chicos y chicas de ambos países. Habrá pues que ponerlos en práctica digan lo que digan agoreros y ultramontanos de toda laya.

Aprovecho que estoy hablando de una escuela para retomar el asunto —temo aburrir al lector que busca nuevos paisajes— de mi lucha diaria con los estudiantes de la ESO y lo hago por una anécdota que me sucedió con Yuçef, uno de mis alumnos musulmanes. Hace días leímos un texto que hacía referencia a la evolución humana. Comenté entonces a los chicos que solo unos pocos genes nos diferenciaban de los chimpancés. «¡Eso es mentira!», saltó Yuçef. «Tu abuelo es un mono», se burló Quique echando más leña al fuego.

Resulta que la misma respuesta me dio hace dos años, ante parecida cuestión, Emilio, un chico cristiano de dieciséis abriles. El buenazo de Emilio argumentaba: «¿Y qué pasa con Adán y Eva? ¿Es que la Biblia miente?». Catapum. Con la Iglesia hemos dado, como dijo don Quijote, aunque, al parecer de los eruditos, sin segundas intenciones.

Recuerdo que ese mismo año Chechu, joven profesor interino de Biología venido de Asturias, se me quejaba, alucinado, de que le era imposible explicar el proceso del origen de la vida y de la evolución humana en el curso de Emilio (un 4.º de la ESO) porque tanto *fieles* como *infieles* se cerraban en banda al grito de: «¡Eso es mentira!».

Vivir para ver ¿Quién dijo que la involución no era posible en nuestra avanzadísima sociedad de fin de milenio? ¿Dónde quedan los frutos de la Enciclopedia y el Siglo de la Razón? ¿Por qué se sigue impartiendo la asignatura de Religión en centros de enseñanza públicos de un Estado que se define laico y aconfesional? Me lo expliquen. Encima, los prebostes de turno presentan como un canto a la tolerancia que tanto en colegios como en institutos los educandos puedan recibir ahora clases de religión coránica, hebrea, protestante, etc. Señores: la religión es una creencia y no una ciencia, con todo el respeto hacia los compañeros que se ganan el pan impartiendo esa asignatura. Cosa distinta (y presiento que, desde hace un rato, me estoy deslizando por la ladera del ensayo puro y duro…) sería que los alumnos aprendieran historia de las religiones —el reciente libro de la antropóloga Catherine Clément, *El viaje de Teo*, es un magnífico ejemplo orientado a jóvenes lectores— en íntima conexión con la etnología, la antropología, la filosofía y la ética, como una respuesta —cultural si se quiere— del ser humano a la inquietud que le produce saberse finito.

Considero que la formación religiosa compete a la familia, si esta lo es, y ha de estar alejada, al menos en su carácter doctrinal, de la escuela. En Ceuta el problema se agrava porque ambas comunidades mayoritarias —cristianos y musulmanes— son tradicionales y antagónicas (y los extremos acaban por encontrarse, como habrá comprobado el lector). Me han hablado además del fundamentalismo de algunos predicadores que en las mezquitas fomentan el rechazo —incluso el odio— a lo no musulmán. Mis alumnos musulmanes adolescentes asisten por la tarde a la escuela coránica. ¿Quién les forma?

En principio no soy ateo. Me considero agnóstico, un agnóstico que lee de cuando en cuando la Biblia y al que le atrae la figura de Cristo. El catolicismo ha impregnado mi educación, como la de tantos españoles, desde chico (llegué en tercer curso de EGB al colegio Sagrada Familia y lo abandoné al aprobar COU e ingresar en la universidad). Conozco a personas que viven su fe con autencidad y conducta ejemplar —mi padre fue un cristiano cabal, sin ir más lejos—, por lo que no puedo sustraerme a su influjo cultural así como así.

Reconozco que en todas las religiones hay enseñanzas positivas para la conducta del hombre hacia sus semejantes y consigo mismo —una ética no universal, sino condicionada por la creencia—, pero no me apeo del burro en cuanto a que ciencia y religión no deben mezclarse. Me gusta la idea algo luterana de la religión como algo íntimo y personal. Rechazo el proselitismo; el adoctrinamiento; la negación de las ideas, posturas y opiniones de otros, etiquetándolas de falsas; la creencia de estar en posesión de la verdad... La difusión histórica de las principales religiones del orbe no ha sido un camino de rosas por la simple razón de que hombres y no ángeles las han divulgado. Libertad de culto sí, pero fuera de las escuelas, institutos y demás foros docentes, que han de ser templos del conocimiento racional y empírico. A propósito: ¿para cuándo asignaturas tales como ajedrez o educación vial en los centros de enseñanza?

Me gustaría poder llevar a un sitio especial a estos mis alumnos, seguros partidarios de aquellos reverendos carpetovetónicos que, tras la difusión del *Origen de las especies*, llegaron a aseverar que los fósiles, lejos de ser restos de antiquísimos seres que poblaron la tierra hace millones de años, lo cual trastocaba la fecha del origen del mundo que sabios exégetas bíblicos habían calculado con poco margen de error, eran falsos testimonios puestos *ex profeso* por Dios en las rocas para confundir al hombre, que, en su soberbia, pretendía explicarse lo inexplicable. El sitio especial no es otro que el yacimiento de Atapuerca, cuna del *Homo antecessor*, para que Bermúdez, Arsuaga y demás investigadores les instruyeran en los misterios del comienzo de la vida y del *Homo sapiens*, aunque habría que alejarlos de los cantos rodados que abundan en la zona, no fuera que nos lapidaran por impíos.

Por ahora me conformo con que lean el *National Geographic*, donde mensualmente aparecen un montón de huesos diseminados por sus páginas deslumbrantes.

Por lo demás, todo normal. Bilal y José Manuel, esas dos perlas cultivadas a las que imparto clase, han tenido un primer contacto amistoso —se cruzaron los morros con un par de bofetadas en un descuido que tuve en el aula— y, al margen del instituto, pude asistir hace unos días a un extraordinario concierto en la iglesia-catedral de Ceuta, donde una orquesta de jóvenes músicos del Conservatorio de Moscú nos deleitó con piezas de Vivaldi, Bach y Borodin, entre otros compositores. Lástima que los bancos de la catedral supongan una tortura para traseros y espaldas. Me dicen que ya está en marcha el proyecto de erigir un auditorio en los terrenos donde se ubicaba el antiguo mercado, y se ha tenido el acierto de elegir al prestigioso arquitecto luso Álvaro Siza para que lleve a cabo tan magna obra, que, cuando esté acabada, se convertirá sin duda en el edificio más emblemático de la ciudad. Que coloquen ya la primera piedra.

# *Los vapores del* hammam. *Noviembre, 1998*

El martes pasado quedé con el señor Abdeselam para ir a uno de los varios *hammam* que hay en Castillejos, si bien le sugerí visitar el más antiguo.

La relación de los pueblos islámicos con el agua siempre ha sido proverbial (fuentes y estanques de la Alhambra, aljibes, norias, azudes, aceñas y acequias de la huerta levantina y andaluza, por citar ejemplos ibéricos). La hidroterapia era conocida desde muy antiguo por diversas culturas y tampoco los árabes la desaprovecharon, siendo el *hammam* una de sus manifestaciones más genuinas.

La visita al *hammam*, casi siempre semanal, forma parte del rito musulmán de la purificación, como las abluciones que preceden al rezo en la mezquita o a la ingesta de alimentos. El *hammam* puede ser público o privado y, a semejanza de las termas romano-bizantinas —dependiendo del tamaño—, consiste en una sucesión de salas frías *(frigidarium* en latín), tibias *(tepidarium* en latín) y calientes *(caldarium* en latín).

Me encontré con el señor Abdeselam en el *Café Plata* (sic), cerca de donde está el edificio de la que fue antigua aduana española en la época del Protectorado. Estaban echando un documental de animales en la segunda cadena de la televisión española y los clientes del café contemplaban ensimismados el ataque de un escorpión a no sé qué otro bicho repugnante. Algunos hombres jugaban al dominó. Pedimos un té y charlamos un rato, haciendo tiempo antes de ir al *hammam*. Vi pasar por la calle al señor Mohamed, el loco-cuerdo de la frontera, desdentado y curtido como un pedazo de cuero. Pasó por delante del café varias veces antes de percatarse de nuestra presencia y entrar como un rayo a saludarme —Abdeselam se levantó— y pedirme un poco de dinero «para lah criaturitah». Abdeselam le tiene manía y dice que es un canalla. Lo sé pero sus hijos —un montón— no tienen la culpa de que les haya tocado en suertes semejante padre.

Nos levantamos y nos fuimos a dar una vuelta por el pueblo. Después entramos a otro café bastante grande que hay frente a la mezquita, en penumbra. Más hombres jugando a las cartas con baraja española —subastao—, dominó y parchís. Ausencia total de mujeres, por supuesto. Viejas fotografías del Barcelona y otros equipos de fútbol colgadas en la pared. Dos grandes televisores situados estratégicamente para que la clientela no pierda detalle durante la retransmisión de los partidos (también en Marruecos, ya lo he señalado, el fútbol es más que un deporte y llega a convertirse en pasión enfermiza). Algunos tipos fumaban kif y otros tabaco rubio. La mayoría tomaba té o café con leche. Como siempre, una buena ración de azucarillos rodeando el vaso de café al ser servido.

Estuve un buen rato fijándome en la seriedad con que los hombres jugaban al parchís —para mi mentalidad, un juego de niños— y el enfado y gesticulación que provocaban algunos lances de la partida. Todos los jugadores de parchís que he visto en Marruecos tiran el dado con suma elegancia, imprimiendo al cubilete un gesto enérgico, contundente y no exento de filigrana. Más allá unos practicaban el billar y un anciano extendía una rayita de rapé en el arco de sus dedos índice y pulgar. En Marruecos, al menos en esta zona, venden el rapé en los estancos —los más puristas lo elaboran ellos mismos a base de mortero, molturando tabaco— y lo denominan en árabe *taba*, que supongo derivación del francés *tabac*, palabra tomada a su vez del americanismo caribe *tabaco*, aunque su etimología es discutible, como reza el DRAE.

Llegaron las sombras y nos acercamos por fin al *hammam*. Estaba situado en una calle tranquila y oscura, cercana al rosario de tallercitos mecánicos que salpican la salida de Castillejos hacia Ksar-es-Seghir.

Subimos unas pocas escaleras y entramos a una primera sala de techo alto donde había unas taquillas de madera para dejar la ropa y varias banquetas de plástico donde sentarse. Olía a humedad, una humedad cálida. Nos quedamos en calzoncillos, entregamos nuestras bolsas a un mozo y cruzamos una gran puerta de madera. Tras ella se abrían tres pequeñas naves paralelas de techo abovedado —en algunos puntos con máculas de verdín—, iluminadas por una luz macilenta, que se correspondían con el *frigidarium*, el *tepidarium* y el *caldarium* clásicos.

Pasamos directamente a la sala caliente, donde se hallaban varios hombres tumbados o haciendo ejercicios. El ambiente era similar al de una sauna. En un gran pilón adosado a la pared caía agua humeante de un grifo, previamente calentada en otra zona mediante fuego de leña. Me senté en la postura del loto y respiré despacio. La sensación de relajación y bienestar era reconfortante. Comencé a sudar y me tumbé boca arriba sobre las losas calientes. Ora unos ora otros extraían agua del pilón y la baldeaban sobre el suelo; la sala no se inundaba porque unos canalillos conducían el agua de una nave a otra hasta desembocar en un desagüe situado en la más fría y alejada. En el *tepidarium* había grifos de agua fría, así que era posible mezclarla con el agua caliente de los cubos hasta conseguir una temperatura ideal. Un padre había llevado a su hijo, de unos tres años, y lo estaba enjabonando a conciencia. El niño permanecía tranquilo, adormecido por los vapores, y hasta parecía disfrutar de la experiencia. Algunos hombres masajeaban a otros mediante guantes de crin para activar la circulación sanguínea.

Es curioso: pensé que íbamos a estar desnudos, pero todo el mundo llevaba calzoncillo o pantalón de deporte. Aquí la gente es pudorosa, como comprobé más tarde cuando nos cambiamos: los hombres se arrollaban la toalla a la cintura y, con cuidado, protegidos por ese velo, se quitaban la muda mojada y se ponían la seca. Nada de enseñar el trasero, ¿o tal vez miedo a posibles comparaciones en una sociedad tan machista? Yo hice lo mismo siguiendo a pie juntillas el refrán: «Allá donde fueres haz lo que vieres».

Después de permanecer una media hora en el *caldarium* pasamos al *tepidarium* —unos minutos—, donde nos secamos, y salimos a la sala que servía de vestuario. Allí estuvimos un buen rato sentados en las sillas, envueltos en nuestras toallas, notando cómo la piel estaba limpia y tersa, habiendo eliminado a través de los poros todo tipo de toxinas.

Cuando nos hubimos cambiado pagamos ocho dírhams por cabeza, dimos una propina al mozo que había cuidado de nuestra ropa y salimos al exterior. «No respires por la boca», me aconsejó Abdeselam.

Esta ha sido mi primera experiencia en un baño público (ya era hora) y no creo que sea la última, pues me ha picado la curiosidad por conocer otros baños en diferentes zonas del país y observar si difieren entre sí.

Añadiré como dato anecdótico que en Ceuta, en el Paseo de la Marina, hay restos arqueológicos de unos baños árabes del siglo XI. Muchas veces me había preguntado, siempre que pasaba ante ellos, por qué estaban ubicados en ese lugar, ahora más o menos céntrico, pero antaño —Edad Media— alejado de lo que tuvo que ser el primitivo núcleo urbano. La construcción de un edificio la pasada primavera en un solar colindante con los baños me dio la respuesta: al excavar el foso para hacer los cimientos, afloró tanta agua del subsuelo que tuvieron que instalar potentes motobombas extractoras para poder continuar las obras. No sabían nada los antiguos.

# *Impresiones. Noviembre, 1998*

Camino por la playa de Kabila un luminoso día de finales de noviembre, sintiendo la tibieza del sol sobre la piel, blanca otra vez. Me siento un privilegiado al poder hacerlo en esta época del año, cuando en mi Castilla natal el frío arrecia y el viento norte casi ulula.

El levante hermosea un mar agitado de color turquesa con espumas cremosas que baten sobre la arena. También el levante destroza mi sistema nervioso, hace crujir las articulaciones y aumenta la sinusitis: una de cal y otra de arena.

Hacía tiempo que no disfrutaba tanto con el paseo. Varios pescadores han plantado sus cañas de fibra de vidrio, con un montón de hilo en la bobina del carrete, esperando capturar alguna buena pieza. Una bandada de correlimos precede mis pasos a prudente distancia. A unos cientos de metros mar adentro hay barcas de pesca faenando, mientras las gaviotas planean próximas a las redes. Más allá, en lontananza, buques mercantes siguen la ruta del Estrecho.

Llego hasta la playa de Marina Smir —vieja conocida—, allá donde su curva forma una rada poco profunda protegida por la bocana del puerto, toda tetrápodos de hormigón. Encuentro sobre la arena el cadáver de una tortuga boba del Mediterráneo *(Caretta caretta)*. Está panza arriba, con el vientre verdoso y coriáceo mirando al sol. De su boca picuda sobresale el grueso hilo del palangre en el que quedó atrapada y que, a buen seguro, le ha provocado una lenta agonía. Tiro de él y noto que el anzuelo está clavado muy adentro. Vuelvo del revés al animal con cierto esfuerzo, calculándole un peso de unos cincuenta kilos. Qué lástima de ejemplar.

Este rincón de Marina Smir recibe con frecuencia restos de animales marinos; se ve que las corrientes los empujan hasta aquí. Hace unos años apareció varado el cadáver de un tiburón ballena —el mayor pez de los océanos— y la noticia se difundió a través de la televisión marroquí. Pude ver una fotografía del mismo en un comercio de Tánger y resultaba impresionante al compararlo con las figuras humanas que aparecían a su lado.

Me fijo, como siempre, en conchas, algas y despojos que las olas aportan a la orilla. Me gustan especialmente esas caracolas gastadas por el roce que dejan ver la delicada estructura helicoidal de su interior. Los huesos de las jibias o sepias, esos que se colocan entre los barrotes de las jaulas de los canarios para que afilen el pico y consuman calcio, me sugieren, por su forma hidrodinámica, la silueta de una embarcación futurista (la biotecnología no es ajena a estas caprichosas formas de la naturaleza y la ingeniería las ha imitado en ocasiones).

Mientras camino pienso en la nueva recopilación de cuentos que estoy haciendo. ¿Lograré que me los publiquen? ¿Presentarlos tal vez a algún premio literario? ¿Cómo titular el libro? Este otoño me veo con ganas de escribir y mil ideas bullen en mi cabeza, ideas que habrá que plasmar sobre el papel antes de que se volatilicen. Me voy dando cuenta de que la escritura es un ejercicio de constancia y de soledad, una soledad parecida a la del monje que trabaja encerrado en su celda. Espero que todo ello dé los frutos apetecidos.

También mientras paseo recuerdo la visita que el viernes hice a Totem, la magnífica librería de África. Esta, de fuerte carácter, estaba indignada porque en el sorteo anual de los quintos —el último— que se retransmitió por la tele un alto mando del Ejército había dicho que procuraría evitar que los mozos se vieran forzados a hacer la mili en Ceuta o en Melilla. «¡Como si esto fuera el fin del mundo!», se quejaba África mientras Eva y Víctor, empleados de la librería, la observaban y asentían. Contesté que tradicionalmente Ceuta y Melilla habían sido consideradas en la Península como «esos lugares lejanos a los que uno va a hacer la mili» —evité el adjetivo *perdidos*—, y creo que empeoré las cosas, pues había tocado el fondo de una vieja herida: los caballas cristianos se saben entre las fauces de Marruecos y la indiferencia de la madre patria —sentimiento un tanto esquizofrénico—; de ahí la prevalencia de señas identitarias —banderas y otros símbolos de españolidad multiplicados por doquier— más una prevención o recelo —no siempre— hacia lo musulmán. Ignoro si en Melilla sucede algo semejante.

Al finalizar la caminata me doy cuenta de que tengo las plantas de los pies llenas de alquitrán o petróleo y he de usar aceite de oliva para eliminarlo. Es este otro tributo del levante, que remueve la mierda de esa inmensa cloaca a la que llamamos mar y nos la devuelve a las costas. Cuándo aprenderemos.

# Hornos de cal y piedras verticales. Noviembre, 1998

El sábado pasado hice una ruta extraña por una región situada entre Tetuán y Xauen, en la Yebala. El recorrido completo fue: Tetuán-Zinat-Beni Yder-Suk Khemis des Beni Aruss-Suk el Arba Ayacha-M'Sura-Tetuán. En esta zona numerosos pueblos reciben el nombre por el día en que se celebra mercado; así Suk Khemis significa «el mercado del jueves» y Suk el Arba «el mercado del miércoles». También aparecen muchos *beni*. *Beni* es el plural de *ben* y significa «hijos de» o «descendientes de». El marcado carácter familiar y tribal de estas gentes, con un profundo sentido de clan, influye en la toponimia, donde hay que dejar bien clara la procedencia, el tronco del que deriva cada rama. Palabras como *ibn, aït* y *ouled* tienen un sentido similar en los nombres de lugar de origen árabe o bereber.

La vegetación en esta zona mediterránea es muy andaluza: alcornoques, lentiscos, azufaifos, palmitos, adelfas, espinos varios, madroños y plantas aromáticas.

Detuve el coche a un lado de la carretera y me dispuse a darme un atracón de madroños, trepando aquí y allá, combando tal o cual rama, llenándome de arañazos como un niño chico. Su fruto resulta sabrosísimo y me encandilan su color, forma y textura. Incluso si uno come demasiados puede llegar a experimentar cierta embriaguez. En estos montes los madroños son arbustos de largos tallos (entre dos y tres metros de altura) y no llegan a adquirir el porte de árboles robustos, como sucede en otras tierras.

Regresé al automóvil y unos kilómetros más adelante descubrí un horno de cal. Era una construcción circular de toscas piedras superpuestas, similar a un torreón truncado, que humeaba por su parte superior. Varios hombres cortaban maleza en las laderas cercanas, la apilaban y la arrojaban al interior del horno a través de una pequeña abertura triangular hecha en su base. Me asomé por el hueco y vi el fuego crepitando en la panza.

La obtención de cal es bien simple: se construye en la parte baja del horno una bóveda con los trozos mayores de piedra caliza arrancados a la montaña; esta bóveda sirve de hogar y sostiene los pedazos restantes que llenan el horno hasta arriba. En el hogar se pone leña o carbón —aquí solo arrojaban ramas y arbustos— en cantidad suficiente; se prende fuego y las llamas calientan el horno hasta que la caliza se transforma en cal viva. Ahora entiendo de dónde proceden los grandes pedazos de cal que he visto en Castillejos y en el mercado de Oued Laou.

Los hombres que cortaban, acarreaban e introducían la leña menuda me dijeron que la cal se utilizaba para enjalbegar las paredes de las casas, algo común en el norte de Marruecos y en el sur de España. Sé que también se emplea, como ya hicieran los romanos, para obtener argamasa o mortero con que unir sillares y levantar muros, pero no hicieron referencia a tal uso, quizás porque el cemento es más práctico en estos tiempos.

Continué mi ruta, deteniéndome si veía algún motivo digno de ser fotografiado. La sequía se ha dejado sentir en esta zona. Los regatos estaban secos y los pastos aparecían ralos y amarillos.

Pasaron la horas y llegué al fin a la zona donde, según indicaba mi guía de viaje, se levantaba uno de los escasos monumentos megalíticos del Magreb: el crómlech de M'Sura. En anteriores ocasiones había buscado el camino que conducía hasta él, aunque de manera infructuosa, así que me detuve en la primera gasolinera que encontré e hice además de consultar el mapa. Miradas de curiosos. Primeros cuchicheos. A los pocos segundos, un muchacho que vendía cigarrillos Marlboro se acercó. Él sabía dónde estaba el «grómlech». Montó en el coche, retrocedimos unos kilómetros y penetramos por un camino de cabras que, gracias a la sequía, estaba medianamente transitable. Por supuesto, ni un cartel, letrero, señal o icono que informara sobre la existencia en la pedanía de un monumento megalítico.

Llegamos a la aldea al atardecer y pronto descubrí el círculo de piedras verticales (unas doscientas entre pequeñas y grandes), doradas bajo la luz del sol. Destacaba un menhir de unos seis metros de altura, cual enhiesto y desafiante falo. Algunas casitas habían sido levantadas junto al círculo, y las venerables piedras servían de albarda para sus huertos y corrales. Un perro negro ladraba sin cesar y las gallinas picoteaban entre el polvo. Anduve por dentro del perímetro. En el centro se levantaba un gran túmulo de tierra. Se cree que estas singulares disposiciones de rocas talladas e hincadas en el suelo eran lugares de ceremonia y culto de antiguas poblaciones. Otros hablan de su función como relojes, calendarios u observatorios astronómicos.

Mientras hacía algunas fotos tratando de aprovechar la escasa luz de la tarde, se acercó un hombre mayor que me enseñó un gastado carné y dijo ser el guardián del monumento. Sacó de la faltriquera un plano del crómlech y hablamos un rato en español sobre estos restos olvidados. Me mostró también una hoja con dibujos del famoso megalito de Stonehenge.

Al marchar —Venus estaba ya sobre el horizonte añil— me fijé en un gallo magnífico de brillantes plumas rojas. También me pareció ver a Obelix caminando con un puntiagudo menhir a la espalda y sus inconfundibles pantalones a rayas azules y blancas. Nada raro en este sitio, pensé.

# Al sur de nuevo. Diciembre, 1998

Aprovecho el puente de la Constitución (cuyo vigésimo aniversario se celebra este año, sea enhorabuena) para hacer una escapada al Antiatlas. Viajo solo, cosa que no hacía desde mucho ha, en un recorrido de varios días de duración. No he trazado una ruta fija, aunque sí hay un punto al que pretendo llegar: Tamegroute. Es este un pueblito situado a unos veinte kilómetros al sur de Zagora y cuenta con la particularidad de que su *zauïa* o escuela coránica posee una biblioteca en la que reposan antiguos manuscritos elaborados con pergamino de piel de gacela.

Pensé que el asunto de la gasolina —el vehículo con el que viajo ahora es un Peugeot 406 que la consume sin plomo— no me permitiría llegar a estas zonas tan apartadas donde nada más hay gasoil y gasolina con plomo. Sin embargo, en estos dos últimos años, las estaciones de servicio han proliferado (Total, Shell, Petrom, Afriquia, Petrans, Ziz…) y a sus cisternas ha llegado también el combustible de moda en Europa, menos contaminante, aunque no menos caro: en Marruecos la gasolina cuesta tanto como en España, si no más: a casi ocho dírhams el litro —unas ciento veinte pesetas— está en el momento que redacto estas líneas, todo un lujo para las magras economías marroquíes.

El cuatro de diciembre, viernes, acabo las clases a las once y media —por primera vez en mi vida profesional tengo un horario decente— y salgo pitando. Comprobar la presión de los neumáticos, llenar el depósito hasta el tope y comprar un carrete más de diapositivas. Llego a mi casa de Kabila y cambio la cartera de profesor por el macuto. Los zapatos de hebilla color burdeos también son sustituidos por unos cómodos playeros que alguna vez fueron blancos.

Primer susto antes de llegar a la circunvalación de Tetuán: en un control, agentes de la Gendarmerie Royale —las vetustas motocicletas BMW de color negro aparcadas a un lado— me dan el alto y me indican por señas que pare en la cuneta. «Les papiers s'il vous plaît», me pide un bigotudo con chaquetón de cuero y casco del año de Maricastaña. «¿Pourquoi?», inquiero. «Les papiers», repite, esta vez sin el «por favor». Son hombres jóvenes y chapurrean el español. Me explican que el radar, ubicado en un Renault 4 próximo, ha marcado una velocidad de 75 km/h, cuando la señal indica un límite de 60. «Son cuatrocientos dírhams», dice uno de ellos imperturbable. Era lo que me temía. Las multas de cuatrocientos dírhams —unas seis mil pesetas— están a la orden del día y suponen un robo a mano armada por parte del Estado en un país donde el sueldo medio no llega, ni con mucho, a las treinta mil pesetas mensuales (supongo que Marruecos habrá tomado como ejemplo la elevada cuantía de las multas de tráfico en España). Para colmo, algunas señales son muy antiguas e indican velocidades irrisorias en tramos sin peligro, por lo que esos son los lugares preferidos por los agentes de la ley y el orden para apostarse. Charlo con ellos un rato y les hago ver que soy un conductor prudente en comparación con los salvajes y kamikazes que pululan por esta carretera. También les indico que soy profesor —milagrosamente, en Marruecos esta sigue siendo una profesión digna de respeto— y que vivo cerca de allí. La conversación surte el efecto deseado y me dejan marchar.

Las obras de la autopista a Tánger son ya visibles entre los alcornocales y suponen el último tramo del eje atlántico Casablanca-Tánger. En las salinas próximas a Lixus hay cigüeñuelas —larguísimas patas de rojo alambre y finos picos hurgando en el limo—. Me detengo en Larache a tomar un bocado. Voy hasta el puerto y busco el cafetín de pescadores en el que suelo almorzar sardinas asadas aderezadas con sal gorda. Resulta que no hay humaredas ni fogones de carbón a la entrada, por lo que subo las escaleras y husmeo en el interior. Los hombres toman café y en la tele echan un culebrón indio. A la entrada unos chicos sirven unos tazones de sopa con un pedazo de pan de centeno. Es *baisara*, popular y deliciosa sopa de guisantes enriquecida con un chorretón de aceite de oliva y un golpe de comino. El precio de este tentempié caliente es de tres dírhams.

Continúo viaje hacia Rabat y Casablanca, ya por la autopista. Decido dormir en Ualidia. Argimiro me recomendó el *Hippocampe*, un precioso hotelito cercano a la albufera, pero el precio que me piden por una habitación individual en esta época del año —casi quinientos dírhams— me parece abusivo y fuera de lugar para un tres estrellas marroquí, con lo que opto por un viejo conocido: *L'Araignée Gourmande*, donde siempre he comido opíparamente y espero no dormir mal.

A la mañana siguiente, tras el desayuno, me despido del dueño, que está ocupado en el cuidado del pequeño jardín repleto de buganvillas ornadas por las gotas de lluvia de la noche pasada, y reemprendo el viaje.

Observo cultivos en los que se emplea el plástico negro pegado a la tierra para absorber calor, y modernos invernaderos de plástico traslúcido que brillan bajo la luz solar. Aún es una agricultura testimonial en esta zona, pero va a más.

Al llegar a El Jadida la lluvia arrecia. Hay numerosas bicicletas que circulan sin luz —si acaso, los focos de mi automóvil logran iluminar la plaquita reflectante del canto de los pedales— y eso, unido a las porciones de carretera que carecen de líneas pintadas en el asfalto, genera tensión y hace la conducción agotadora.

Tal como supuse, los campesinos han comenzado a arar, al haber esponjado el aguacero el manto fértil de esta abrupta costa, espolón de roca caliza cuya superficie no es más que una laja inmensa salpicada de un poco de tierra oscura. La labranza aquí parece un imposible. Contemplo por primera vez dromedarios como animales de tiro para el arado romano. Un vejete ha uncido una pareja singular: un dromedario y un borrico. Otro, más allá, se sirve de una vaca ¿Qué fruto dará tan delgada oblea surcada por una reja de madera y erosionada por la lluvia y los vientos atlánticos? Un muchacho arroja la simiente al voleo sobre la tierra recién abierta: la primavera obrará el milagro.

Llego a la industriosa Safi. Busco la carretera de la costa por la cintura del puerto y los arrabales donde viven las mujeres que trabajan duro en las conserveras. Como siempre, huele a mar y a sardinas. Chimeneas humeantes y almacenes decrépitos. A las afueras, la fábrica de fosfatos. Hago un alto para fotografiar el entramado de tubos y depósitos entre los que se afanan los obreros. Más lejos, me detengo de nuevo para contemplar la ciudad y su polo industrial a través del objetivo de 300 mm y capto el vómito marrón de un sumidero que arroja su contenido al mar: los fosfatos también contaminan, y mucho. Desconozco si hay en Marruecos alguna legislación que regule el tema de la contaminación industrial, tema baladí, por otra parte, en cualquier país en vías de desarrollo.

Continúo hacia mi bienamada Essaouira. Todos los ríos que cruzo están secos, sin una gota de agua en sus lechos pedregosos. Repongo fuerzas en el *Chalet de la Plage;* en la terraza hay numerosos comensales europeos que degustan marisco y pescado mientras las gaviotas revolotean cerca y pugnan por hacerse con algún bocado sobrante. Me dejo acariciar por los rayos de sol y el sonido de las olas que se estampan a nuestros pies. En pocos lugares me sabe tan bien una pipa como aquí. Vuelvo a ver al anciano camarero del restaurante, a quien un cliente confianzudo llama *papillon*. Le pido que pose para mí y guardo su imagen en una diapositiva: ¿quién sabe si volveré a verlo la próxima vez que venga? Ojalá.

Sigo por la carretera costera en dirección a Agadir. Comienzan los campos de arganes, las primeras casas rosadas y los primeros hombres vestidos con *bubis* azules.

Está anocheciendo cuando alcanzo a ver la luz intermitente del faro que señala el Cabo Rhir.

En Agadir, infinitas luces y letreros de neón. Flamantes gasolineras en la ruta que lleva a Tiznit (juraría que hace un par de años no vi ninguna). En Tiznit las antiguas murallas de adobe están iluminadas.

Desvío a Tafraute. Vuelve a llover copiosamente y decenas de sapos salen a la carretera, donde son aplastados sin conmiseración por las ruedas del vehículo. Compruebo, a través del termómetro digital que marca la temperatura exterior, que esta ha descendido paulatinamente desde quince grados en la costa a siete grados en la montaña. Ahí se estabilizará. Los faros deslumbran al primer zorro, de hermosa cola, que veo en Marruecos, donde no es común toparse con animales salvajes al viajar por sus bosques, montes o desiertos. Agotado, llego al fin a Tafraoute y busco el refugio de *Les Amandiers*. Hace frío, un frío que se mete en los huesos.

Al día siguiente, la fría mañana comienza con lluvia no menos fría, igual que al llegar. Aun así pongo buena cara, compruebo el material fotográfico y salgo por la S-509 en dirección a Agadir, realizando en sentido inverso el itinerario que hice con Aixa el año pasado. Esta vez no hay ardillas terrestres en los bordes de la carretera: estarán en sus cálidos cubiles, dormitando arrolladas sobre su cola y con la despensa bien llena de almendras, como en los cuentos.

La lluvia realza el color rosa del granito y las nubes se aferran a las crestas pétreas de los montes. Apenas tengo luz para poder usar el objetivo de 300 mm y he de recurrir al de 50 mm, bastante más luminoso.

El terreno está fragmentado en terrazas, lo que impide la erosión de las pinas laderas en las que se cultivan almendros y arganes protegidos mediante ocasionales bardas, no de cañas, sino de chumberas.

Detengo el automóvil en Imintizght ante un hito kilométrico que también indica direcciones; hay un herrumbroso Renault 18 aparcado un poco más adelante, del que sale un hombre mayor, que se acerca curioso. Viste una gruesa chilaba de lana marrón y el clásico turbante blanco-anaranjado del sur. Me saluda y pregunta en francés si necesito algo. El contacto de su mano es cálido. Los gruesos cristales de sus gafas están empañados. Al saber que soy español cambia su registro idiomático y me habla en mi lengua. «La lluvia es una bendición —dice—; llevábamos meses esperándola». «Por fin ha llegado», respondo lacónico. La lluvia, una bendición, quién lo duda, si cae a tiempo y en su justa medida. Parece que esta vez ha sido así.

En un almendro que gotea y brilla por el aguacero alcanzo a ver el revoloteo fugaz —temblorosos azules, blancos y canelas— de un pájaro hermosísimo. ¿Un pechiazul tal vez? Habrá que comprobar en la guía de Lars Jonsson si la distribución de esa ave u otra parecida alcanza esta región de Marruecos, aunque será difícil errar el tiro, pues no pueden ser muchos los pájaros de Europa y Norte de África que presenten plumitas de intenso color azul en la garganta y en el pecho.

La carretera se retuerce y continúa ascendiendo por la montaña. Hay una delgada capa de nieve en las cotas más altas y el termómetro ha bajado hasta los dos grados. En las aldeas que atravieso los moradores adornan las fachadas de las casas con discos que encierran dibujos de estrellas, soles y flores de almendro.

Cuando llego a Sidi M'zal ya no llueve y el sol puja por abrirse paso entre las nubes. Cito esta aldea porque en el alminar de su humilde mezquita hay una placa solar: ¿tendrán un almuédano ecologista? Más al sur hallaré más placas solares, aunque no recuerdo haberlas visto en los minaretes de las mezquitas, sino sobre los techos planos de algunas casas. Marruecos importa energía eléctrica de España —cable submarino de Tarifa— y, sin embargo, tiene un gran potencial energético debido a la cantidad de horas anuales de luz solar de que dispone el país. Lástima que la tecnología para captar esa energía limpia y renovable sea tan cara.

En un tramo del camino oigo disparos de escopeta. Un par de kilómetros más adelante encuentro a un cazador —afición elitista y minoritaria en el reino alauita, diría yo— y no pierdo oportunidad de preguntarle por las especies que persigue. Me comenta que hay perdiz y algo de liebre. ¿Y conejos? Ninguno.

Supongo que la perdiz será la moruna *(Alectoris barbara)*, especie que ya he visto en las zonas esteparias del Medio Atlas. Estoy cerca de Aït Baha y el paisaje no ha variado: terrazas escalonadas de almendros, chumberas y arganes.

En Aït Mellul llaman mi atención los vistosos colores de la prenda, similar al *shari* indio, con que se cubren las mujeres y que permite localizarlas a bastante distancia. Abundan ya los tipos humanos con rasgos negroides y piel de color café, cuando no negra completamente, como la de mi amigo Ibrahim. Son los *haratin*, descendientes de aquellos esclavos negros capturados en Sudán o tal vez de etíopes, ya que, según antiguos geógrafos, estos se asentaron en los oasis saharianos.

Como a las afueras de Agadir, en el *Restaurant Tanalt*, típico cafetín-casa de comidas donde almuerza gente humilde, y tengo oportunidad de degustar el mejor *tayin* de verduras que haya probado en Marruecos.

Más kilómetros. Cruzo Taroudant, ciudad de origen antiquísimo. Murallas de tapial y mujeres con vestimentas azules. Se intuye el desierto. África late en sus calles.

En Talaiuine me detengo para fotografiar las casas de barro; estoy en ello cuando unas jovencitas sentadas sobre la hierba me abordan sin ningún reparo, algo inaudito por estos pagos. ¿Habré llegado al pueblo de las mujeres casquivanas? Es una novedad que me encanta, pero me resulta tan extraña y chocante que, tímido, rehúyo la jovial invitación a conocer sus viviendas. Sé, por palabras de Ibrahim, que la mujer sureña es más desinhibida que la del norte, sin embargo esto resulta «demasiado desinhibido» para lo que se estila en Marruecos.

Llego de anochecida a Ouarzazate y descanso en un hotel cuya arquitectura imita la construcción tradicional de por aquí:

muros de tapial de tono claro con paja muy desmenuzada. Es un material práctico (cálido en invierno y fresco en verano), económico (el producto lo da la tierra) y de austera belleza (se imbrica totalmente con el paisaje). Lástima que la lluvia y el viento lo deterioren tanto.

A la mañana siguiente desayuno en el hotel y salgo de Ouarzazate en busca de la biblioteca de Tamegroute.

Hasta Aït Saun el paisaje de piedra color caoba, brillante bajo la intensa luz solar, sin un arbusto, sin una brizna de hierba, me recuerda la enigmática orografía de Lanzarote, toda mineral. Lo saboreo como un adelanto de la pureza minimalista del desierto.

Antes de atravesar el puerto de Tizi-n-Tinifift recojo a un muchacho que me da el alto en medio de un vado. Se llama Abdul. Es feo, tiene desparpajo y habla bien francés. Aprovecho para preguntarle cosas sobre la región —tiene que ser muy dura la vida aquí, le digo— mientras numerosos Land Rover de color blanco conducidos enérgicamente por guías turísticos (la cabeza envuelta con el *litham* de los nómadas, la vista parapetada tras los cristales oscuros de unas Ray-Ban de imitación) y atestados de clientes se cruzan en nuestro camino. Abdul me dice que hay abundante agua subterránea, que la gente cría camellos, cultiva henna y tiene su principal sustento en el fruto de la palmera datilera.

Llegamos a Agdz, situada a los pies del sugestivo monte Kissam, especie de helado de chocolate al que un niño goloso hubiera arrancado porciones a cucharadas por aquí y por allá. Abdul me invita a conocer a un pariente —un primo, me dice— que resulta ser, cómo no, un comerciante de alfombras y de objetos bereberes. Estoy cansado de conducir, así que acepto el ofrecimiento a tomar té y manosear mercancía varia. Aparece el consabido cofre (recuerde el lector los episodios de Tiznit y Guelmine) con antigüedades tuaregs y bereberes a precio de cojón de mico. Lo cierto es que el tipo tiene objetos hermosos, joyas y abalorios que no había visto antes, junto a otros, como el martillo para la sal y el azúcar, que me resultan familiares.

Quedo prendado de un par de viejos tinteros hechos con el hueso vaciado de un bóvido y repujados con tiras de plata. Sendos estilos de hueso con raras marcas los acompañan; son punzones que servían, según se me explica, de improvisadas plumas que mojar en la tinta (probable mezcla de negro de humo desleído en agua más un poco de goma arábiga extraída de las acacias como emulsionante). Hay también un cuchillo tuareg de doble filo cuya vaina de cuero teñido y piel de serpiente es distinta a la de otros cuchillos que conocía.

Al tiempo que degustamos un té aderezado con hebras de azafrán (flor de enormes propiedades tonificantes y curativas para la medicina popular marroquí), alabo la belleza de los objetos mostrados, cuando lo lógico, si uno sabe comprar y no es una calamidad como yo, sería decir que ya los has visto antes, que los compraste en tal ciudad y en tal bazar por cuatro perras y media, que presentan defectos… Total, acordamos un precio desorbitado; desorbitado porque, si bien esa artesanía hecha a mano mediante técnicas ancestrales tiene valor, el comerciante la ha conseguido a bajo coste cambiándola por mercancías de primera necesidad —azúcar, sal, ropa, jabón, herramientas, aceite, harina, etc.— difíciles de conseguir en los lugares donde habitan los nómadas que han hecho tales objetos.

Y es que no espabilo. Tendría que haberme acompañado Antonio Serrano; él sí sabe comprar en Marruecos, aunque a veces se haya quedado sin alguna hermosa pieza por no ceder unos dírhams en la dura pugna mantenida con el vendedor (y yo tengo lo que quería).

Hassan, así se llama el hábil comerciante, al saber que me dirijo a la *zauïa* de Tamegroute para ver sus viejos manuscritos, me comenta, entre sorbo y sorbo de té, que él fue alumno de esa escuela coránica durante dos años y que todas las primaveras hay una gran fiesta o *mussem* en honor al santón enterrado en la *kubba*, donde peregrinan enfermos y mujeres estériles en busca de su *baraka* y protección. Hassan me dice que es muy milagrero ese tal Abu Abdallah Mohammed, fundador de la *zauïa* bajo cuyo suelo está enterrado.

Hablamos también del té tan especial que estamos bebiendo —comienzo a sospechar que es un bebedizo muy útil para arruinar las defensas de cualquier comprador reticente— y mi huésped me informa de que por esta zona se consume aromatizado con ajenjo.

Me despido de Hassan y, con la ruinosa compra bien envuelta bajo el brazo, monto de nuevo en el coche y enfilo el valle del Dra, en el que despuntan los primeros palmerales y los *ksur* se yerguen altivos.

Por fin me topo con agua: el curso de un Dra muy mermado espejea, reflejando el contorno níveo de las garcetas posadas en sus orillas. Y el agua, ya se sabe, es vida: verdes masas de palmeras diversificadas en treinta o más tipos; árboles frutales, arbustos de alheña y tamariscos por doquier; Huertos alimentados por acequias; cajas de dátiles apiladas junto a la carretera.

Apenas hay controles de policía en esta zona y advierto que, si se producen, son competencia casi exclusiva de la Gendarmerie Royale, con su característico uniforme gris. Son amables y no excesivamente curiosos, correctos en el trato. Qué diferencia con la policía norteña —creo que el norte los avinagra—, donde la Sûreté National, de uniforme azul oscuro, campa por sus respetos. También suelen ser correctos con el viajero foráneo, pero se convierten en abusadores a la hora de tratar a la gente corriente del país.

Atravieso Zagora —inmenso y majestuoso palmeral— y llego por fin a la ansiada meta: Tamegroute. Pregunto por la biblioteca y un curioso personaje sale a mi encuentro: Naciri Saaddine, a quien no olvidaré con facilidad.

«Mi padre fue durante cuarenta años director y guardián de la biblioteca. Yo soy pintor, traductor (hablo árabe, francés, inglés y alemán) y calígrafo. Con mucho gusto se la mostraré, pero antes vea mis dibujos». De esta guisa me recibió, apabullándome. Mala espina.

Pintura abstracta con ceras, témpera y óleo sobre frágil cartulina. Dibujos que recordaban los diseños psicodélicos, tan de moda en los años en que los Doors y el LSD triunfaban. Trazos infantiles en algunos bocetos. «Tengo cuarenta años y no estoy casado: algo extraño en Marruecos, ¿no?». Pues sí, no era muy frecuente. «Soy árabe pero no musulmán, prefiero considerarme un humanista». Observo sus creaciones con paciencia y alabo las que me gustan. «He expuesto en Alemania, Suiza…». «¿Y la biblioteca?», pregunto. «Vamos a ella», me responde.

La biblioteca se encuentra al fondo de la *zauïa*. Hay que cruzar un pequeño jardín para acceder a la sala. Dirijo la vista a lo alto y puedo observar un ángulo del tejado que cubre la tumba del fundador, de luminosas tejas verdes. «El verde es el color del Paraíso», apunta mi guía al observar dónde está puesta mi mirada. Reconozco que es hermoso el verde de antimonio que colorea las tejas, brillantes bajo el sol.

En la sala los libros ocupan tres paredes, la del fondo y dos laterales, colocados en estantes de madera y protegidos por vitrinas. Dice Saaddine que aquí hubo cuatro mil volúmenes, pero una parte de ellos está ahora en la capital del reino. Los más valiosos se exponen en vitrinas horizontales, abiertos por la mitad. No se pueden fotografiar y para consultarlos es necesario un permiso especial de Rabat. Observo los lomos cosidos de los volúmenes y la blancura de los pergaminos elaborados con piel de gacela (siguiendo la tradición egipcia, donde se utilizaban pieles de antílope y de gacela para tal menester, que no todo fue papiro). Hay libros de leyes canónicas musulmanas, astronomía, álgebra, medicina homeopática, botánica, taumaturgia, historia, coranes y diccionarios de gramática turcoárabe.

El libro más valioso que se conserva es un Corán copiado en letra cúfica y miniado del siglo XIII, aunque a mí me llama poderosamente la atención un manuscrito que recopila relatos de *Las mil y una noches*. Y me llama la atención porque, según el canon occidental, y así se lo hice saber el año pasado a los alumnos a los que impartí la asignatura de Literatura Universal, el mundo árabe conoció y difundió siempre ese corpus literario de manera oral, sin considerarlo suficientemente valioso como para recogerlo por escrito, hasta que el primer traductor europeo, el orientalista francés Antoine Galland, sacó a la luz una parte del mismo en 1704. Solo entonces, después del éxito de estos cuentos en Occidente, los árabes comprendieron el valor real de esa literatura popular hasta esa época menospreciada por los eruditos. Para decirlo en palabras del arabista español Emilio García Gómez, *Las mil y una noches* «es la única obra árabe incorporada de veras al acervo de la literatura universal», pero «mirada por los árabes con el más soberano de los desprecios». Bueno, la existencia en Tamegroute de este manuscrito anterior al siglo XVIII, si no entendí mal las explicaciones del dicharachero Saaddine en cuanto a la cronología del mismo, dado que mi comprensión de la lengua francesa, que no fue mala, ahora cojea, pondría un poco en entredicho, a mi modo de ver, estas categóricas afirmaciones de don Emilio. Pero dejemos las clases de Literatura y sigamos recorriendo la biblioteca.

En los márgenes de las páginas amarillentas de las gramáticas hay glosas escritas con letra pulcra y diminuta. Destaca en un Corán abierto una hermosa letra capitular, análoga en su factura a las de los antiguos códices medievales europeos, elaborada con tintes naturales. Mi guía particular, al ver el interés que muestro por los intensos colores, me explica su origen: «El oro es, por supuesto, pan de oro; el azul se extraía del índigo; el verde, de la menta; el naranja amarillento, del azafrán; el rojo, de la *henna*, y el negro procedía de la cáscara de almendras quemadas».

Me extasío contemplando estas joyas bibliográficas conservadas en una aldea a las puertas del desierto.

«Me gustaría enseñarte la *kasba* subterránea donde vivían los judíos», sugiere Saaddine.

Salimos de la biblioteca y nos encaminamos hacia el laberinto de tierra y sombra. La chiquillería alborota a nuestro alrededor y Saaddine los aleja haciendo ademán de ir a quitarse el cinto. «Son terribles», asegura. Nos cruzamos con mujeres vestidas de negro, a veces con ribetes de colores vivos en las orillas de la tela que las cubre. A través de un hueco en el grueso muro de adobe Saaddine me enseña un cementerio: es parecido al que vi en el oasis de Ibrahim: unas pocas lajas o trozos de cerámica verticales sobre la tierra parda. Nada más. «Fíjate en el color de la cerámica», indica mi guía. Es verde, el mismo verde de antimonio que he visto en las tejas de la *zauïa* y en numerosos edificios tradicionales y religiosos de Marruecos. Visitamos el taller de un alfarero que trabaja en la penumbra. Utiliza un torno clásico de madera para moldear una arcilla clara, casi gris. Me enseña las diversas tinturas que dan color al barro cocido.

Mientras salimos de la antigua *mellah* buscando de nuevo la caricia del sol, Saaddine, que es un hombre culto, me habla del tracoma, especie de conjuntivitis transmitida por un virus que puede derivar en ceguera, y de los males que afectan a la dentadura —súbita imagen en mi cerebro de los sacamuelas de Xemaa-el-Fna y su muestrario de dientes postizos— como las enfermedades más comunes entre la población del sur. Poco a poco voy comprobando, por sus palabras, que a este hombre singular le duele Marruecos en un sentido unamuniano, luego hondo.

Visitamos por último la duna que se halla a las afueras de Tamegroute. «Bajo ella hay un *ksar* que la arena fue cubriendo con el tiempo», explica mi cicerone. Conduzco con cuidado hasta su base, procurando no enterrar las ruedas motrices del automóvil en un suelo tan movedizo. Hemos llegado en el momento adecuado, porque el sol de la tarde, que ya va declinando, tiñe de naranja la gran duna.

Tres hombres montados en dromedarios y vestidos como los *reggeibat*, esos hombres azules del Sáhara, con sus ropas de algodón coloreado de añil y el oscuro *litham* envolviendo la cabeza, salen a nuestro encuentro. Tienen un aspecto imponente en este paisaje. «Ya está aquí la mafia», murmura Saaddine. El más joven de los beduinos me propone un paseo en camello por los alrededores de la duna. Me niego pero le pido permiso para fotografiarlo. A través del visor de la Canon la imagen parece un fotograma de Lawrence de Arabia. Clic. (Después anotaré sobre el marco de la diapositiva de 35 mm el siguiente pie de foto: «Falso tuareg en la duna de Tamegroute»). Lo cierto es que dan el pego. Buena parte de los turistas que se adentran en este predesierto tienen en su mente imágenes míticas de aguerridos hombres azules conduciendo caravanas a través de rutas medievales, aquellas por las que llegaban del África negra oro, marfil, esclavos… Ignoran que un auténtico beduino jamás hará el paripé de pasear en su montura a la gorda o gordo de turno. A lo sumo, en el hipotético caso de que sus bestias los condujeran hasta aquí, los nómadas ofrecerían su hospitalidad, que no es poca. Y punto.

Por lo que me cuenta Saaddine, estos elementos, con el aderezo de una noche en la *jaïma* bajo las estrellas del desierto, se han pasado por la piedra a un buen número de turistas alemanas, inglesas, americanas… Son atractivos y lo saben. Cuentan con el misterio de lo exótico y lo desconocido.

Los auténticos beduinos, en sus desplazamientos, llegan hasta los mercados de Guelmine (ya narré el encuentro con uno), Smara (refugio de saharauis) y Atar.

El sol se está ocultando en el horizonte. Debo emprender un largo viaje de regreso y me despido de Naciri Saaddine. Últimas fotografías con la maravillosa luz del crepúsculo. Últimos niños pedigüeños mendigando bolígrafos y dírhams. Últimos *ksur* arruinados por los años, la lluvia y el viento. A su lado crecen nuevas construcciones de bloques prefabricados, auténticos hornos en pleno verano. Mujeres de negro caminando en la oscuridad: a la luz de los faros del Peugeot brillan las lentejuelas plateadas que las adornan. Mochuelos que vuelan silenciosos bajo las combadas copas de las palmeras como fantasmas de pluma; alguno cruza por delante del parabrisas y está a punto de chocar con él.

Busco emisoras al azar hasta que cerca del collado de Tizin-Ticka sintonizo Radio Nacional de España. Hablan de un discurso que ha pronunciado el escritor luso José Saramago en Estocolmo días antes de recibir el premio Nobel de Literatura. El locutor explica que Saramago ha recordado a su abuelo, un humilde porquero, como el hombre más sabio que había conocido, y eso que era analfabeto. Decía el escritor que, cuando el anciano presintió que iba a morir, salió a su huerto y abrazó, uno por uno, los árboles que le habían dado sus frutos durante décadas. Aquí, en el sur, he conocido y fotografiado a ancianos de presencia hierática y mirada apacible que, a fe mía, abrazarán las palmeras que han procurado su subsistencia cuando intuyan que la hora de la muerte se acerca. Son depositarios de la sabiduría de lo fundamental, sin duda.

El señor Abdeselam me ha comentado en algunas ocasiones que los marroquíes del norte y los del sur no se entienden. Sé que, en el fondo, los habitantes del sur consideran a los rifeños una especie de brutos montañeses y en eso coinciden con los ceutíes. Yo opino que, como en botica, hay de todo. Así lo he constatado bastantes veces. A lo largo de un lustro, pateando de acá para allá, he aprendido a no generalizar en demasía, aunque a veces me traicione el inconsciente.

Corono el Tizi-n-Ticka, que está cubierto por una fina capa de nieve. Temperatura exterior: dos grados centígrados. Hago un poco de patinaje artístico en las primeras curvas descendentes: el 406 tiene reacciones nobles y es un vehículo estable, a pesar de que nada más tenga tracción en el eje delantero.

Cruzo Marrakech y voy camino de Settat. La ruta de Marrakech a Casablanca está plagada de vetustos camiones que transportan las más variopintas mercancías entre ambas ciudades. Conducir detrás de ellos es agotador. En vez de dormir en Marrakech, como sería lógico, he tomado la decisión de ir de un tirón hasta casa. Pasaré toda la noche viajando (una temeridad).

Cruzo Settat, principal población de la llanura de Chauïa, una moderna ciudad que no conozco más que de paso. A su entrada destaca la flamante factoría de sanitarios Roca, cuyas cuñas publicitarias inundan las emisoras marroquíes a todas horas. Hay empresarios emprendedores y desde luego los españoles lo son.

En Casablanca retomo la autopista que me conducirá a Larache. Llego rendido a este puerto atlántico, donde recupero fuerzas con un copioso desayuno. Aún no ha amanecido y ya hay un febril trasiego de personas. Para que luego digan que los marroquíes no trabajan. Lo hacen, y por sueldos de miseria. Quien haraganea es el vago que no sale del cafetín porque ya tiene quien le saque las castañas del fuego: una laboriosa mujer que a diario va a servir a Ceuta. Tampoco da un palo al agua pero vive bien aquel que trapichea con hachís. El resto…

Amanece un nuevo día. Cuando llego a Kabila estoy tan cansado que me dirijo directamente al dormitorio en busca de un sueño reparador.

# Impresiones. Diciembre, 1998

Finaliza el primer trimestre escolar. Entrega de notas. Lloros y enfados. Algunas ruedas pinchadas a posta (coches de profes, naturalmente). El aula de mi 3.º C, compartida con los caníbales-reductores de cabezas del 3.º I de por la tarde, queda hecha un asquito después de tres meses de brega: mesas pintarrajeadas, sillas rotas, persianas destrozadas, chicles pegados al techo, pizarra manchada con no sé qué extraña sustancia blanca (prefiero no saberlo), paredes pateadas en las que queda la huella indeleble de las coces, etc. Ha sido expulsado del centro el «pedazo de carne con ojos» del que hablé en otro episodio, no sin antes haber amenazado, insultado gravemente y escupido a varios miembros de la comunidad docente. Angelito.

Me sorprendo aspirando algunas eses finales o velarizándolas ante consonante velar. Me relajo e imito involuntariamente el habla local. Incluso cuido más mi leísmo en una zona que no es proclive a él. Conclusión: hay que alzar el vuelo; si no acabaré quedándome.

Matanzas en Argelia en vísperas del Ramadán. Muerte de ilegales en las aguas heladas del Estrecho. Nuevos bombardeos sobre Bagdad llevados a cabo por aviones ingleses y norteamericanos. Los cascos de kevlar que llevan los soldados de infantería de los Estados Unidos me recuerdan cada vez más, por su forma, a los de las tropas imperiales que aparecían en la película *La guerra de las galaxias*. El Imperio quiere dar un nuevo escarmiento al villano. Piensa que, apretando todavía más las tuercas, el pueblo se alzará y derrocará al dictador. Ignoran que con cada ataque indiscriminado lo hacen más fuerte. Ignoran que la palabra *islam* significa sumisión, sumisión a Dios, mas, por extensión, sumisión también al poder temporal y a quien lo detente. No ignoran que los más débiles —niños, mujeres y ancianos— son los que están pagando el pato.

Nacen dos niños mellizos —Romeo y Julieta— en el Hospital Civil de Ceuta. Los ha traído al mundo una mujer negra de las que han llegado al campamento de Calamocarro. Son los primeros ceutíes nacidos en él. Hay actualmente veintidós niños jugando entre las grandes tiendas de campaña. La vida puede a la muerte. Siempre.

Antiguos soldados regulares de Alcazarquivir, Tetuán, Larache y Xauen acuden a Ceuta. El santón Mohamed Mohamed Mustafa, en su día miembro de la guardia mora del Generalísimo, repitió en árabe la oración dedicada a los caídos por Dios y por España. Recuerdo, a bote pronto, el *leit motiv* de la infancia del señor Abdeselam, hijo de uno de estos miembros de la guardia mora del Caudillo: a la mañana, hostias en la escuela coránica por parte de un maestro inflexible; al mediodía, hostias en la calle por parte de compañeros bravucones y más fuertes; a la tarde, hostias en casa por parte de un padre brutal que tenía que hacer valer su condición de miembro de élite de los Ejércitos de España.

Asisto con Charo a un recital de cantautores locales, rematado con la actuación estelar de Ismael Serrano. Es agradable comprobar que en Ceuta hay gente joven con sensibilidad y talento para la música, el teatro, el cómic, la escritura, etc. No todos quieren ser soldados profesionales, policías o guardias civiles (con todo el respeto hacia esas dignas profesiones).

He escrito en la pizarra y leído el artículo primero de la Declaración Universal de los Derechos Humanos. Les he dicho a mis alumnos que eso es más importante que cualquier asignatura.

Voy a Xauen con un grupo de compañeros que jamás han pisado Marruecos. Aprovecho para adquirir una botella de aceite de oliva virgen extra Primanova en una tiendecita de comestibles. Antonio Serrano —buen *gourmet*— me había dicho que ese era el mejor de Marruecos. Procede de Meknes. La botella es de cristal, con un tapón hermético y metálico de color oro. En la etiqueta aparece una jovencita sosteniendo un cántaro de barro sobre su hombro con un paisaje de olivos al fondo. Según reza otra etiqueta añadida que cuelga de un cordoncillo verde, las olivas con las que se hace este aceite han sido recogidas a mano, una por una y al amanecer. Después, una primera presión en frío permite que de la almazara mane una esencia verde de gran calidad.

Leo en *El Mundo* que han sido asesinados tres destacados escritores en Irán. El último: Jafar Pouyandeh. El actual presidente del país, el moderado Jatami, se las tiene que ver con los sectores integristas liderados por el ayatolá Alí Jamenei, que controla el Poder Judicial y la Guardia de la Revolución. Me vienen a la memoria las *fatwa* lanzadas contra Salman Rushdie y Naguib Mahfud ¿Quiénes son los ayatolás? El Corán no contempla la existencia de intermediarios —sacerdotes, popes, predicadores, iluminados…— entre la Divinidad y los hombres. En el islam no existe el clero: al carecer de sacramentos, el fiel se dirige a Dios directamente. ¿Entonces? Bueno, en Irán la cosa se complica —ya me estoy metiendo en camisa de once varas— porque en el país el régimen político es teocrático:

poder y religión van de la mano, se confunden. Trato de comprender, de asimilar. Recojo del libro sintético pero jugoso de Eric Santoni —*El islam*— frases en las que busco conocimiento:

> El islam fascina y despierta odios. Irrita a quienes ni lo conocen ni lo comprenden [...] Si el cristianismo se centra en la persona de Cristo como lo revelan las Sagradas Escrituras, el islam gira en torno al Corán. El musulmán ve la historia del mundo y su devenir a través de este libro sagrado [...] Porque el islam, por su concepción, es algo más que una religión, es, para los que creen en él, un modo de ser, una comunidad, una civilización.

Respeto pero no comparto la idea de que una religión —cualquiera que sea— haya de regir el destino del mundo. Que no me hagan comulgar con ruedas de molino, por favor. Deseo ser libre para escoger mi propio destino, aunque me equivoque.

Leo en el suplemento dominical de *El País* un duro artículo sobre la realidad marroquí escrito por el periodista Jesús Rodríguez y acompañado por excelentes fotos de José Manuel Navia. No añaden nada que ya no sepa, pero ofrecen al lector que se pregunta cómo hombres y mujeres pueden jugarse la vida en frágiles pateras, una serie de convincentes y bien documentadas respuestas. Han reflejado el lado oscuro de la margen africana del Estrecho y su luz es tan de azabache que ciega.

El día 20 comienza el exigente ayuno de Ramadán. Queda un mes lunar por delante. Me despido del señor Abdeselam en la panadería de Castillejos; han improvisado un nuevo mostrador sobre el que hay colocados dulces específicos para el noveno mes del calendario musulmán: una torre de *shbaquia* rezumante de miel en torno a la cual revolotean las abejas y un cuenco enorme de *suff* dispuesto en forma cónica y espolvoreado con azúcar, especie de harina de color tabaco y rico sabor que se toma a cucharaditas para acompañar el té y que se elabora moliendo y mezclando diversos ingredientes, entre ellos almendra. Estos dulces acompañarán a los dátiles, la *harira* —con su característico sabor aportado por el cilantro—, los huevos duros y la sopa de sémola cuando al ocaso sea roto el riguroso ayuno.

Antes de marchar hacia Burgos, leo en la prensa que ha habido una manifestación en Rabat de casi cien mil personas para protestar por las bombas caídas sobre Irak estos días. Ni una sola bandera marroquí. Ni un solo retrato de Hassan II. Aixa me comenta que en Tetuán la población también salió a la calle para manifestarse. Las autoridades, fuera de juego.

# Nuevo año. Enero, 1999

Regreso a Ceuta con el temporal de nieve y frío que azota Castilla y León pisándome los talones. Aquí me encuentro con un brusco cambio de poniente a levante que hace tambalear de nuevo mi sistema nervioso, siempre en precario.

Cruzo Castillejos a los pocos minutos de que se oculte el sol y experimento una extraña sensación al ver la carretera y las calles desiertas en un lugar siempre tan bullicioso. La gente acaba de romper el ayuno diurno con la llegada de las primeras sombras —aún continuamos en el mes de Ramadán— y se recoge en casa para comer copiosamente.

Como en el Noya con Julián y Gonzalo. En la televisión, el noticiario habla del encarcelamiento de Jesús Gil, empresario, presidente del Club Atlético de Madrid y alcalde de Marbella. Gonzalo se hace eco de la opinión indignada de algunos ceutíes ante el suceso, ya que contaban —cuentan— con la segura presencia en la ciudad del partido político de Gil, el Grupo Independiente Liberal, para «arrasar» en las próximas elecciones municipales (de hecho, ya hay una sede del mismo cerca de la calle Real). Intuyo que para un sector de la sociedad caballa Gil es *El Deseado*, por hacer un símil con la figura patética de Fernando VII. Ignoro si Gil o su candidato podrían solucionar los problemas que afectan a un lugar tan difícil y complejo como Ceuta. Por lo pronto, no me gustan sus modos, ni su populismo, ni su demagogia.

Continúo interesado por la hipotética relación entre el vascuence y las hablas bereberes (cada loco con su tema). Supongo que a ello contribuye la proximidad de gente bereber al lugar donde me hallo —tengo alumnos que vienen de ese tronco—. Sé que para algunos políticos prepotentes como Xavier Arzalluz, que defiende a capa y espada las tesis de Sabino Arana, padre del nacionalismo vasco y consumado racista, el probable origen común de vascos y bereberes puede suponer una herejía científica; no obstante, a las pruebas me remito: hace unos días, mi erudito colega Jesús Flores me facilitó un artículo del investigador Antonio Tovar, miembro honorífico de la Real Academia de la Lengua Vasca, donde se hace hincapié de nuevo en esta idea. He aquí la médula del escrito: «Por el método léxico-estadístico (recuento del tanto por ciento de palabras semejantes en listas de palabras consideradas «no culturales», es decir, con menor probabilidad de que sean prestadas) el vocabulario vasco muestra las mayores semejanzas con el beréber del Sus (10,86 %) y el rifeño (9,67 %), y luego con dos lenguas caucásicas, el georgiano del sur y el circasiano del noroeste (7,52 % en cada una)». Quizás dentro de un tiempo esta y otras teorías relacionadas con el origen del eusquera estén superadas y haya un conocimiento más exacto del tema, pues así avanza la ciencia.

# Chocolate negro. Enero, 1999

Hojeo *El Faro:* casi mil cuatrocientos inmigrantes subsaharianos se hacinan en Calamocarro. Tiempo atrás hablé con un par de cameruneses y me dijeron que esperaban un pronto traslado a la Península para trabajar en los campos de Murcia y Almería. Menos es nada. Sin embargo, es siempre mayor el número de los que llegan que el de los que se van. Además se ha producido un fenómeno curioso: algunos negros trasladados a la Península intentan regresar a Ceuta, porque han descubierto el tráfico de hachís a pequeña escala, utilizando las cavidades de su cuerpo como escondite. Hace poco la policía hizo un registro en el campamento y encontró sesenta y cinco kilos de resina de cannabis.

Me cuenta Gonzalo, que conoce como nadie las novedades de los mentideros ceutíes y las narra con gracejo y retranca, que el actual capo de la mafia local, un tal Abdelila, está que trina por la competencia morena que le ha salido en tan sabroso negocio y ya está lanzando amenazas y prometiendo ajustes de cuentas.

Sí que es cierto, como decían los antiguos, eso de que cuando el río suena agua lleva, pero estoy acostumbrado a que la rumorología ceutí sea la ciencia más inexacta e hiperbólica del mundo. Supongo, más bien, que los negros están en la nómina del tal Abdelila y sus secuaces; si no es así, que se ate bien los machos el musulmán, ya que los subsaharianos son tipos duros de verdad, que han visto la cara de la muerte en muchas ocasiones durante su terrible peregrinaje hacia Europa, y no les amedrentará cualquier fantoche con pistola de quinta mano.

# Mujeres. Febrero, 1999

Fui este domingo a Ashila en compañía de Charo, María Ángeles y María José.

A la hora de la comida compartimos mesa con otra mujer, una empresaria catalana que había venido a Marruecos para vender maquinaria. Ella me contó una anécdota que muestra a las claras en qué consiste esa «joven democracia marroquí» que preconizan algunos: recién instalada una sede de su empresa en Casablanca, la mujer fue multada con medio millón de pesetas por no tener en su despacho la fotografía del rey Hassan II. Entre plato y plato me comentó que ahora tiene las fotos del rey de España y del rey de Marruecos bien visibles y se está planteando —esto me lo dijo en tono de guasa— incluir la del honorable Pujol y así elaborar un tríptico. Democracia marroquí. Un puro barniz para enmascarar el poder omnímodo del soberano alauita y de su delfín, el ministro Driss Basri, que ocupa la cartera de Interior.

Aprovechamos la soleada tarde para callejear por la villa y curiosear en los bazares. Al contemplar las babuchas de colores recordé el significado que antiguamente poseían esos tonos, algo que desconocía hasta leer el relato de viajes que escribió el vizconde Charles Foucauld, audaz andarín que, disfrazado de rabino, recorrió zonas inhóspitas de Marruecos en el siglo XIX. Cuenta el vizconde: «En Marruecos, el color de las *belghas* es de la mayor importancia: el amarillo les está reservado a los musulmanes, el rojo a las mujeres y el negro a los judíos: es una regla rigurosa, observada incluso en las regiones más alejadas».

Regresamos a Ceuta por la carretera costera que la une con Tánger. Vi a algunas campesinas cogiendo agua en una fuente y recordé un libro escrito por otra mujer: Ursula Kingsmill. Me ha impresionado la lectura de su trabajo, titulado *Tras la puerta del patio. La vida cotidiana de las mujeres rifeñas*.

Ursula, esposa del antropólogo norteamericano David Montgomery Hart, narra las experiencias vividas hace treinta años en una aldea rifeña a orillas del río Nekor, zona próxima a Alhucemas. Aprendió la lengua bereber local —*zarifiz* o rifeño— y se introdujo en el mundo de las mujeres de la tribu Aith Waryaghar (Beni Urriaguel, en la literatura colonial española), formada por gente brava y montaraz.

Gracias a Ursula he podido acceder a ese coto por el que me preguntaba cuando veía a las mujeres de la Yebala y el Rif yendo a por agua, recolectando frutos, segando la mies o transportando haces de leña.

Y mi admiración y respeto por ellas, aun suponiendo que en el plazo de esos treinta años algunas cosas hayan cambiado a mejor, ha aumentado al comprobar la dureza de sus vidas en un mundo hecho por y para el varón. He conocido el dolor de sus partos, sus miedos íntimos, sus pequeños anhelos…

Me han interesado aspectos relativos a la sexualidad y a la concepción: la esterilidad de la mujer o que no le vivan los hijos como causas de divorcio o repudio; el afeitado del vello púbico como atractor sexual y signo de higiene; el uso de métodos contraceptivos —a escondidas del hombre, por supuesto— para evitar echar más hijos al mundo, tales como la brujería o el recurso a elementos del reino vegetal; uno de los más efectivos es el *hantit*, cucurbitácea de gran poder abortivo proveniente de los oasis presaharianos que solo es posible hallar en zocos exclusivos para mujeres, como los de Sidi Buafif y Ait Kermaa.

Me han divertido anécdotas varias, como el efecto que causa en las mujeres de El Attaf el descubrimiento de las bragas y el sujetador de Ursula o el enfado morrocotudo del cabileño a quien David había proporcionado preservativos, porque dejó embarazada a su mujer al cortar la punta de los mismos, ya que con el condón completo «no sentía placer».

Me ha impresionado también el epílogo, donde se narra la vuelta a la región de Ursula y David en 1987 y la decepción que ambos sufren al recorrerla de nuevo: encuentran un lugar y unas gentes que ya no reconocen, de tan cambiados. Aquello ya no era «su Rif».

En fin, podría continuar, pero esto no es la revista *Qué leer* ni yo ningún crítico literario. Simplemente quisiera dejar constancia de este hermoso testimonio de antropología social elaborado por una mujer —ahí radica la clave— sobre unas experiencias vitales a las que un hombre, por curioso y observador que fuese, jamás hubiera podido acceder.

# Observatorio de aves. Febrero, 1999

La semana pasada me interné con botas de goma en la marisma de Kabila, donde tengo la intención de fotografiar aves. Las botas se hundían medio palmo en el limo de la orilla, repleto de valvas de moluscos y caparazones de cangrejos.

Llegué hasta un brocal de cemento pintado de verde, situado en una lengua de tierra por la que sienten especial querencia diversas limícolas y zancudas, que huyeron en cuanto estuve a unos cien metros de ellas.

En estas circunstancias, tratar de hacer fotografía a pecho descubierto es una tontería, por lo que se impone la construcción de un escondite o *hide*, como lo llaman los ingleses, tan aficionados a la observación de aves.

Estuve sopesando la utilidad del cilindro de cemento para tal menester —una cubierta cónica de cañas hubiera bastado para completar el refugio— pero resultaba incómodo introducirse en su interior y en días calurosos se hubiera convertido en un cocedero.

He optado por construir yo mismo el *hide* no muy lejos del brocal, sirviéndome de un armazón de listones de madera barata y un forro de cañas. Por ahora solo es un proyecto, pero dentro de unos días me acercaré a la carpintería para encargar los listones a medida. Temo que el *hide* sea echado abajo o quemado, aunque no hay otra manera de impresionar en diapositivas una naturaleza tan tímida.

Observé la presencia de chorlitejos, garcetas, gaviotas y archibebes. Más tarde conversé con un pescador, quien me dijo que a esta laguna llegaban aves muy raras: habrá que estar atento y al acecho.

# Carretera S-603. Febrero, 1999

Aprovecho el sábado para hacer kilómetros por la región Yebala. Esta vez la ruta de interés discurrirá entre Xauen y Ksar-el-Kebir. Ha salido una mañana ventosa y, a pesar de que no estoy de buen ánimo, preparo la cámara y me echo a la carretera.

La primavera ha llegado a la zona: todos los almendros están cuajados de flores, cuyos pétalos de delicados tonos rosados y marfileños contrastan con el color tabaco de ramas y troncos; en las tierras de labor ya asoman las hebras verdes del cereal y en las cunetas florecen diminutos botones malvas. Para un oriundo de Castilla —donde los hielos continúan castigando inmisericordemente árboles y labrantíos en este mes invernal— una primavera tan temprana es una especie de milagro, algo fuera de lugar.

Hoy, al conducir por la P-38 que lleva a Xauen, carretera por la que he transitado tantas veces, se me hace visible, al menos en parte, la descripción que de estos mismos parajes hizo el vizconde Charles Foucauld en 1883:

> Hay fuentes que manan por todas partes: a cada paso se cruzan arroyos: corren en cascadas por entre los helechos, los laureles, las higueras y la vid, que crecen por sí solos a sus orillas. En ninguna parte he visto paisaje más risueño, en ninguna parte tal aire de prosperidad, ni tierra tan generosa, ni habitantes más trabajadores [...] El sendero, bordeado de escaramujos en flor, no sale ya de vergeles; caminamos a la sombra

de granados, higueras, melocotoneros y viñas, cuyas ramas cubren los árboles; los arroyos son tan numerosos que casi no salimos del agua.

Actualmente ya no hay tanta tierra cultivada ni tantos árboles como cita el noble francés, pero sí buenas fuentes, en las cuales a menudo he saciado mi sed, y campesinos que siguen trabajando sus campos con laboriosidad. Es curioso que las viñas hayan desaparecido por completo de la región en apenas cien años, cuando el vizconde dice de Xauen que las uvas que allí se recolectaban eran célebres en todo el norte de Marruecos. También hace mención a la abundante caza —volatería, liebres y conejos— que poblaba estos montes, algo que en nuestros días ya no podría afirmarse. Gracias a él he resuelto además una cuestión que me intrigaba: el pequeño pantano de aguas esmeraldas que hay en el camino recibe el nombre de *Nakhla*, que significa «la palmera». Sin embargo, el topónimo estaba fuera de lugar, porque no hay palmeras, ni siquiera una, allí. Resulta que cuando el vizconde transitó por estas tierras sí crecía una magnífica palmera a la orilla del río, un árbol tan soberbio que fue causa de que dicho río, hoy retenido por una presa de hormigón, cambiara de nombre a partir de aquel sitio, adquiriendo el de *Ued Nakhla*. Ahora lo sé.

Dejo Xauen a mi izquierda y llego a la bifurcación Alhucemas-Mequínez. Tomo la dirección de Mequínez y a eso de un kilómetro, a mano derecha, la de Alcazarquivir (carretera S-603). Son unos noventa kilómetros de calzada estrecha y en mal estado, sin apenas pueblos de entidad a su vera. Hay muchas aldeas, aunque diseminadas por la montaña. Las crestas más altas están nevadas. La tierra, fuertemente erosionada, se desangra en profundas cárcavas. Afortunadamente, las laderas están salpicadas de pinos de largas acículas, alcornoques centenarios, lentiscos, retamas y azufaifos. Plantados de la mano del hombre hay olivos e higueras. En algunas zonas tortuosas ha habido corrimientos de tierra —arenosa e inestable— y el barro ha llegado a la carretera. Algo habitual en el Rif en época de lluvias.

El paisaje es el típico del Marruecos norteño, o sea, una geografía de accidentado relieve: aldeas o en su lugar casas aisladas con tejados de chapa sujetos a las paredes de la vivienda mediante hilos de alambre más ventanas pequeñas; hornos de barro para cocer el pan; perrillos quisquillosos guardando la humilde propiedad; pastores de cabras y ovejas en los pastos cercanos a las cunetas; labradores cultivando la tierra con arados de madera; mujeres trabajando duro, bien llevando agua o leña bien lavando prendas multicolores junto a una fuente o un arroyo.

Llego a Ksar-el-Kebir. A pesar de su nombre, poco tiene ya de grande o majestuosa. Pillo la salida del cole, cuando la chiquillería inunda las calles. Puestos ambulantes de madera y ruedas de caucho en los que los vendedores muestran naranjas, plátanos y limones. Hombres charlando y tomando té en la terraza del café Sevilla (sic).

En Alcazarquivir dejó su vida, allá por el siglo XVI, el bisoño rey portugués Sebastián I, y con la suya, por lo de la compañía, quedaron en estas riberas del Lukos las de otros tantos caballeros y soldados. Como las desgracias nunca vienen solas, de resultas de esta derrota Portugal no solo perdió un rey sino el reino entero: pronto pasaría a formar parte de la corona española.

Almuerzo en un figón a las afueras de la ciudad y completo el recorrido volviendo por Larache y Tetuán. Junto a la carretera se venden en esta época del año espárragos trigueros, fresones y tallos de palmito. Las salinas cercanas a Lixus rebosan de aves salvajes; llego a ver, entre otras, cigüeñuelas y flamencos. Bien merece este paraje la dedicación de una jornada para fotografiar su fauna (si es que se deja, claro).

# Regreso tras un paréntesis. Abril, 1999

## Día 4

Vuelvo a Ceuta después de haber estado dos meses de baja debido a una fuerte recaída en mi estado anímico. La depresión golpea sin avisar —si lo sabré bien—, aunque, arrojando una mirada sobre mi historial médico, se hace patente que el mes de febrero es crítico, sin que uno acierte a comprender por qué. Habrá que pedir cuentas a los diablos azules de la melancolía. Por indicación de mi psiquiatra he abandonado la ingesta de un medicamento nuevo —doblamos la dosis diaria sin resultado satisfactorio— y he regresado al tosco pero más seguro redil de un viejo conocido: Anafranil.

Es duro convivir con esta enfermedad, pero buena parte de los seres humanos soportan pesadas cargas y siguen adelante, haciendo bueno el castizo refrán que reza: «Viva la gallina y viva con su pepita» (la pepita es un tumor que les sale a estas aves en la lengua y les impide cacarear). Vivamos pues.

Y para darme ánimos —quien no se consuela es porque no quiere— ahí va una perla cultivada del filósofo Karl Jaspers:

> Solo el que dispone de un afecto profundo puede caer en general en la enfermedad afectiva. De ahí la convicción de que más bien es un honor que una vergüenza para el ser humano el enfermar afectivamente.

Me acompaña en este viaje mi amigo Pedro, que viene por segunda vez a Marruecos. Dispongo de una semana antes de que se reanuden las clases, así que hemos quedado en vernos con Argimiro cerca de Tinerhir, en el oasis donde viven Ibrahim y su familia.

Dejamos atrás las calles de Ceuta, donde las ruedas del automóvil chirrían al contacto con la cera vertida de los muchos velones que han precedido o seguido a los pasos de Semana Santa.

Seguimos una ruta que he hecho en múltiples ocasiones, buscando el sur vía Meknes. En esta época del año los campos de Marruecos resplandecen de verdor, sobre todo en lo que yo denomino el «cogollito del país», imaginario triángulo cuyos vértices serían Sidi-Kacem, Meknes y Fez; en el área definida por esos tres puntos, casi en una posición central, Mulay-Idriss y los restos de la ciudad romana de Volubilis destacan sobremanera. Hay un aire mágico flotando sobre los trigos del lugar.

Llegamos a Azrou de anochecida y recalamos en el hotel Panorama, donde no tardo en conciliar el sueño arropado por el aroma de los pinos cercanos.


## Día 5

Nos levantamos, pagamos el hotel y bajamos a desayunar a un café próximo a la elegante mezquita de Azrou. Se oyen voces de turistas españoles en las mesas de alrededor, entre sorbos de zumo de naranja y crujir de tostadas.

Saciado nuestro apetito mañanero —confieso que disfruto con los desayunos—reemprendemos ruta en dirección a Khenifra.

Pasado el pueblo de Tiuririne, nos desviamos a la izquierda por la S-303, que conduce a Aïn Lehu. Vamos en busca de las fuentes del río Um-er-Rbia. Desconocía su existencia hasta que el programa de televisión *Al filo de lo imposible* emitió una película rodada por su equipo en las aguas bravas de Marruecos, por las que piragüistas expertos descendían zambulléndose en rabiones de espuma terrosa y sorteando rocas sinnúmero.

La carretera S-303 comienza trepando entre montes de añosas encinas, cuyas copas adquieren un aura plateada bajo los rayos de sol, tamizados por una calina que enturbia el horizonte. A medida que ganamos altura, las diversas especies de *Quercus* son reemplazadas por enebros y majestuosos cedros del Atlas, que crecen sobre un suelo calizo con formaciones cársticas.

En un claro del bosque divisamos un buen grupo de monos de Berbería; algunas hembras llevan sobre su dorso a las crías, nacidas probablemente esta primavera. Descendemos del coche y seguimos las evoluciones del clan entre las sombras del bosque. Son animales tímidos —no en vano pertenecen a la fauna salvaje de estas montañas— a la par que curiosos, y mantienen siempre una prudente distancia de seguridad con los intrusos de dos patas. La luz del mediodía hace brillar sus pieles doradas entre la hojarasca y las ramas de los árboles. Trato de fotografiarlos con el objetivo de 300 mm pero este se revela insuficiente a la hora de captar imágenes nítidas. Además son tan ágiles en el suelo como en las alturas: corren y trepan con gracia y rapidez. A lo lejos se escucha el golpeteo rítmico de un pájaro carpintero sobre el tronco de algún cedro. Imagino la silueta furtiva de la casi extinguida —o extinta del todo— pantera del Atlas deslizándose entre las rocas...

Volvemos a la carretera y hacemos un alto cerca del lago Uiuane; de una casa de aspecto miserable salen varios críos. Llevo bastante ropa para regalar en el amplio maletero del Peugeot, así que les entregamos una parte. La madre, a la que han avisado las criaturas, nos invita a tomar un té y pasamos al interior de la humilde morada. No hay muebles; sí muchas alfombras y mantas bereberes apiladas en un rincón. La mujer extiende varias sobre el suelo de arcilla apisonada e indica que nos sentemos. Al alzar la mirada hacia el techo admiro un artesonado de vigas y tablas decorado con vivísimos colores, una labor realmente hermosa. De un ángulo de la pared pende una canana con varios cartuchos; en el otro extremo, un delicado adorno hecho con espigas secas de largos filamentos. No podemos comunicarnos por medio del lenguaje —hablan *tamazight*— así que recurrimos a los gestos y a algunas palabras árabes de dominio común. La mujer trata de hacernos entender que está enferma del estómago y de cuando en cuando sufre accesos de tos violenta y cavernosa. Una niña de unos cinco años que nos observa curiosa desde el umbral tiene un carrillo muy inflamado, posiblemente debido a una infección bucodental. Me pregunto si algún médico atenderá a estas pobres gentes que viven desperdigadas por la montaña.

Después de degustar el delicioso té —la buena mujer, que nos ha agasajado además con un cuenco de mantequilla y dos panes recién hechos en su horno de barro, quiere sacrificar un pollo del corral para que lo comamos— le entregamos unas aspirinas —maldigo en ese momento no llevar un buen botiquín en el automóvil o no ser médico— y nos despedimos de ella y de sus hijos; una mocosa con el hirsuto cabello teñido de *henna* corretea entre los negros pavos y los pollitos del corral, luciendo un jersey de lana y unas vistosas zapatillas entresacadas del montón de ropa que su madre ha depositado en el interior de la casa. En su infantil inconsciencia, parece feliz.

Comemos —mejor, devoramos la comida— en un cafetín de Khenifra próximo al viejo puente que mandó construir Mulay Ismail sobre las aguas agitadas del Um-er-Rbia. En las fachadas de las casas, en las paredes del mercado, en los alminares de las mezquitas predomina el color rojo. Dicen que esta gente entiende de caballos. Tal vez les gusten los alazanes (es una suposición). Los taxis, para variar, son de color naranja.

Fumo una pipa mientras conduzco hacia El-Ksiba. Pedro bosteza a mi lado. Treinta grados de temperatura en el exterior. Nos adentramos en una tierra agreste, donde las encinas vuelven a cobrar protagonismo. En los filos más altos de las montañas fronteras se adivina la nieve que aún aguanta en los azules ventisqueros encarados al norte.

A eso de las ocho y media —seis y media en Marruecos— llegamos a Aghbala. Nuestro destino más inmediato era Imilchil, pero dos agentes de la Gendarmerie Royale que montan guardia en un cruce de caminos nos hacen desistir del empeño: esa pista nada más es transitable para todoterrenos. Hay una ruta alternativa por la que sí podríamos llegar con el Peugeot, sin embargo está muy alejada. Rehacemos planes sobre la marcha; de momento, habrá que buscar un techo en Aghbala. Creo que Tinerhir será la meta de mañana: unos amigos aguardan cerca.

## Día 6

Despierto debajo de la manta con el cuerpo dolorido, sobre todo en la zona de las caderas. Hemos dormido encima de un suelo de cemento, con un par de alfombras por todo colchón, al estilo de la gente ruda que abunda por estos pagos. El avispado dueño del cafetín que está justo debajo nos ha alquilado semejante *suite* por el *módico* precio de ochenta dírhams. Aquí no hay hoteles. O lo tomas o lo dejas.

Desayunamos por el camino, un camino lleno de boquetes y trampas en los que perder un amortiguador o reventar una rueda no sería difícil.

Tomamos un café bien cargado en Sidi Yahya Usaad, un pueblecito no muy alejado de El Kebab. Al oírnos hablar en español, un anciano de blanca barba e inquisitivos ojos azules se suma a la conversación, para pasmo de ambos viajeros. Es un antiguo sargento de Regulares que combatió en nuestra guerra civil y residió en España desde 1936 hasta el 54. Actualmente cobra una pensión del Estado español, que le llega puntualmente.

Seguimos ruta hasta llegar al encuentro con la P 21, una autopista en comparación con los caminos de cabras por los que hemos transitado. Midelt, Er Rachidia, Goulmina y Tinerhir serán los siguientes hitos.

Llegamos de atardecida a Tinerhir y aquí comienzan nuestros problemas: recuerdo que el pueblo de Ibrahim —El Hart— se encuentra en el gran palmeral regado por el Todra, a escasos kilómetros de Tinerhir, aunque para llegar hasta él hay un dédalo de caminos y pistas de tierra en los que es fácil perderse.

Decidimos acercarnos hasta el hotel Tombuctú, regentado por el catalán Roger Mimó. El hotel es una antigua casba reconstruida siguiendo las técnicas tradicionales, con el adobe como principal materia prima. El resultado es una maravilla, todo un ejemplo a seguir. En el pasillo que conduce al vestíbulo, iluminado por una tenue luz amarilla, hay objetos de madera —puertas, cerrojos, ventanas— rescatados de casbas en ruinas. Pregunto por Mimó pero en esos momentos no se encuentra en el hotel. El recepcionista, al saber de nuestra búsqueda, nos facilita un mapa del palmeral en el que aparece el oasis de El Hart. «Pueden ustedes seguir a los coches y furgonetas que vean cargados de gente, porque es seguro que irán allí: hay un *mussem* estos días», nos explica con una sonrisa.

Seguimos sus instrucciones; a medida que nos adentramos en el palmeral por caminos arenosos trato de recordar algunos puntos de referencia, aunque sin éxito. Llegamos a un lugar en el que se acumulan los vehículos y las personas —imposible seguir— así que estaciono el coche y nos adentramos entre la multitud. Ciertamente hemos elegido el peor día para buscar a Ibrahim: muchas de las personas que deambulan por aquí, que compran y venden, que se solazan sentadas a la vera de las acequias y comen naranjas no son de la zona, sino venidas de fuera. Aun así decido probar suerte y pregunto a varios muchachos de la edad de nuestro amigo. Nulo resultado. Además no recuerdo el apellido de Ibrahim y esto complica sobremanera la búsqueda.

Estoy a punto de tirar la toalla cuando reparo en la pequeña autoescuela que hemos dejado a un kilómetro. Ibrahim se sacó el carnet de conducir el verano pasado, así que no será difícil que el profesor lo recuerde y tenga sus datos personales. Bingo.

Mi presunción ha sido un acierto; y, como parece sonreírnos la baraka, topamos en el porche de la autoescuela con un joven que se ofrece a llevarnos hasta la puerta misma de la casa. Le animo a que monte y volvemos al *mussem*. Hemos de atravesar un compacto río humano y avanzo, centímetro a centímetro, a medio embrague. Supongo que circular por una calle céntrica de Calcuta debe de ser una experiencia semejante. Pedro contempla asombrado la infinidad de cuerpos y manos que se apretujan sobre la chapa y los cristales y está un poco nervioso. «Utiliza el claxon», me sugiere nuestro guía cada dos por tres. Y así, lentamente, pitido a pitido, nos vamos abriendo paso.

Desconocía la existencia de un morabito en El Hart (en la anterior visita nadie nos habló de él), sin embargo su blanca fachada y las verdes tejas que lo cubren se hacen visibles en una calle adyacente, contrastando con la arquitectura de adobe que predomina en todo el palmeral (como ya dije, cada vez más arrinconada por la construcción con bloques prefabricados y cemento).

En la casa, situada frente a la escuela, nos reciben Ibrahim y su familia con la hospitalidad de que hace gala todo bereber bien nacido. También saludamos a Argimiro, que lleva unos días aquí descansando.

## Día 7

Habiba, la sobrina favorita de Ibrahim, nos ha preparado un desayuno delicioso: panecillos tiernos cocidos en el horno de barro, mantequilla casera y miel de la región, acompañado todo ello con un humeante café con leche.

Argimiro propone que vayamos a visitar las Gargantas del Dades, así que nos acercamos a Tinerhir y tomamos la ruta que conduce a Ouarzazate. En Bumalne, a la izquierda, comienza la carretera que introduce al viajero en las abruptas gargantas. Antes, como hay mercado, nos llegamos hasta el zoco, uno de los más interesantes de la zona. Me encantan los mercados para hacer fotografía, por lo que voy de puestecillo en puestecillo cámara en ristre tratando de tomar imágenes naturales, al desliz si puede ser. Argimiro y yo compramos loza de la región —Antonio Serrano me ha metido el gusanillo de los cacharros de terracota en el cuerpo—, en concreto cántaros para almacenar agua (creo que *berrad* es el nombre árabe aplicable a estas piezas, vocablo que significa «frío», quizá porque, como los botijos, son algo porosas y permiten la transpiración del líquido, enfriándolo). Estos utensilios siguen siendo utilizados por los campesinos con los mismos fines para los que fueron creados desde hace, quizás, miles de años —no son piezas exclusivas para turistas, sino objetos de uso cotidiano quiero decir—, lo que les confiere un valor especial. Me fijo también en unos arbustos secos que las mujeres compran para servirse de ellos como escobas (en la España rural todavía he visto barrer con escobas de retama y de brezo).

Comemos en un restaurante desde el que se domina la rica vega de Bumalne, cuajada de árboles frutales. Finalizada la comida, nos adentramos en las gargantas.

Esta vez remontamos el Dades más allá de la carretera asfaltada que lo sigue hasta las primeras hoces, por una pista en buen estado apta para cualquier utilitario. Ascendemos unos dieciséis kilómetros de pista; calculamos que estamos cerca de Msemrir, pero como tenemos pocas horas de luz, optamos por regresar. El paisaje circundante es bucólico: aldeas de tapial, huertos a la orilla del río, cuadros de cebada y trigo en los que el cereal ya está encañado y granado, hermosos nogales... Supongo que en invierno las cosas serán distintas en estos predios rústicos del Alto Atlas.

Si hubiésemos continuado subiendo, habríamos podido llegar a Agudal, donde el camino se une al que remonta las Gargantas del Todra y ambos hacen causa común hasta alcanzar Imilchil; no obstante hubiéramos necesitado un cuatro por cuatro para completar tan difícil y bello recorrido. Otra vez será.

Regresamos a Tinerhir y nos acercamos al hotel Tombuctú. Esta vez localizo a Roger Mimó y le hago saber que su libro *Fortalezas de barro en el sur de Marruecos* me encantó. Es un hombre alto y delgado, de largos dedos morenos, gafas de cristales gruesos y pinta de despistado incorregible. Me comenta que su próxima publicación será una guía de Marruecos, que adivino magnífica, conforme a las vivencias y al conocimiento del país que este hombre atesora.


## Día 8

Desayunamos y nos despedimos de la familia de Ibrahim. Habían guardado un gallo muy agresivo —ese que al amanecer me ha despertado estos días— para la cena del día anterior, pero como regresamos tarde, se libró de la cazuela (por ahora). Dormir en El Hart bajo un firmamento repleto de estrellas supone una reconciliación con el mundo. Argimiro, agotado este año por la brega con los alumnos, me ha comentado que una de sus ilusiones sería comprar un terrenito en el palmeral, construir una casa al estilo tradicional y venir a descansar a este remanso de paz. Le alabo el gusto.

Ibrahim viene con nosotros, ya que va a Marrakech a visitar a unos amigos y la ciudad nos pilla de paso.

Hacemos un alto en Kelaâ M'Guna, localidad en la que se encuentran los mayores cultivos de rosas de Marruecos. Leí en un *National Geographic* que los productores de rosas franceses se quejaban de la competencia de esta región a la hora de producir y exportar esencia de la flor, con cuyos precios, mucho menores, no podían competir, y argumentaban en defensa del producto galo que el marroquí era de peor calidad. Lo dudo, puesto que las rosas de Kelaâ M'Guna —vamos a ponernos poéticos— unen al aroma de sus pétalos el del desierto cercano y ese sí que no lo tienen en Francia, qué le vamos a hacer. La verdad es que el agua de rosas que elaboran aquí es una pura delicia, delicada y fragante.

Llegamos a Ouarzazate a las dos y diez de la tarde. Venimos con idea de comer en Chez Dimitri, pero nos reciben con cajas destempladas y nos dicen, delante del resto de comensales, que el restaurante está cerrado. *Je suis desolé, je suis desolé,* se excusa el amigo Dimitri con cara de póker. Maldiciendo para nuestros adentros al griego, tomamos asiento en un bar próximo, donde comemos un más que aceptable pollo con patatas fritas regado con Fanta de naranja.

Ibrahim quiere que contemple y fotografíe la casba de Ait Benhaddu, por lo que continuamos ruta en dirección a Marrakech. Aprovecharemos la visita al sitio para tomar un café.

Un poco más adelante adquirimos más loza a buen precio en un puesto de la carretera y nos acercamos a la tienda de un viejecito donde Argimiro ha comprado en otras ocasiones objetos harto curiosos. El anciano, con barba blanca de chivo, nos recibe con afabilidad. Tiene magníficos minerales (azurita, malaquita) y geodas. Enormes amonites de más de veinte kilos de peso descansan sobre el suelo de cemento. El anciano nos explica cuáles están retocados por la mano del hombre y cuáles no. Mil quinientos dírhams es el precio de una pieza excelente. Mientras degustamos un té, admiro las viejas puertas y ventanas procedentes del expolio de arruinadas fortalezas de barro, casbas y *ksur* que jamás volverán a levantarse.

Sé que el Gobierno marroquí, cuando el país alcance un mayor desarrollo y un mejor nivel de vida, volverá los ojos hacia su riquísimo patrimonio y tratará de conservarlo, pero los edificios de barro ya no estarán allí. Ojalá me equivoque y la labor de Roger Mimó alcance un eco grande y sirva para que lo hecho con tierra, paja y agua no desaparezca irremediablemente.

En el piso superior de la vivienda el anciano acumula un sinfín de vasijas, la mayoría cubiertas por una pátina de aceite y mugre del mucho cocinar en ellas.

Adquiero una alacena tradicional de madera —vasar sería la palabra castellana precisa— procedente de Rissani. Será necesario restaurarla, lo que añade cierto atractivo a la compra.

Comienza a oscurecer cuando enfilamos las últimas curvas del puerto de Tizi-n-Tichka. Cansados, nos detenemos en un hotelito de reciente construcción, del que llaman mi atención los paneles de energía solar instalados en la azotea para calentar el agua de los baños, y cenamos algo, divertidos por las equivocaciones y acciones chocantes del camarero que nos atiende —una cola de lagartija— y que, suponemos, no comprende bien el francés. Menos mal que Ibrahim recurre al *tamazight*...

## Día 9

Llegamos a Marrakech a eso de las once de la mañana y dejamos a Ibrahim en casa de sus amigos. Subimos hacia el norte cruzando Beni Mellal, Kasba Tadla y Khenifra. Antes de llegar a esta última población hacemos un alto para almorzar en Ouaumana, donde degustamos un *tayin* hecho al estilo tradicional.

En Mrirt nos desviamos a la izquierda por la S 331, que va a Boufekrane. Atraviesa los mejores pastizales que yo haya visto en Marruecos; en ellos pace una excelente cabaña ganadera, compuesta en su mayor parte por vacas de piel rojiza y saludable aspecto; numerosas granjas se levantan a lo largo de la carretera.

En Boufekrane nos detenemos en una gasolinera y Argimiro nos comunica que la temperatura del motor de su Honda es muy elevada, tanto que la aguja del indicador ha entrado en la zona roja. El mecánico de la gasolinera examina el radiador, que apenas tiene agua, y descubre una fuga en la pared superior. Aplica una masilla especial sobre el agujero, añade agua al sistema de refrigeración y todo queda arreglado. Como en Marruecos los coches suelen ser muy viejos —el de Argimiro, tal como está, pasaría fácilmente por genuino vehículo marroquí—, los mecánicos, duchos de por sí, son expertos en reparaciones de urgencia. De todos modos, por lo que he observado en este viaje, el parque automovilístico del país se está renovando gracias a un pequeño utilitario con el que me he cruzado muy a menudo estos días: el Fiat Palio o Siena (según versiones).

Ibrahim me comentó que lo fabrican en Marruecos y creo que está llamado a convertirse entre la incipiente clase media urbana en algo similar a lo que fue en los años sesenta el Seat 600 en España.

Transcurren las horas, llega la noche y seguimos conduciendo en dirección a Ceuta. Cuando a las dos de la mañana divisamos las luces de Tetuán, respiramos tranquilos: estamos en casa sin que ningún percance grave nos haya sucedido en el camino. Eso es lo importante.

# La fiesta grande. Abril, 1999

Tendría que haber escrito este corto capítulo el 29 de marzo, día en que se celebró *Aid-el-Kebir* o Fiesta del Sacrificio (día 10 de *Dhu'l-Hidcha* o mes de la peregrinación, según el calendario musulmán).

Al no estar en Ceuta en esa fecha, es la primera vez en estos cinco años que no he podido ver los rebaños de jóvenes carneros, con la subsiguiente compraventa, en los campos aledaños a Tetuán, ni degustar el cordero cocinado en la casa paterna de Aixa.

En esta fecha señalada las familias musulmanas sacrifican un cordero en conmemoración del inmolado por Abraham a Dios en lugar de su hijo Ismael, vástago de su esclava Agar y padre de los ismaelitas o agarenos. Otra vez el Antiguo Testamento acerca, aunque no del todo, a cristianos, judíos y musulmanes (para las dos primeras creencias fue Isaac, hijo de Sara, y no su medio hermano Ismael, quien se libró de ser sacrificado por su progenitor en el monte Moriá).

En Marruecos la compra de un cordero los días previos a la fiesta supone un gasto oneroso, que no todos se pueden permitir. Son además animales grandes, nada que ver con el cordero lechal que degustamos en Castilla.

Me atrae la figura del cordero y su relación con los ritos religiosos. En los antiguos Beatos medievales el símbolo del Cordero como imagen zoomórfica del Hijo de Dios era una constante. En el Éxodo se menciona que los judíos de Egipto marcaron con sangre de cordero sus puertas para que la ira de

Dios no pasara más allá del dintel de sus casas y se cebara en los egipcios; durante la pascua judía, que conmemora la huida de Egipto, es tradición comer de pie un cordero macho asado a la brasa, con hierbas amargas y pan sin levadura. Entre los cristianos se consume el cordero pascual para celebrar la Resurrección de Cristo. Costumbre antiquísima de la región del Antiatlas era que quien solicitaba la protección de un hombre poderoso inmolara un cordero ante el umbral de su casa; en todo *mussem* que se precie, el sacrificio de un animal (cordero, cabra) constituye el punto crucial de la celebración; en algunas zonas del Rif, con motivo de una boda, se sacrificaba antaño un cordero y se rociaba con su sangre la puerta principal de la casa de los desposados para que les trajera suerte y riqueza.

¿Por qué el cordero? Los antropólogos y los etnólogos tienen la respuesta.

# Ancianos. Abril, 1999

Una de las cosas que más me sorprendió de Marruecos al poco de comenzar a recorrerlo fue la inexistencia de asilos en los que albergar a las personas mayores. El lector creerá que ello es debido a la escasa cobertura social del país vecino, pero esta vez se equivoca.

Pensé escribir algo sobre el tema, que ha permanecido arrinconado en el baúl de la memoria, hace un par de años; sin embargo ha sido ahora, al leer un brillante trabajo de sociolingüística sobre el árabe marroquí elaborado por la doctora Bárbara Herrero y publicado por la Universidad de Almería, cuando me he decidido a hacerlo.

En Marruecos la consideración que se tiene a los ancianos es diferente a la nuestra; mejor dicho: es similar a la que existía en Europa hace décadas. Hay un respeto profundo hacia los mayores, piezas clave en el concepto de familia extensa (además de padres e hijos, abuelos, tíos, sobrinos, primos, etc.), idea bien arraigada en la sociedad marroquí. Llegar a viejo no implica convertirse en una carga, un estorbo, algo inútil. La doctora Herrero habla incluso de «cierta tendencia gerontocrática en el sistema social», es decir, el criterio de los ancianos tiene peso, igual que sucedía en las culturas de la antigüedad.

En esto el lenguaje, que nunca es inocente, da muestra del sentir de la comunidad hacia sus miembros decanos: las palabras árabes marroquíes que se corresponden con nuestro concepto de tercera edad son *shayj* y *sharafa,* que significan respectivamente, además de «anciano», «sabio, maestro, guía» y «ser noble, honorable». Bárbara Herrero también alude a otro hecho lingüístico llamativo: si en español el adjetivo «viejo» es aplicable tanto a objetos como a personas, en árabe marroquí hay un deslinde total entre ambos conceptos a la hora de ser calificados; a las cosas se aplicarían los adjetivos *bali* y *qdim*, y a las personas, *shayj* y *sharafa*, sin posibilidad de intercambio.

Si en el remoto pasado la figura del anciano estaba ligada a la experiencia y, por tanto, al acúmulo de saberes útiles para el grupo familiar y la colectividad, en Marruecos sucede algo parecido. La economía tradicional basada en la agricultura, la artesanía y el comercio permite que personas mayores puedan seguir ocupándose más o menos de sus quehaceres cotidianos. Así, he visto en la región Yebala a viejas campesinas recogiendo hojas de palmito o acarreando haces de leña o de plantas forrajeras a la espalda, y a comerciantes apergaminados sentados a la puerta de sus tiendas diminutas en la medina tetuaní. La palabra «jubilación» es todavía un concepto difuso, cuando no desconocido, en buena parte del territorio marroquí.

Por supuesto, la fe no es ajena a esta consideración social de los mayores: para todo musulmán que se precie, el respeto y la obediencia a los padres es algo que no admite discusión. Si un hijo les abandonara a su suerte en la vejez, el ingrato recibiría la censura del resto de miembros de la comunidad de la que forma parte; de ahí que, a veces, la hipocresía y el miedo al qué dirán actúen a manera de pernos y remaches sostenedores, mal que bien, de la estructura familiar tradicional.

Conozco de primera mano los casos del padre y de los tíos abuelos de Aixa, personas hacia las que siento un afecto especial. El anciano señor Boulaich, notario islámico, sigue desempeñando labores varias en la mezquita de Ceuta, adonde acude a rezar todos los viernes, continúa habilitando enlaces matrimoniales y recibe numerosas visitas en su hogar de gentes que vienen a consultarle y pedirle consejo sobre lo más diversos temas. Cuida de él una mujer más joven con la que contrajo matrimonio en segundas nupcias.

Los tíos abuelos de Aixa viven en Tetuán, en una casa antiquísima situada en el corazón de la medina, y son descendientes directos de aquellos primeros andalusíes expulsados de la Península que llegaron a la ciudad. Como no tuvieron hijos, han criado y sacado adelante a los de otras familias pobres o a huérfanos. Ahora a ellos les cuida Habiba, una de aquellas niñas adoptadas. En ese hogar se respira un aire sereno que tranquiliza el espíritu. Hay buenas vibraciones, como se dice ahora.

Este respeto a los mayores es algo que echo de menos en la sociedad española. Somos un país desarrollado, aunque en este asunto, si nos comparamos con Marruecos, puede que hayamos caminado hacia atrás.

La lectura del libro mencionado ha hecho que vuelva a poner los ojos sobre algunos aspectos concernientes al uso del lenguaje, las relaciones sociales y la visión que, a través de su lengua materna, el individuo tiene de la realidad en la que está inmerso.

Siempre me ha sorprendido la facilidad del marroquí para manejar diversas lenguas; lo achacaba a una predisposición natural hacia los idiomas o a la necesidad de ganarse las habichuelas con el turismo. Sin embargo, a medida que he ido conociendo la realidad lingüística del país, sumamente compleja, he comprendido que es congruente tal desparpajo idiomático: por lo pronto, el árabe hablado en Marruecos es una variante dialectal, el *dariya*, de naturaleza básicamente oral; en la escuela el niño toma contacto con una lengua más prestigiada y elitista: el árabe clásico o *fusha;* en ella está redactado el Corán y es seña de identidad fundamental para los millones de personas que, en todo el mundo, integran la comunidad musulmana o *umma*. Además, como vestigios de un pasado colonial, el español y el francés están presentes en el habla cotidiana marroquí. El español en el norte, donde se ven la mayoría de las cadenas de televisión peninsulares, y el francés en el centro y en el mediodía, si bien su condición de segunda lengua obligatoria en la enseñanza reglada hace extensivo su conocimiento a todo niño escolarizado. A esto hay que añadir el sustrato de la lengua bereber, manejada por buena parte de la población. Es decir, un ciudadano marroquí puede estar habituado a usar y alternar diversos códigos lingüísticos casi desde la infancia sin haber salido nunca de su país. Este es el caso de mi amigo Ibrahim, que habla con soltura *tamazight* —su lengua materna—, *dariya*, español y francés, amén de haber tenido contacto, al estudiar y recitar el Corán en la escuela, con el *fusha*. Esta base hace posible que aprender otras lenguas, muchas veces a vuelapluma, resulte más fácil (recuerdo a un pícaro de Casablanca que chapurreaba el japonés, aprendido, según me dijo, a golpe de oído).

Es muy interesante el uso que el hablante marroquí hace de ese abanico de posibilidades lingüísticas, nunca inmotivado, como bien analiza la profesora Herrero, en una misma intervención. En Ceuta, cuando tomaba el autobús para ir al instituto, me resultaba divertido escuchar a las mujeres musulmanas que hablaban árabe dialectal salpicado de voces españolas. Si hubiera tenido madera de investigador, como la autora del estudio, me habría dado cuenta de que las palabras españolas eran añadidas al discurso para referirse a cosas muy concretas. Al no tenerla —madera de investigador, digo— recurro a Bárbara para que arroje un poco de luz sobre el asunto:

> En lo referente a los temas de conversación, en la alternancia de códigos se recurre al francés y al español para expresar valores de modernidad o hablar de temas tabúes o de temas relacionados con el progreso técnico o científico.

(Más causas provocarán esa alternancia, además del tema de que se habla, pero sería farragoso extenderse sobre ello).

Por último, quisiera resaltar un hecho misterioso y sorprendente: el valor taumatúrgico —mágico— que en determinados contextos tiene la palabra; este fenómeno no es privativo de Marruecos, pues en otros países africanos sucede los mismo. El árabe, lengua fuertemente ritualizada, llena de jaculatorias y proverbios, tiene también fórmulas para espantar el mal de ojo —la superstición más extendida entre los pueblos del Magreb— o provocarlo. Magia y lenguaje caminan así de la mano. Esto no me era desconocido. Lo que sí ignoraba era que en esta cultura realizar un cumplido o pronunciar unas palabras de alabanza pueden ser causa de malentendidos. Bárbara indica lo siguiente al respecto:

> En Marruecos, al contrario que en nuestra cultura, un piropo es a menudo percibido socialmente como una provocación al mal de ojo causada por la envidia de quien lo pronuncia.

# Un sueño premonitorio. Mayo, 1999

El domingo, volviendo de Xauen, a la altura del pantano de Nakhla, tuve un accidente con mi automóvil. Me salvaron de toda lesión el cinturón de seguridad y el *airbag*. En una curva traicionera, embadurnada de lluvia y aceite, perdí el control y caí en una zanja. Rápidamente se detuvieron varios conductores y me prestaron auxilio; uno de ellos se ofreció a llevarme a una gasolinera próxima, desde la cual llamé al servicio de asistencia en carretera para que mandaran una grúa al lugar del siniestro. Mientras aguardaba, tuve la suerte de que Jesús Flores, que volvía de Bab Taza con su mujer, me viera; con ellos fue más fácil salir del apuro. Un día antes, en la misma zanja, habían muerto tres personas en idénticas circunstancias. La diferencia entre la vida y la muerte en una carretera es simple: conducir un automóvil con los últimos avances en materia de seguridad o conducir un cascajo con veinte años encima (y ni siquiera eso te salva en toda circunstancia).

Aparte de la conmoción sufrida tras el golpe, estaba impresionado por otro motivo: la noche anterior había tenido un sueño al rayar el alba que recordaba con nitidez: conducía un potente todoterreno por un camino agrícola lindante con el campo donde murió mi padre; en una curva cerrada perdí en control del vehículo, realicé un contravolante y caí a unas tierras próximas sin daño aparente. El sueño era tan vívido…

Jesús, uno de los dos únicos conversos al islam que conocí en Ceuta, me dijo que eso había sido una señal. Yo, que soy de la estirpe de Prometeo, que no creo en el destino, que trato de ser lógico y racional en todo momento, callé meditabundo.

# Sufismo: ascetas y místicos. Mayo, 1999

El día que me di el trompazo con el coche venía de visitar a un curioso personaje amigo de Jesús Flores: *sidi* Ali Raissuni, profesor, bibliófilo y buen conocedor del sufismo marroquí. Comí con él en compañía de otros hombres, entre ellos un anciano de ochenta y cinco años, conocido maestro sufí. Cuando *sidi* Ali me lo presentó me besó la mano y sentí vergüenza, porque era yo, por respeto, quien debía haberlo hecho. Era una muestra de humildad, de ofrecimiento a los demás de quien ha caminado largo trecho por la senda del sufismo.

Quizás el lector se pregunte qué es el sufismo. En una definición sucinta, le diría que ese término se corresponde con la mística musulmana.

Durante mis tiempos de estudiante de Bachillerato obtuve unas nociones generales sobre la mística hispana —Juan de Ávila, Teresa de Jesús— en relación con la literatura. El profesor de la materia, un sacerdote católico, no nos explicó que hubiera «otras místicas» en otras religiones —tema espinoso— y durante mucho tiempo asocié el proceso místico a la religión católica en exclusiva.

Al tomar contacto con el islam en Marruecos y comprobar que en sus márgenes existía una fuerte corriente sufí plasmada en abundantes cofradías, *zauias* y maestros, volví a interesarme por el tema y recopilé abundante información.

Para empezar hablaré del origen de la palabra, una etimología preciosa. Sufí significa «el que lleva un manto de lana», ya que *suf* es «lana» en árabe. Esta es la vestimenta del adepto.

El sufismo existe desde los albores del islam; algunos estudiosos hablan de un posible origen indo-persa con influjo de la filosofía platónica. Sus postulados nacen de un puro panteísmo: todo lo creado salió de Dios por emanación, de manera semejante a la luz que procede del sol, pero todo lo que sale de Dios a Él vuelve. Todas las cosas son Dios y están en Dios.

El sufismo coadyuvó a la difusión del islam, pero pronto el desprecio que aquel profesaba al culto y al lado externo de la religión propició el recelo y la enemiga de los propagadores de la doctrina coránica: los místicos siempre son peligrosos para los guardianes de toda religión revelada y el islam no iba a ser una excepción.

Analizando las manifestaciones místicas de las grandes religiones monoteístas, uno se da cuenta de que hay puntos de contacto entre ellas (y no pocos). Incluso el componente místico del budismo, esa aspiración al Nirvana o estado contemplativo en que no se padece y uno se funde con la Nada, guarda correspondencia con aquellas. Así, dirá el heterodoxo Miguel de Molinos: «El alma se sumerge en la nada».

Para llegar al estado de contemplación y de fusión del alma con la Divinidad los sufíes distinguen cuatro estadios o fases:

1. *Humanidad:* grado del que participan todos los hombres que viven sometidos a los preceptos y prácticas de una religión.
2. *Senda:* grado de iniciación; participa de él el adepto capaz y digno de comprender a Dios, libre de ejercer las prácticas exteriores del culto.
3. *Ciencia o conocimiento:* el iniciado conoce los medios para no ser engañado por las vanas apariencias. Sufre duras pruebas, que supera sin daño si está inspirado. Es necesaria la purificación en la austeridad.

4. *Beatitud:* el alma «descorre el velo del cuerpo» y se une a Dios. Para llegar a este último grado es necesario un semiayuno de cuarenta días (debilidad, semiinconsciencia, visiones…) y vivir en soledad (solo puede comunicarse con su instructor o maestro).

También el lenguaje de la mística sufí recurre al uso de metáforas, antítesis, paradojas… para tratar de explicar lo inexplicable, de llevar al mundo de las palabras lo inefable, a saber, lo que no puede expresarse mediante la palabra: Dios es la llama; el inspirado es el carbón, y así como, al contacto de la llama, el carbón se convierte en llama, el alma, al contacto con Dios, se convierte en Dios.

Al igual que en la mística cristiana, también hay mujeres sufíes. La diferencia mayor que observo entre ambas espiritualidades es la figura indispensable en el sufismo del maestro que guía; así, en Xauen, *sidi* Ali se me quejaba de que los maestros van muriendo, a veces sin dejar un claro sucesor, y las cofradías se disuelven ante el materialismo y la falta de espiritualidad de nuestros días.

La ascesis, término griego que en puridad significa «entrenamiento físico», puede ser entendida como una mortificación que prepara al éxtasis, pero no todo asceta —pienso en fray Luis de León— accede a donde solo unos pocos elegidos llegan: la experiencia mística.

Rasgo peculiar de la mística hebrea y sufí es la presencia en algunas escuelas de la música y de la danza como elementos que facilitan el trance: en el siglo XVIII nace en los guetos de Polonia —pronto se extenderá a Rusia y Lituania— un movimiento de judíos inspirados: danzaban y cantaban, y al son de los cantos de los fieles, que iban dando palmas, los rabinos giraban hasta perder la cabeza y entrar en unión con Dios. Se llamaban *hasidim* y fue Baal Shem Tob, hombre, al parecer, dotado de poderes sobrenaturales, quien fundó tan divertida corriente mística (buena parte de los seguidores que vivían cuando Hitler se hizo con el poder en Alemania y retomó con éxito la doctrina del *Lebensraum* o espacio vital desaparecieron en los campos de concentración; sírvanos la icónica imagen de unos soldados de la Wehrmacht arrancando mediante la fuerza de sus brazos la barrera de un puesto fronterizo polaco en 1939).

Los derviches danzantes de Estambul, que giran sobre sí mismos alzando con el impulso sus faldones, son un vistoso ejemplo dentro del sufismo del uso de la música y la danza para lograr estados de semiinconsciencia.

En Marruecos la música de los *gnawa* está en relación con estos fenómenos, aunque, según me contó *sidi* Ali, «esos que comen escorpiones y se dejan picar por serpientes no son sino una panda de embaucadores que nada tienen que ver con el auténtico sufismo». Más claro, agua. Los que visten el manto de lana recurren a la repetición de ciertas frases o melopeas para provocar el trance. Es la práctica del *dhikr*, el continuo recuerdo de Dios en cada respiración. Se comienza, por ejemplo, repitiendo rítmica y machaconamente la plegaria *La ilaha ill'llal* (No hay más Dios que Alá).

El territorio de al-Ándalus resultó pródigo en místicos. Al Gazel, Abentofail, Ibn Arabí, Ibn Masarra y Averroes son los más relevantes. Este sufismo hispano-musulmán pervivió en la Península a través de los morabitos hasta la expulsión de los moriscos; incluso después de este hecho algunos santones siguieron en sus ermitas llevando una vida austera y penitente. Tal como han demostrado los arabistas españoles Julián Ribera y Asín Palacios, el influjo del sufismo sobre los místicos cristianos españoles de los Siglos de Oro fue notable.

Por último, queda la cuestión más peliaguda: ¿cómo interpretamos el fenómeno místico? ¿Desde el punto de vista del creyente o del teólogo o del psiquiatra o del médico o del antropólogo o del etnólogo?

Hace poco leí un interesante trabajo del psiquiatra F. J. Álvarez Rodríguez, publicado en *Anales de psiquiatría* y titulado «San Juan de la Cruz: depresión endógena y personalidad obsesiva», donde el médico sostiene la tesis de que «la fenomenología de la *noche oscura* que describe san Juan se corresponde claramente con la sintomatología de la depresión endógena». Álvarez explica que este planteamiento no es nuevo, ya que coincide con la opinión de eminentes psiquiatras de que «el sufrimiento que proporciona la enfermedad melancólica es el camino adecuado para llevar a cabo el proceso místico». En esa línea, Laignel-Lavastine escribirá:

> Las depresiones mórbidas y las evasiones del alma son a menudo concomitantes.

Sin embargo, Álvarez también puntualiza que el proceso místico no puede ser reducido a mera patología. Estoy de acuerdo con él en dejar una puerta abierta a lo inexplicable, aunque me parece poco *democrático* que solo ciertos individuos puedan acceder al contacto y a la fusión con la Divinidad, en el supuesto de que Esta exista y seamos pura emanación de su Ser. Pero sí, debe dejarse abierto un portillo a las certezas del creyente y las disquisiciones del teólogo.

# Punto final. Mayo, 1999

Hasta aquí han llegado estos humildes apuntes. Me dije que cuando me informaran de mi nuevo destino para el curso que viene interrumpiría su redacción. En el concurso de traslados convocado por el Ministerio de Educación y Cultura me ha sido concedida una plaza de profesor de Literatura en un instituto de Villarcayo, pueblo del norte de Burgos. Es hora pues de cambiar de aires. Como las aves migratorias.

En estos cinco años he aprendido a amar un país diferente al mío y he madurado como nunca lo había hecho en una ciudad fronteriza. El viaje debe continuar y esperan nuevos horizontes y nuevas personas. Deseo, amigo lector, que en estas líneas hayas encontrado algo de provecho y deleite. Nada más.

*En Marruecos. Mayo de 1999*